최신

양주와 칵테일 실무

안우규 · 조영대 · 손재근
신형섭 · 박정준 · 이준재 공저

도서출판 갈채

머리말

21세기 글로벌한 세계에 접어들면서 서구식 문화의 급속한 유입과 국민생활 수준의 향상으로 인하여 음료문화가 우리의 생활 속에서 중요한 역할을 담당하고 있다. 이러한 현시점에서 '양주와 칵테일'에 대해서 규명해봄으로써 보다 질적으로 고양된 삶을 향유하는 방법을 모색해보고자 한다.

예로부터 술이란 인간생활의 애환과 밀접한 관련을 맺어왔다. 옛 선비들은 풍류를 즐겼고, 기쁘고 슬프고 하는 곳에는 술이 빠지지 않았다. 또한 술은 농부들의 식사대용으로 간식으로 이용되었다.

이렇게 원래의 술이란 우리의 몸에 이롭게 할 목적으로 만들어졌다. 그러나 시간이 흐르면서 술에 담긴 문화적 차이와 잘못된 음주문화의 관습으로 인하여 오늘날 폭탄주라는 인체에 유해한 독을 불어넣고 있다.

술은 잘 마시면 약이고, 못 마시면 독이다. 외국에서는 술을 음료라는 인식으로 가볍게 마시고 있지만 우리나라에서는 무조건 마시고 취하면 된다는, 즉 인사불성이 되어야 제대로 술을 즐긴 것으로 오해하는 경향이 있다.

따라서 술 마시는 방법을 과학적인 방법으로 학습한다면 우리에게 정말 유용한 것이 될 것이다. 특히 우리는 잘못된 인식으로 인하여 맥주를 마시면 살이 찐다 하여 독한 소주를 많이 마시는 예가 정말 허다하다. 이는 잘못된 음주의 습관에서 파생된 것이라 생각된다. 술을 마시면서 먹는 안주가 살이 찌는 원인이고, 너무 많이 마셔서 간의 기능을 저하시키는 결과를 초래하는 것이다.

원래 술이란 약하고 가볍게 마셔야 하는 건강한 음료인데, 오늘날 잘못된 음주습관으로 인하여 얼마나 극심한 피해를 주고 있는가를 상상해보라. 정말 소름이 끼치는 일이 아닌가.

그러므로 술의 진정한 의미를 파악하고, 건전한 음주문화를 조성하고자 이 책을 출판하게 되었다. 자료수집에 많은 어려움이 있었으나 많은 분들의 도움과 조언에 의하여 오늘의 결실을 보게 되었다.

이 책은 제1편 주장의 이론적 원론, 제2편 칵테일 개론, 제3편 부록으로 나누었다. 이 책을 통해 계속적인 반복실습을 한다면 기대효과에 충족되리라 사료된다. 아울러 이 분야에 관심이 많은 선·후배 여러분의 조언을 기대한다.

끝으로 이 책이 출판될 수 있도록 도움을 주신 분들, 특히 가족과 도서출판 갈채의 김연홍 사장님 이하 직원 여러분께 진심으로 감사를 드린다.

공저자 씀

차 례

제 I 편 이론편

차 례

차　례

차 례

제Ⅱ편 칵테일

제 I 편

이 론 편

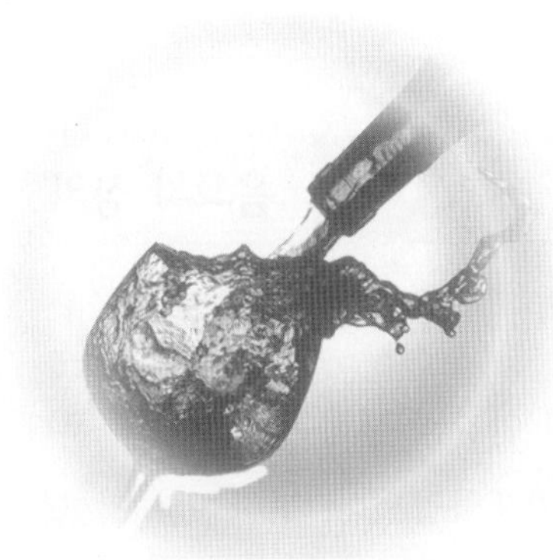

제1장 음료의 일반적 개념

제1장

음료의 일반적 개념

제1절 음료의 정의

우리 인간의 신체구성 요건 가운데 약 70%가 물이라고 한다. 모든 생물이 물로부터 발생하였으며, 또한 인간의 생명과 밀접한 관계를 가지고 있는 것이 물, 즉 음료라는 것을 생각할 때 음료가 우리 일상생활에 얼마나 밀접한 것인가를 알 수 있다.

옛날 사람들은 순수한 물을 마시며 그들의 갈증을 달래고 만족하였을 것이다. 그러나 현대인들은 여러 가지 공해오염으로 인하여 순수한 물을 마실 수 없게 되었고, 따라서 인공 정화된 물만 가지고는 만족할 수 없게 되었다. 이에 따라 현대 문명의 혜택의 산물로 여러 가지 음료가 등장하게 되어 그 종류가 다양해졌으며, 각자 나름대로의 기호음료를 찾게 되었다.

우리 한국인들은 음료라고 하면 주로 비알콜성 음료만 뜻하는 것으로, 알코올성 음료는 주로 '술'이라고 분간해서 생각하는 것이 보편적 상식이라 하겠다. 그러나 서양인들은 음료의 개념이 우리와는 다르다.

물론 음료(Beverage)라는 분류에서 알코올성 비알콜성 음료로 구분을 하지만, 마시는 것은 통칭 음료라 하며 어떤 의미에서는 알코올성 음료로 더 짙게 표현되기도 한다. 이러한 의미는 서양인들의 다음과 같은 유머러스한 표현에서도 찾아볼 수 있다.

"와인(Wine)이 없는 식탁은 태양이 없는 날과 같다." 즉, 식사를 하는 테이블에는 적어도 한 가지 이상의 와인이 곁들여지지 않으면 좋은 식사를 하였다고 할 수 없으며, 식사를 하면서 와인을 곁들여 마시는 것이 그들의 일상 식생활이라고 할 수 있다. 또한 구미 각국에서는 고객이 방문하였을 때는 제일 먼저 술 한 잔 권하는 것이 인사이며 고객을 접대하는 것이라 할 수 있다.

우리나라도 급속한 서구문명을 받아들임과 아울러 국민 생활이 높아지면서 중류 이상의 가정에서는 홈 바(Home Bar)에다 각종 음료(특히 주류)를 비치해놓고 고객 방문시 음료접대를 하는 것이 상식화되었다. 이와 같이 음료, 특히 음료 중에서도 알코올 음료가 우리들 생활에 중요한 부분을 차지하게 되었다. 특히 관광산업이 국가 전략 산업으로 부각된 지금 외래 관광객들이 즐겨 찾는 음료에 대해 잘 알고 올바르게 제공 · 판매한다는 것은 사회적으로나 경제적으로나 큰 의미를 가진다.

우리나라 주세법에서 주류의 정의는 다음과 같이 규정하고 있다. 즉, 주정(희석하여 음료로 할 수 있는 것을 말한다)과 알코올 1° 이상의 음료(약사법의 규정에 의한 의약품으로서 알코올 6° 미만의 음료를 제외한다)를 말한다.

특히 식음료부서에 근무하는 종사원들은 이 음료에 관한 풍부한 지식을 가지고 음료판매에 임하여야 할 것이다. 왜냐하면 "술은 잘 먹으면 약이요, 잘못 먹으면 독이다"라는 금언과 같이 음료서비스를 담당하는 종사원들은 고객들에게 몸에도 유익하고 생을 더욱 즐겁게 하는 좋은 약으로 술을 마시도록 유도할 의무도 있기 때문이다.

'쓴맛'이나 '시큼한 맛'을 가진 음료는 식욕촉진을 돕기 때문에 식전 주(Aperitif Drink)로 좋고 '단맛'의 술은 소화 촉진을 돕기 때문에 식후 주(After Drink)로 적당하다든지, 단술을 마신 후 쓴술을 마시면 구토병이 일기 쉽다든지, 또는 식전 주로 맥주 같은 포말성 음료를 지나치게 마시면 식욕이 도리어 감퇴된다는 등등 생리학적 또는 과학적 사고를 가지고 업무에 임해야 할 것이 많다고 하겠다. 따라서 이 분야에 대한 관계자들의 끊임 없는 노력이 요구되는 것이다.

1 술의 제조방법

(1) 양조주(Fermented)

양조주란 과실 중에 함유되어 있는 당분, 즉 과당이나 곡류 중에 함유되어 있는 전분을 전분당화 효소인 다아스타제와 효모인 이스트를 작용시켜 발효·양조하여 만든 알코올이 생긴 음료를 말한다. 그 주조과정을 알기 쉽게 표시하면 다음과 같다.

① 과당 효모 → 에틸알코올+이산화탄소↑+물

② 전분 녹말당화 효소 → 당분 효모 에틸알코올+물+이산화탄소↑

①번의 대표적인 것으로서는 포도에서 나온 와인, 사과에서 나온 사이다, 배에서 산출된 페리주(Perry) 등이 그것이고, ②번에서 대표적인 것으로는 맥주이며, 우리나라는 옛날부터 전통적으로 전해져오는 약주가 여기에 속한다.

(2) 증류주(Distilled Liqueur)

일반적으로 과실이나 곡물로부터 주조하여 만드는 양조주는 효모의 성질이나 당분의 함유량에 의하여 대개 8~14° 내외의 알코올을 함유한 알코올 음료를 산출할 수 있는데, 보다 더 짙은 알코올 음료나 순도 높은 가음 주정을 얻기 위해서는 이 양조주에서 알코올을 분리해내는 방법을 강구하게 되었으며, 이때 사용되는 방법을 증류법이라고 할 수 있다.

이 방법은 알코올이 함유되어 있는 혼합물(Alcoholic Liquid)로부터 알코올을 분리해내는 작업을 뜻한다. 이것은 성질이 다른 두 가지 이상의 물질이 있을 때 각각 다른 물질은 다른 기화점을 가지고 있다는 데 착안된 것이다. 즉, 물과 알코올이 섞여 있는 것을 가열하면 80℃에서 알코올은 액체에서 가스로 기화하며, 물(H_2O)은 100℃에 도달할 때까지 기화현상을 일으키지 않는다. 따라서 80~100℃ 사이의 온도를 유지하면서 가열하면 알코올만의 가스를 만들 수 있다. 이것을 분리하여 다시 80℃ 이하로 냉각하면 그 가스는 다시 액화되어 액체 알코올로 돌아오게 되며, 이것은 대단히 순도가 높은 알코올이라 하겠다.

이와 같은 원리를 이용하여 알코올을 분리해내는데, 그 방법은 단식증류기인 포트 스틸법과 몇 개의 방울 탑으로 만들어 증기의 비중을 이용하여 증류하는 연속증류식인 패턴트 스틸법이 있다.

1) 브랜디

포도주로부터 발효 주조하여 만든 와인과 기타 과당 물로부터 만든 양조주를 증류하여 만들어진 증류주로서, 그 원재료로부터 얻어지는 특성과 향미를 되도록 많이 유지하기 위하여 95℃ 이하로 증류한다. 보통 브랜디(Brandy)라고 하면 와인으로부터 증류한 것이며, 다른 과당 물로부터 만들어진 브랜디는 그 앞에 재료의 명칭을 붙인다(Apple Brandy, Apple Jack).

브랜디(Brandy)는 포도주를 증류하여 만든 강한 증류주인데, 이 증류법이 최초로 발생한 곳인 프랑스 코냑 지방의 이름을 따라 그냥 코냑(Cognac)이라고도 부른다. 즉 코냑이라 함은 프랑스 코냑 시를 중심으로 한 코냑 지방산에 한해서 붙여지는 특수명칭이며, 프랑스제일지라도 타 지방산은 그냥 브랜디라고 부른다.

증류는 2단계로 나누어 평균 8통의 포도주에 1통 정도의 브랜디가 증류되며, 증류 당시에는 무색 투명하나 오랫동안 양질의 오크통 속에서 숙성되는 동안에 아름다운 호박색을 가지게 된다.

2) 위스키(Whisky)

고대 스코・에이레어의 'Usque-baugh'가 어원이며, 북유럽의 화주 아쿠아비트, 프랑스의 브랜디를 오드버(Eau-de-Vie)라고 하는 것 등도 모두 같은 말의 뜻의 말로서 '생명의 물'이란 뜻이다.

위스키는 보통 옥수수・대맥・밀・보리 등의 곡식을 발효 주조한 다음 이것을 증류하여서 알코올을 만들어내고, 이 알코올을 참나무와 같은 양질의 목재통 속에 수년 동안 저장하여 성숙시킨 다음 혼합하여 시판하게 된다.

주요 생산국은 스코틀랜드・아메리카・캐나다・아일랜드 등이며, 유명 위스키로는 스카치 위스키, 아메리칸 위스키, 캐나디언 위스키, 아이리시 위스키 등을 들 수 있다.

3) 보드카(Vodka)

슬라브 민족의 국민주라고 할 수 있을 정도로 애음되는 술이다. 그 어원은 러시아어 'Voda(보다)', 영어의 '물'과 같은 것으로 위스키나 브랜디가 '생명의 물'이라고 불리는 것과 같은 비슷한 어원을 가지고 있다. 원료는 감자와 다른 곡물들을 사용하여 발효주조 후 저장하여 만든 알코올을 백화의 활성탄과 양질의 모래로 40～50회 정도 여과하여 색・미・향이 없게 만든 유명한 술이다.

보드카와 진은 유사점이 많은데, 첫째 무색・무미・무취의 것으로 유명한 중성주정으로 진을 주니퍼 베리(Juniper Berry : 두송실)로 착향하기 전까지는 유사하다. 둘째, 저장・숙성 과정이 없기 때문에 생산비가 저렴하여 염가로 판매된다. 보드카는 저렴하고 향취가 없기 때문에 모든 칵테일의 기본 주로서 사용된다. 보드카의 원산지라고 할 수 있는 러시아와 폴란드에서는 보통 축배용으로, 혹은 애피타이저(Appetizer)용으로도 사용되며, 캐비아(Caviar)와 잘 어울리는 술이다.

4) 럼(Rum)

원료는 사탕수수, 제당공업의 부산물로서 당밀과 사탕수수즙의 가운데 있는 걸러낸 크림 같은 정수(Skimming)를 이용하여 발효하고, 이것을 증류하여 만든 증류주이다. 유명한 산지로는 자마이카 등이 있다.

5) 테킬라(Tequila)

테킬라의 원산지는 멕시코의 중앙 고원지대에 위치한 제2의 도시인 라디하라 교외에 테킬라라는 마을이며, 여기서 멕시코 인디언들에 의해 생산되기 시작하였다. 테킬라의 어원도 지명에서 유래되었으며, 이 지방에서 생산되는 것을 테킬라라고 한다. 멕시코 여러 곳에서 유사한 증류주를 생산하는데, 이 유사한 술은 메즈칼(Mezcal)이라고 불린다.

테킬라의 어원은 용설란(Agave)인데, 10년 정도 자란 용설란 잎을 잘라내고 직경 50cm 정도의 줄기를 반으로 잘라 증기솥에 넣어 열을 가하면 줄기 속의 다당류가 당화되고 이 당화액을 발효하면 멕시코 원주민들이 즐겨 마시는 풀케(Pulque)가 만들어진다. 이 발효주를 단식 증류기로 두 번 증류하고 증류가 끝난 원주를 화이트 오크통에 넣어 약 한 달 가량 숙성시킨 후 활성탄으로 정제하고 시판하는 것이 화이트 테킬라이다. 드물게는 장기간(약 2년 이상) 저장하였다가 판매하는 것도 있으며, 이런 것들을 골드 테킬라(Gold Tequila)라고 한다.

시판되는 테킬라의 일반적인 알코올 함유량은 40～52%이다. 테킬라는 칵테일 조주에 많이 사용되며, 멕시코에서는 차게 하여 스트레이트로 마신다. 원주민들은 테킬라를 마실 때 손등에 레몬이나 라임의 즙을 바르고 그 위에 소금을 뿌린 다음 찬 테킬라를 마시고 손등의 소금을 핥아먹는다. 이것은 멕시코 지역이 열대 지방이며 건조한 지역인 관계로 염분을 섭취하고 신맛의 과즙을 섭취하기 위한 것이라고 한다.

6) 진(Gin)

진은 대맥을 비롯한 여러 가지 곡물을 이용하여 주조하고, 이 양조주를 3회 증류를 거듭하여 순도 높은 중성주정을 만든 다음 다시 주니퍼 베리로부터 향미를 내게 한 무색주이다. 무색이란 중요한 요소로서 유리제 탱크를 사용하며 숙성을 않고 시판된다. 생산원가가 적게 들며 가격도 저렴하여 모든 칵테일 기본 주로서 사용된다. 원산지는 폴란드란 설이 있으며 모래 백작이 발견한 것으로 알려져 있다.

증류한 주정의 불결한 냄새를 없애기 위하여 두송자를 이용하기 시작했으며, 지금도 유명한 Gordon's 진의 상표에는 두송실이 그려져 있다. 드라이 진이라고 할 때는 당기가 없는 진을 뜻하며, 올드 탐 진(Old Tom Gin)은 영국산 진으로서 설탕시럽으로 약간 감미를 낸 진(Gin)이다. 프레버드 진은 여러 가지 과일·약초·뿌리 등으로 착향시킨 것들이며 이것을 상표에 표시한다. 스위트 진, 오렌지, 레몬, 박하(Mint) 등으로 착향한 것이 많다.

(3) 혼성주(Compounded)

1) 리큐어(Liqueur)

리큐어는 영미에서는 '코디알(Cordials)'이라고 부르며, 일반적으로 식후주(After Dinner Drink)로 사용된다. 중성주정, 브랜디 위스키, 진 등 증류주에다가 그 향료에서 유출한 군발성 향유를 혼합하여 설탕이나 꿀 등으로 당화하여 만든 아름다운 색채를 띤 단 술이다. 따라서 양질의 브랜디나 위스키가 향 좋은 목림통 속에서 오래 저장되어 그 목재에서 우러난 향기를 흡수하여 향기 높은 황금색이 나는 술이 나온다면 이것은 리큐어 중에 최고라고 할 수 있다. 그렇기 때문에 올드 브랜디(Old Brandy)나 코냑(Cognac)을 최고의 리큐어라고 한다.

리큐어의 제조법에는 3가지가 있는데, 첫째는 증류법, 둘째는 침출법, 셋째 에센스법(Essences)이다.

2 알코올 도수 표시방법

(1) 게 루삭식 용량분율 방법

게 루삭(Gay Lussac)은 프랑스 사람으로 "알코올은 온도 15℃에서 원 용량 100분 중에 함유한 에틸 알코올의 용량"을 말한다. 물론 알코올분 0%, 순수 알코올은 100% 나눈 것이다. 여기에 퍼센트(%)의 수치에 '도(℃)'를 붙여 위스키의 알코올분은 40° 혹은 43°로 표현한다. 43° 혹은 43%라고 하는 것은 알코올분이 점하고 있는 용적이 43/100이라는 것이다.

우리나라에서도 %로 용량을 채택하고 있다. 프랑스와 벨기에에서 이 방식으로 알코올성 도수를 표시하고 있다. 이탈리아・오스트리아・러시아도 이 방식을 채용하고 있으나, 기준을 측정할 때에 온도를 °F 60℃로 하고 있다.

(2) 윈디츠식 중량분율 방법

윈디츠(Windich)는 독일 사람으로서 "100그램의 액정 중에 몇 그램의 순에틸 알코올분이 함유되어 있는가"를 표시하고 있다. 술 100그램 중에 순에틸 알코올 30그램이 함유되어 있다면 30%가 술이라고 하는 것이다. 맥주만이 이 중량 %에 의하여 알코올 도수를 표시하고 있다.

(3) 프루프(Proof)

미국이나 영국에서 술의 강도를 표시하는 데에 Proof라고 하는 단위를 사용하고 있다. 미국의 Proof는 온도 60°F(15.6℃)에서의 순수한 물을 0, 에틸 알코올 200Proof로 하고 있다. 우리나라에서 이행하고 있는 %의 2배가 미국의 Proof에 맞는 것이다. 예로서 1Proof는 0.5°, 86Proof는 43°이다. 사이코(Syke)가 고안한 알코올 비중계에 의한 것으로 사이코 프루프라고 한다.

영국 법률에 의하면 "화씨(°F) 51℃에서 같은 용적의 증류수의 12/13의 무게가 있는 Sprit"를 알코올 함유 음료의 표준 강도로서 이 강도를 갖고 있는 술을 Proof · Sprit라고 한다. Proof · Sprit의 100으로 하고 물을 0, 순 에틸 알코올을 175로 하여 눈금을 175 등분한다. 실제의 표시 Proof · Sprit의 100을 0로 하여 이것을 넘는 강도의 술을 Proof · Sprit에 따라 오버 프루프(Over Proof)로 약하여 O.P. 몇 도로 표시하여 순 에틸 알코올 O.P. 75로 표시한다. 또한 Proof · Sprit보다 약한 술을 언더 프루프(Under Proof)로 약하여 U.P.도로 표시한다. 물은 U.P. 100%가 된다.

$$\times(\text{O.P.}) = \frac{571.1 \times (100+\times)}{100} \qquad \times(\text{U.P.}) = \frac{7.1 \times (100-\times)}{100}$$

예를 들면 스카치 위스키 25° U.P.라면,

$$25^\circ\ \text{U.P.} = \frac{57.1 \times (100-25)}{100} = \frac{57.1 \times 75}{100} = 43^\circ$$

그러므로 용량 43°가 된다. 보드카 5° O.P.는,

$$5^\circ\ \text{O.P} = \frac{57.1 \times (100+5)}{100} = \frac{57.1 \times 105}{100} = 60^\circ$$

영국식 도수 표시방법은 복잡하다. 최근 수출 품목에는 영국식 도수를 표기하지 않고 미국식 Proof를 사용한다.

〈표 1-1〉 각국 알코올분 표시법 비교표

Percent by Volume % 한국	0	10	20	30	40	50	60	70	80	90	100
Percent By Weight % 독일	0	8.2	16.4	24.8	33.5	42.7	52.2	62.8	73.8	85.7	100
미국 Proof	0	20	40	60	80	100	120	130	160	180	200
영국 Proof	U. P. 100	U. P. 82.5	U. P. 65.0	U. P. 47.5	O. P. 29.9	O. P. 12.4	O. P. 5.1	O. P. 22.6	O. P. 40.1	O. P. 58.5	O. P. 75.0

제2절 술의 분류

일반적으로 음료는 알코올성이 함유되어 있는 유무에 따라 알코올성 음료와 비알코올성 음료로 구분한다. 알코올성 음료는 제조방법에 따라 양조주·증류주·혼성주로 구분하고, 비알코올성 음료는 청량음료·영양음료·기호음료로 구분한다.

술의 분류는 제조방법에 양조주·증류주·혼성주로 구분하는데 알코올성 음료에는 위스키·브랜디·리큐어·와인·맥주 등이 있다.

양조주 와인을 보면 레드 와인은 프랑스, 화이트 와인은 독일이 유명하다. 에스파냐·이탈리아·미국·포르투갈·오스트리아·호주·한국 등과 같이 세계각국에서 제조되고 있다. 맥주는 독일이 유명하고, 그밖에 네덜란드·영국·미국 등도 유명하다.

〈표 1-2〉 음료의 분류

대분류	중분류	소분류	종류	세부
음료 (Beverage)	알코올성 음료 (Alcoholic Beverages)	양조주 (Fermented Liquor)	와인(Wine)	
			Cider(Apple)	
			Cherry(Pear)	
			Beer(Ale, Stout, Porter)	
			청주, 막걸리	
			Pulque	
		증류주 (Distilled Liquor)	위스키 (Whisky)	Scotch Whisky
				Irish Whisky
				Canadian Whisky
				American Whisky
			보드카(Vodka)	
			진(Gin)	
			럼(Rum)	
			테킬라(Tequila)	
			아쿠아비트(Aquavit)	
		혼성주 (Compounded)	약초, 향초류(Herbs & Spices)	
			종자류(Beans & Kernels)	
			크림류(Creme)	
			과실류(Fruits)	
	비알코올성 음료 (Non-Alcoholic Beverage)	청량음료 (Soft Drink)	Cola, Soda Water, Ginger ale, Tonic Water, 7up	
			Mineral Water(광천수), Vichy Water, Evian Water, Seltzer Water	
		영양음료 (Nutritious)	주스류(Juice)	
			우유(Milk)	
		기호음료 (Fancy Taste)	커피(Coffee)	
			홍차(Tea)	

증류주인 위스키에는 일반적으로 세계 4대 위스키인 스카치 위스키, 아이리시 위스키, 아메리칸 위스키, 캐나디언 위스키가 있다. 기타 국가에서 생산되는 위스키가 있다.

브랜디에는 코냑, 아르마냑, 프렌치 브랜디 칼바도스, 독일의 브랜디, 기타 외국에서 제조되는 브랜디가 있고, 러시아 보드카, 북미유럽의 아쿠아비트, 멕시코의 테킬라, 럼, 진 등이 있다.

혼성주는 흔히 리큐어라고 하는데, 술에 각종 약초나 향료를 첨가한 술을 의미한다. 음료를 알코올성과 비알코올성으로 나누어보면 〈표 1-2〉과 같다.

제2장 청량음료

제1절 청량음료와 과실음료

제2절 우유와 유제품

제2장
청량음료

제1절 청량음료와 과실음료

칵테일 주조의 보조음료로서 청량감을 주는 비알코올성 음료이다. 사이다, 콜라, 진저 에일, 소다수 등의 유기산을 함유한 것, 그리고 우유 또는 유제품 유산균 음료 등이 있으며, 이러한 음료는 칵테일을 만드는 데 필요한 것이다.

칵테일의 주재료는 알코올성 음료가 많이 사용되며, 그 부재료로는 주스·콜라 등 일반음료와 설탕·얼음 등이 있다. 이러한 칵테일의 부재료는 칵테일의 알코올성 도수를 떨어뜨리고 시원한 청량감을 주는 것이 특징이다.

칵테일을 만들 때 없어서는 안 될 것이기 때문에 바에서는 꼭 갖추어놓아야 할 재료들이다.

1 청량음료

(1) 광천수

광천수(Mineral Water)는 일반정수보다 미네랄 성분이 많이 포함되어 있는 음료이다. 현재 우리들이 이용할 수 있는 것은 천연광천수와 인공적으로 제조하는 광천수가 있다.

미네랄이란 광물질로서 칼슘·인·칼륨·염소·마그네슘·철 등 무기질 물질을 말한다. 이러한 것이 물의 맛을 결정하며, 일반정수에도 미네랄이 1ℓ당 0.1~0.5 정도 함유되어 있으나 광천수로 시판되고 있는 것은 수배 이상의 미네랄이 들어 있는 것이다.

순수한 물은 무색투명하고 무취·무미이며, 마셔도 그렇게 맛이 있다는 것을 느끼지 못한다. 그러나 약간의 미네랄이 들어 있는 물을 마시면 무기물질 때문에 맛을 느낄 수가 있다.

이러한 광천수에 대한 관심은 유럽에서부터 비롯되었다. 유명한 광천수로서는 에비앙 워터, 비시 워터, 셀처와써 등이 있다.

이러한 광천수를 장기간 복용하면 위장을 튼튼히 해주고, 음주 후에 취기를 떨어뜨리고, 숙취에 좋은 약용효과를 가지고 있다.

(2) 콜 라

콜라(Cola)는 미국에서 발명한 음료로서 미국문화를 대표하며, 세계적으로 인정받고 있는 음료이다.

콜라의 주원료는 서아프리카 지방에서 생산되는 콜라 열매이며, 지금은 서인도 제도, 브라질, 세이론, 말레이시아 등 열대지방에서 재배되고 있다. 콜라 열매 속에 들어 있는 많은 콜라 열매를 가공 처리하여 콜라 농축액을 만들어 사용하며, 이 농축액은 커피보다 2배가 되는 카페인과 콜라인을 함유하고 있다. 콜라를 마심으로써 기분이 상쾌해지는 것도 바로 여기에 원인이 있는 것이다.

이렇게 만들어진 콜라 농축액에 물과 여러 가지 향료와 당분을 넣고 탄산가스를 주입한 것이다. 그 향료로서는 레몬·오렌지·넛멕·시나몬·바닐라 등이 사용되며, 어떤 것을 배합하느냐 하는 것은 제조회사에 따라 다르다.

(3) 소다 워터

소다 워터(Soda Water)는 탄산가스와 무기물질을 함유한 천연광천수와 인공적인 제조품이 있다. 작은 거품이 지속적으로 나는 것이 상품(上品)으로서 시중에는 병이나 캔으로 판매되고 있다. 캔 제품은 한번 오픈시키면 다시 닫을 수가 없어 탄산가스가 날아가버리기 때문에 제품을 선택할 때는 주의를 해야 된다. 이러한 소다 워터는 양주를 마실 때 혼합해서 마시는 경우도 있다.

(4) 토닉 워터

토닉 워터(Tonic Water)는 영국에서 제조한 무색투명한 음료로서 키니네에 레몬·라임·오렌지 등과 당분을 배합하여 만든 것이다.

열대식민지에서 근무하던 영국인들의 식욕부진과 원기를 회복하기 위해 제조되었다. 제2차 세계대전 후 진과 혼합하여 진토닉을 만들어 세계적인 음료로 환영받고 있다.

(5) 진저 에일

진저는 생강을 말하며, 에일은 알코올성이란 뜻으로서 생강주를 의미한다. 그러나 우리나라의 진저 에일(Ginger Ale)은 알코올 성분이 전혀 없는 순수한 청량음료이다.

생강의 향을 함유한 탄산음료로서 일종의 자극을 주는 풍미는 식욕증진의 효과가 있으며, 소화를 돕고 정신을 맑게 한다. 진저 에일은 그대로 마실 수도 있으나 대개 알코올성 음료와 혼합하여 마신다.

(6) 세븐업

우리나라에서는 세븐업(7Up)을 사이다라고 부르고 있지만, 사이다란 사과를 발효시켜 만든 양조주이다. 즉, 칠성사이다, 해태사이다, 스프라이트 등은 바로 세븐업에 속한다. 소다수에다 레몬과 라임, 기타 향료를 사용하여 당분과 함께 사용하여 만든 탄산음료이다.

2 과실음료

여기서 주스라고 하는 것은 과일을 스퀴즈해서 만든 프레시 주스를 말한다. 시판되는 100%의 주스를 사용해도 된다. 코디알에 지정된 경우에는 감미료 코디알 주스를 사용한다.

(1) 레몬 주스(Lemon Juice)

칵테일의 신맛을 낼 때 많이 사용되는 주스이며, 100% 무가당 원액을 사용해야 칵테일의 제 맛을 낼 수가 있다. 레몬의 과실을 구하기 쉽고 가격이 싼 곳은 생과실의 과즙을 짜서 사용하지만 그렇지 않은 경우에는 주스를 많이 사용한다.

(2) 라임 주스(Lime Juice)

신맛은 레몬보다 강하며, 산뜻한 맛이 있고, 주스에는 라임의 향이 첨가된 것이 특징이다. 라임 주스는 많이 사용하면 역겨운 냄새가 나므로 칵테일을 만들 때는 적당히 사용하는 것이 좋다. 무가당 주스와 가당 주스의 두 종류가 생산되므로 주의해서 사용해야 된다.

(3) 오렌지 주스(Orange Juice)

생과실의 과즙을 짜서 사용하면 좋지만 그렇지 못할 경우 칵테일용으로 사용하는 주스는 오일이나 당분 등의 다른 성분이 들어 있지 않은 100% 무가당 원액 주스를 사용해야만 좋은 맛을 낼 수 있다.

(4) 파인애플 주스(Pineapple Juice)

상큼하고 풍부한 파인애플향이 있는 주스로서 칵테일용으로는 100% 원액 주스를 사용해야 한다. 그렇지 않고 다른 제품을 사용했을 경우에는 칵테일에 쓴맛이 나므로 제품을 선택할 때는 주의해야 한다.

(5) 부재료의 기술

1) 주스 짜기

과일을 스퀴저로서 짜면 맛이 좋은 프레시 주스를 만들 수 있다. 스퀴저로 짜는 것을 스퀴즈한다고 한다.

- 과일을 반으로 잘라서 스퀴저 중앙의 뾰족한 부분에 맞춘다.
- 엄지손가락에 조금 힘을 실어 과일을 좌우로 회전시켜 짠다.

중점 사항으로는 사용하기 전에 짜고, 힘을 너무 넣지 말아야 하며, 힘을 너무 넣어 안쪽의 흰 막을 터뜨리거나 외피의 오일을 튀게 하면 쓴맛이 나와 맛을 떨어뜨린다.

2) 필(Peel) 짜기

- 레몬(오렌지)을 잘 씻어서 껍질을 2cm 정도 잘라낸다.
- 껍질의 표면을 앞으로 해서 엄지와 중지로서 양끝을 끼우고 집게손가락을 뒤로 해서 맞춘다.
- 엄지와 중지에 가볍게 힘을 넣어 집게손가락을 앞으로 누르고 오일(기름)을 튀긴다.

제2절 우유와 유제품

1 우 유

생유는 젖소의 품종에 따라 다르나 보통 유지방(3.4% 이상), 단백질(3.1% 이상), 유당(4.6% 이상) 등의 수많은 영양소를 가지고 있어 영양식품으로 알려져 있다. 칵테일에 사용하는 우유(Milk)는 일반적으로 시중에서 판매하는 것을 사용한다.

2 크 림

생유에는 보통 유지방분이 3.4% 정도 함유되어 있는데, 이 유지방분을 원심분리기로 분리시킨 후 모아서 만든 것이 바로 크림(Cream)이다. 일반 우유보다 유지방분이 많이 함유된 진한 우유이다.

생크림, 휘핑 크림 등이 있으며, 칵테일을 만들 때 주로 사용하는 것은 유지방 18~25% 정도 함유되어 있는 생크림을 사용한다.

3 유산균 음료

이외에도 우유제품으로 요구르트 · 버터 · 치즈 등이 있고, 또한 식이성 음료 등의 기능성 음료가 있다.

제3장 바리스타

제3장
바리스타를

제1절 바리스타의 정의와 역할

이탈리아 어원에 따르면 바리스타(Barista)는 '바(Bar) 안에 있는 사람' 'Bar 안에서 제품을 만드는 사람'을 뜻한다. 이탈리아에서는 일반적으로 '바리스타(Barista)'라고 하고 '바맨(Barman)'이라 부르기도 한다.

바리스타는 단순한 에스프레소를 추출하고 제조하는 능력만을 소유한 사람이 아니다. 완벽한 에스프레소의 추출과 좋은 원두 선택, 커피 머신의 완벽한 활용, 고객의 입맛에 최대한 만족을 주기 위한 손 터치 등의 능력을 겸비해야 한다. 커피의 선택, 커피 머신 기능과 성능과 운용방법, 고객 욕구를 충족시켜주는 것이 바리스타의 중요한 임무이다.

맛있는 커피를 만들기 위한 바리스타의 역할이 중요한데, 바리스타는 카페에서 고객을 만족시킬 만한 품질의 원두를 잘 선택해야 한다. 커피상식과 자신만이 터득한 노하우가 곁들여져야 한다.

원두를 선택하는 것도 중요하지만 원두 보관창고를 선별하는 것도 중요하다. 원두 보관장소로는 건조한 장소가 적합하며, 커피를 최적의 상태로 유지할 수 있는 곳이어야 한다. 한꺼번에 많은 양의 원두를 갈아서 커피가 남지 않도록 하되 남은 것은 다음날 사용하지 않도록 한다.

원두의 물의 온도가 적당히 유지되도록 보일러 내 압력을 체크해주는 것도 중요하다. 추출기압 유지, 분사홀더, 필터, 필터홀더를 깨끗하게 해야 한다.

커피를 추출한 후 커피양이 잔에 맞게 차도록 조정해야 하며, 여과지 가장자리는 깨끗하게 하여 커피 침전물이 형성되지 않도록 해야 한다.

제2절 커피의 어원과 역사

커피의 어원은 아라비아어의 'Cafe(카프아)'에서 비롯되었다. '카프아'라 하는 것은 아라비아어로 '주'라는 의미이다. 초기에는 커피나무의 열매를 짜서 나온 액체를 술과 같은 것으로 생각하여 한 무리로 취급한 데서 유래되었다. 오늘날 카프아(Cafe)의 의미는 술을 파는 곳과 혼동되어 사용하고 있다.

1 커피의 유래

에티오피아의 아비시니아의 험준한 산맥의 한 산골에서 양을 치는 소년 칼디(Kalde)가 살고 있었다. 어느 날 그는 이상한 광경을 목격했다. 기르고 있던 양들이 갑자기 춤을 추듯이 뛰고 달렸던 것이다.

칼디는 양들을 관찰하기 시작했는데 언덕 숲속의 작은 나무에서 빨간 열매를 먹고 나며 양들이 흥분하여 밤에 잠들지 않았다. 이에 호기심이 강했던 칼디는 직접 열매를 따먹어 보았는데 갑자기 온몸에 힘이 넘치고 상쾌해짐을 경험하였다.

소년은 그 열매를 몇 개 따다가 이슬람 승려에게 보여주었다. 승려는 여러 가지 실험을 거쳐 이 열매가 잠을 쫓는 효과가 있다는 것을 알아냈고, 그 후부터는 이슬람 승려들의 밤 기도를 위한 음료로 이용되었다.

아라비아 이슬람 승려 오마르(Omar)는 기도와 병자를 치료하는 능력이 있었다. 그러나 1258년 정적들의 모함을 받아 왕으로부터 버림을 받게 되었다. 예멘의 모카 항 근처 사막으로 쫓겨난 오마르는 굶주림으로 죽음의 문턱에까지 이르렀다.

그러나 문득 지평선 너머로 화려한 깃털의 새가 작은 나무숲에 앉는 것을 발견했다. 나무숲에는 아름다운 붉은 열매가 달려 있었고, 오마르는 알라신의 가호라 여기며 그 열매로 허기를 채웠다.

빨간 열매는 보기와 달리 매우 쓴맛이 나 날로 먹을 수 없었다. 그래서 열매를 달여 마셨는데 신기하게도 온몸의 피로가 풀리고 하루 종일 힘이 솟는 것처럼 느껴졌다.

오마르는 이 새로운 음료를 이용해 환자들을 치료했고, 빠르게 소문이 퍼져 그가 머무는 동굴 앞에는 환자들이 끊이질 않았다. 결국 그는 커피 덕분에 왕으로부터 죄를 면하게 되고, 모카의 성인으로까지 추앙을 받게 되었다.

이러한 커피가 유럽 전역에 전해진 것을 약 300년 전의 일이며, 이웃나라 일본에 상품으로 들어온 곳은 약 100년 전의 일이다.

2 커피의 역사

11세기 초 아라비아의 의학자인 라제스의 아비세나에 의해 커피(Coffee)는 위의 활동을 부드럽게 해주는 효험이 있다고 알려지면서 주변 각국에 전파되기 시작했다.

1517년 이집트를 방문한 세림 1세에 의하여 터기에 커피가 도입되었으며, 1554년에는 콘스탄티노플(Constantinople)에 'Kanes Coffee Shop'이 출현됨에 따라 이곳을 찾는 관광객들에 의해 전역으로 소개되었다.

독일은 1573년 의사인 라볼트의 기행문에 의해 처음 소개되었고, 1616년 아라비아의 모카 항구로부터 모카커피가 수출되어 네덜란드에 처음 수입된 것이 유럽에 대량으로 들어온 계기가 되었다.

1637년에는 프랑스로부터 대량의 커피가 런던에 수입되어 일반 시민들에게도 널리 이용되었으며, 동양에서는 1886년경 일본에 들어온 것이 처음이다.

한국에는 고종 32년(1895) 을미사변 때 러시아 공사 워벨에 의하여 전래되어 처음에는 일부 상류층에만 보급되었다가 한국전쟁 후 미군이 주둔하면서부터 일회용 인스턴트 커피가 도입된 이래 일반화되었다.

커피의 역사를 살펴보면 가장 오래된 것은 875년 페르시아에서 커피 열매를 볶아서 갈아 물에 넣고 끓여마셨다는 기록이 있고, 다음 1000년경 아라비아에서 에티오피아 원산 커피를 마셨다는 기록이 있는데, 본격적인 복용은 1455년부터 였다.

그리고 1505년 터키에서 처음으로 커피만을 전문으로 판매하는 다방이 등장했고, 1524년 아라비아 메카 지방에서는 한때 정부가 다방에 대해 영업 정지령을 내린 적도 있었다. 이 때문에 커피는 각자 가정에서 끓여 마셨다고 한다.

1553년 콘스탄티노플(터키의 전 수도)에서 '카페 케네스'(화려한 커피 하우스)란 다방이 등장하여 상인·외교관들의 살롱으로 인기가 대단했었다고 한다. 1637년에는 영국에 커피가 수입되기 시작했고, 1652년 런던에서 네덜란드 외교관 롯세가 천막을 치고 처음으로 커피 하우스를 개장했다.

그리고 1660년 네덜란드 외교관 니히코프가 처음으로 커피에 밀크를 섞어 마시는 풍조를 창안한 이후 오늘날 커피에 크림(지금은 프리마라 부르는 분말우유)을 타는 유래가 되었다.

3 한국의 커피의 역사

우리나라에서는 1895년 고종 황제가 커피를 마셨다는 기록이 있다.

그 후 커피는 일반인 사이에 널리 보급되기 시작했으며, 현대문학의 귀재 이상이 1930년대에 '카페 69'를 경영했다는 것은 잘 알려진 사실이다. 1945~1948년, 우리나라의 다방은 시민의 유일한 위락장소이자 사교장이었으나 경영주는 단순한 장소라기보다 오락, 또는 취미로 영업을 하고 있었다는 점이 현재의 다방과는 근본적으로 달랐다.

당시 유명하던 다방 몇몇을 소개하면 연예인들과 문인들이 많이 출입한 종로의 '서라벌'(화신 우측 건물 2층)과 명동 사보이 호텔 뒷골목의 '휘가로', 영화인들이 주로 출입한 배우 김연실의 '낙성'(명동입구), 영화감독 이병일의 '신신'(명동 2가), 고전음악으로 이름난 '돌체'(명동), 화가・문인・교수들이 많이 모인 곳은 서대문의 '자연장'(현 강북삼성병원 자리), 여대생들이 많이 모인 음악다방 '대백'(현 명동 태극당 맞은편), 고전음악의 '르네상스', 정치가・교수들이 많이 모인 '보리수' '청탑', 그리고 커피맛으로 유명한 '브라질'(명동) 등이 있다.

8.15 광복과 한국전쟁을 거치면서 커피가 점차 보급되기 시작하였고, 1960년대부터 우리나라에서도 이른바 '커피문화'가 서서히 일기 시작한 이래 커피 인구는 급증하기 시작했다.

4 커피의 생산지별 분류 및 특징

커피는 아가네과에 속하는 다년생 상록수로 종류에는 약 40여 종이 있다. 커피나무는 타원형 잎으로 나무 높이가 5~6m 정도 성장하고, 2~3년 정도 자라서 자스민의 방향을 가진 흰 꽃을 피우며, 한 마디에 여러 가지 꽃이 군생한다.

열매는 액과로서 처음에는 꽃이 진 후 녹색이었다가 오렌지색을 거쳐 성숙하면 적색으로 변한다. 이 액과의 내부에는 달걀 모양을 한 2개의 종실이 대칭으로 들어 있는데 이것이 커피의 원두이다. 결실된 커피의 두는 건조식, 또는 수세식으로 따서 껍질을 벗기고 상품화해서 시장에 내보내게 된다.

커피의 원종은 다음과 같이 3가지의 종류가 있다.

아라비카종(에티오피아가 원산이며, 신맛이 강하다), 로부스타종(카네포라종 : 콩고가 원산지이며, 쓴맛이 강하다), 리베리카종(아프리카 서해안이 원산)이다. 커피는 위의 원종이 이식되어 토질에 맞게 개량되면서 대체로 산지에 따라 이름을 붙인다.

커피는 여러 가지 특징을 지니고 있는데, 그 대표적인 종류를 몇 가지 들어보면 다음과 같다.

일반적으로 아라비카종에서 분류된 마일드(Mild)와 브라질(Brazil), 그리고 로부스타(Robusta)가 세계 커피의 3대 원종으로 구별되기도 한다.

(1) 마일드(Mild : 질 좋은 아라비카종 커피에 붙이는 무역용어)

마일드는 에티오피아의 고산지대가 원산지로 맛과 향이 뛰어나고, 산출량도 많다. 모카를 비롯하여 콜롬비아 · 코스타리카 · 멕시코 · 과테말라 · 온두라스 · 엘살바도르 · 에콰도르 · 에티오피아 · 베네수엘라 등에서 재배되고 있다.

1) 모카(Mocha)

흔히 아라비아라고 부르는데, 예멘 지방에서 생산되며, 원두는 황록색이다. 신맛과 단맛이 좋으며, 뛰어난 향기를 지니고 있어 '커피의 귀족'이라고 부른다.

2) 콜롬비아(Colombia)

브라질(30%) 다음으로 많은 생산을 자랑하며(12%), 체계화된 공정으로 질 좋은 커피의 생산을 늘리는 데 주력하는 한편 자국의 커피 이미지를 세계에 심는 데 힘쓰고 있다.

스푸리모(Spurimo)가 가장 높은 등급이며, 엑셀소(Exelso)가 그 다음이다. 메델린(Medellin), 아르메나, 마리잘레스 지역은 앞자만 따서 MAM이라고도 부르는데, 세계로 수출되는 콜롬비아 커피의 대부분이 이곳에서 나온다고 해도 과언이 아니다. 그 중 메델린의 커피가 가장 맛과 플레버가 강하며, 신맛이 잘 조화되어 있다.

그 외에도 보고타(Bogota)와 부카라망가(Bucaramanga)의 커피도 마셔볼 만한데, 바디는 중간 정도이나 플레버는 어디에도 뒤지지 않는다.

3) 과테말라(수세식)

최고의 커피를 생산한다는 자부심을 가지고 정성들여 커피를 만든다. 세계적으로 잘 알려진 안티구아(Antigua)에서 생산되는 화산산(酸)의 영향으로 부드러운 가운데 신맛이 강하고, 타는 듯한(Smoky : 스모키) 향과 톡 쏘는 향(Spicty), 초콜릿 등의 향이 난다.

그 외 코반(Coban), 후웨이후웨이테낭고(Huehuetenango) 등의 농장에서도 양질의 커피가 생산된다. 'Strictly Hard Been(가장 단단한 원두)'라고 표기된 것이 가장 좋은 등급의 원두이다.

4) 코스타리카(수세식)

라틴아메리카 국가들 중 가장 선진화된 환경에서 상품가치가 높은 커피를 생산하고 있다. 트레스 리오스(Tres Rios)에서 나는 커피는 마일드하고, 달콤하며, 바디가 풍부하다. 그리고 타라주(Tarrazu) 지역의 커피는 트레스 리오스보다 더 진하고, 꿀(Honey), 새콤한 과일, 초콜릿 등의 향이 난다.

5) 에티오피아(건조식)

에티오피아는 커피가 처음으로 발견된 나라이다. 하라(Harra)와 예르카체프(Yergacheffe)가 잘 알려져 있다.

에티오피아 동부에서는 나는 하라는 신맛이 강하고, 바디가 풍부한 편이며, 때에 따라 블루베리 플레버와 와인과 같은 상큼함이 느껴진다.

남부 시다모(Sidamo) 지방의 예르카체프는 풍부한 바디에 비해 신맛이 적고 부드러워서 우리 입맛에 잘 맞는다. 또한 살짝 풍기는 살구와 박하향이 뒷맛을 개운하게 한다.

6) 멕시코(수세식)

깡통커피용으로 값싼 아라비카를 수출하는 것으로 유명하다. 옥사카(Oaxaca), 베라 크루즈(Vera Cruz), 치아파스(Chiapas)에서 좋은 커피들이 생산되지만 블렌드용으로 사용되기 때문에 스트레이트 커피로는 구하기가 어렵다.

멕시코의 커피는 모닝커피로 적당히 가벼운 커피에 속한다. 신맛이 강하지만 밀크 초콜릿처럼 부드럽고, 땅콩(Nuty) 맛이 살짝 느껴진다.

7) 엘살바도르(수세식)

잦은 전쟁으로 인해 커피시장이 위축되어 있다. 그렇지만 작은 나라임에도 불구하고 대규모의 커피농장이 있으며(파카스, 보르볼롱, 로스 플루소레스 등), 피필(Pipil)과 질이 좋은 아라비카도 생산된다.

과테말라 커피같이 신맛이 나고, 바디(농도와 밀도)는 중간 정도이나 단맛과 깊이가 더하다.

8) 온두라스(수세식)

멕시코・엘살바도르같이 질 좋은 커피도 만드나 블렌드용으로 주로 쓰인다.

9) 파나마(수세식)

코스타리카 커피처럼 마일드하고 달콤해서 모닝커피 블렌드용으로 많이 쓰인다.

10) 예멘(건조식)

모카 커피로 유명한 나라이다. 그러나 미국이나 유럽에서 커피에 초콜릿과 반씩 섞어 마시는 모카 커피와 혼동해서는 안 된다.

커피 중 가장 신맛이 강하다. 살짝 흐르는 초콜릿향과 감칠맛이 이 커피의 특징이며, 마타리(Mattari)와 시나니(Sinani) 지방의 모카를 제일 알아준다.

11) 베네수엘라(수세식)

브라질·콜롬비아 같은 주변 국가에 밀려 아직 빛을 못 보고 있는 나라지만 전망이 밝다. 가볍고 깨끗한 느낌의 커피를 생산한다.

(2) 브라질(Brazil)

1) 브라질(건조식)

브라질은 세계 제일의 산출량(세계 총생산의 약 1/3)을 자랑한다. 원두는 원형 또는 타원형으로 부드럽고, 신맛이 강하다. 주로 배합의 기초로 많이 사용되고 있으며, 부르봉 산토스(Bourbon Santos)가 제일 유명하다. 바디, 신맛, 플레버 등이 모두 적당하게 들어 있어 부드럽다는 느낌이 강하다.

세계에서 가장 많이 생산하지만 안타깝게도 저급 아라비카만 취급한다. 브라질 커피는 No.2를 표준으로 No.2에서 No.8까지 등급에 따라 번호를 붙여 출하되고 있는데, 미나스·리오·빅토리아 등 유명한 것도 있다.

2) 블루 마운틴(Blue Mountain)

서인도제도 카리브 연안에 위치한 자메이카 섬 동부의 2,500m 고지대에서 산출되는 커피이다. 생산량이 극히 적으나 세계에서 맛이 가장 좋다.

향기가 뛰어나서 세계 제1급 커피로 알려져 있으며, No.1, 2, 3으로 나뉘어 있다. 자메이카의 블루 마운틴(Jamaica Blue Mountain), 하이 마운틴(High Mountain) 등이 유명하다.

질 좋은 다른 아라비카에 비해 값이 10배 이상 비싼 이유는 생산량이 제한되어 있고, JBM(자메이카의 블루 마운틴)의 80% 이상이 일본으로 수출되어 희귀하기 때문이다. 가장 맛의 조화가 잘 이루어진 훌륭한 커피로 인정받고 있으나 최근 들어 과다생산으로 질이 가격에 미치지 못하고 있다. 하지만 100% JBM을 구할 수 있다면 꼭 마셔볼 만하다.

3) 탄자니아(Tanzania)

쓴맛과 단맛이 잘 조화되어 있는 커피이며, 특히 탄자니아의 킬리만자로 산록에서 생산되는 킬리만자로는 신맛이 대단히 강하다. 향기가 높은 커피로서 모카와 콜롬비아를 배합한 것 같은 맛을 지니고 있어 스트레이트용으로 많이 사용된다.

(3) 로부스타(Robusta)

로부스타는 중앙아프리카의 콩고 지방이 원산지로서 아프리카와 동부의 인도나 인도네시아 · 자바 등지에서 재배되고 있으며, 쓴맛과 단맛이 강한 것이 특징이다.

1) 아이보리 코스트(Ivory Coast)

아프리카에서 가장 많이 생산되는 품종으로 세계적으로 브라질 · 콜롬비아 · 인도네시아 · 멕시코 다음의 생산량을 차지하고 있다. 맛은 중성으로 특히 인스턴트 로부스타용으로 널리 쓰이고 있다.

2) 인도네시아(Indonesia)

1만 3,677개의 섬 중 12개의 섬에서 커피가 생산된다. 1699년 네덜란드 사람들이 자바 섬에 처음 커피를 심은 이후 지금은 수마트라와 술라웨시에서도 많은 양이 재배되고 있다.

생산량의 90%는 로부스타 커피이지만, 질 좋은 아라비카는 유럽과 미국 등지에서 사랑받고 있다.

수마트라 · 자바 · 술라웨시에는 2~3년간 창고에서 묵힌 커피가 있는데, 다른 나라에서 생산되는 커피는 시간이 지나면 그린 빈으로서 가치가 떨어지는 데 비해 인도네시아 원두들은 오래되면 오래될수록 신맛이 사라지고 단맛이 증가하는 특이한 현상을 보인다. 이것을 '에이지드 커피(Aged Coffee)'라 하는데 유럽 애호가들이 많이 찾는 특이한 커피이다.

수마트라 섬에서 재배되는 커피는 우수하며, 만테린이라고 불린다.

3) 자바(수세식)

다른 원두에 비해 윤기가 많이 도는 자바 커피는 땅콩과 후추향이 살짝 비치는, 무거운 커피이다.

4) 케냐(수세식)

소규모 농장에서 재배한 커피를 중앙으로 모아 한꺼번에 가공하여 등급을 결정한다. 알이 굵고 잘 여문 것을 골라 '케냐AA'라는 최고등급을 준다. 그 다음 등급은 '케냐AB'이다. 케냐는 풍부한 바디에 신맛이 강하지만 뒷맛이 깨끗하다.

이밖에 아프리카의 커피 생산지로 탄자니아 · 우간다 · 짐바브웨를 들 수 있는데, 주로 로부스타종이 생산되고 있다.

5) 우간다(Uganda)

동부 아프리카의 우간다에서 생산되며, 원두는 둥글고 작다. 맛은 약간 단조롭고, 쓴맛이 강하여 일반적으로 아이스커피용이나 배합용으로 많이 쓰인다.

6) 앙골라(Angola)

우간다에 비해 이식해온 로부스타종이 개발되고 있다. 신맛과 단맛이 있으며, 특히 쓴맛이 강하다.

5 커피 생산지

대부분의 커피나무가 자라고 있는 곳은 남·북위 25° 사이, 연간 강수량이 1,500mm 이상의 열대 및 아열대 지역이다. 이 지역들은 지도에서 하나의 띠를 이루고 있는데, 이것을 '커피 벨트'라고 한다.

그 중에서 특히 좋은 조건은 남북회귀선이 통과되는 23.5° 사이 고산지대로 대부분 해발 1천~3천m에 연평균 기온이 20~25℃, 연강수량은 1,500~2,000mm이다.

브라질이나 인도 몬순지역처럼 건기와 우기가 뚜렷한 곳도 유리하다. 나무에 꽃이 피어 열매를 맺을 때까지 우기, 열매가 익어 1차적인 가공을 할 때까지 건기로 구별된다면 훨씬 좋은 원두를 생산할 수 있기 때문이다.

토양도 매우 중요하다. 현재 커피가 재배되고 있는 대부분의 지역은 화성암 풍화지대로 토양이 비옥하고, 배수가 잘 된다. 그러나 아무리 이상적인 조건을 갖추고 있더라도 서리가 내리는 곳이라면 커피 재배가 불가능하다. 근대부터 커피를 대량으로 소비해온 유럽이나 미국의 자국 내에서 커피를 생산하지 못한 것도

이 때문이다.

대표적인 생산국으로는 브라질 · 콜롬비아 · 인도네시아 · 인도 · 케냐 등 60개국에서 전세계 대부분의 판매량을 생산하고 있다.

6 커피나무

커피의 꽃은 흰색으로 잎이 붙어 있는 가지 부분에 여러 개가 한꺼번에 피고, 크기는 2cm 정도이다. 일반적으로 무더기를 이룬 커피꽃은 멀리서 볼 경우 하얀 국화처럼 매우 둥근, 반구 모양을 하고 있다.

꽃은 한 개의 암술과 보통 다섯 개의 수술, 다섯 장의 꽃잎으로 구성되어 있으며, 피어 있는 시간은 1주일 미만으로 길지는 않지만 달콤한 크림향이 아주 강하다. 개화기부터는 충분히 물을 공급해야 많은 수확을 기대할 수 있다.

건기와 우기가 구별이 대체로 뚜렷한 고산지대의 경우 꽃이 피는 시기와 열매가 열리는 시기가 뚜렷이 구분되어 꽃과 열매를 동시에는 볼 수는 없다. 그러나 연중 비가 오는 낮은 지대의 경우 1년 내내 꽃이 피고 열매가 열리는 것이 반복되어 꽃망울, 하얀 꽃, 녹색의 열매, 붉은 색의 열매를 한 나무에서 볼 수 있어 커피에 신비로움을 더한다. 그러나 현실적으로 붉은 열매는 바로 수확하므로 커피 농장에서 이러한 장면은 보기 힘들다.

커피 열매는 다른 식물과 마찬가지로 꽃이 피었던 자리에 열린다. 가지를 따라 일렬로, 또는 포도송이의 형태로 달린다. 체리(Cherry) 또는 베리(Berry)라 불리는데, 우리가 먹는 커피는 이 열매의 씨앗이다.

체리는 잿빛을 띤 흰색이고, 타원체를 세로로 자른 모양이며, 평평한 면에 1개의 홈이 있다. 이 체리의 과육을 뺀 부분을 종자, 즉 커피콩이라고 하는데, 이것을 볶아서 가루를 만들어 커피로 사용한다. 또한 종자 안에는 2% 내외의 카페인이 들어 있어 이것을 추출하여 의약품으로 사용한다.

- 비옥한 흙과 비료를 섞어 묘판을 만들고, 내피 상피의 커피 종자를 뿌린다. 종자를 2개 뿌리는 경우도 있다.
- 종자를 뿌린 뒤 40~60일 정도 지난 후에 싹이 나온다.
- 내피가 덮인 상태에서 줄기가 나온다.
- 내피를 뚫고 잎이 나온다.
- 기후・풍토에 따라 다르나 발아하고 나서 20~30일 만에 떡잎이 나온다.
- 종자를 파종하고 나서 약 5개월 후의 묘목・종자를 뿌린 후 약 10개월째에 농원으로 이식한다.
- 종자를 파종하고 나서 약 1년 후에는 최초의 꽃이 피고, 열매는 조금 열린다.
- 3년 경과한 커피나무부터 다량의 수확이 가능하다.
- 커피꽃은 잎이 붙어 있는 뿌리에 군생해서 핀다.
- 빨갛게 여문 커피 체리의 과육은 은은한 단맛이 난다.

7 커피 로스팅의 분류

(1) 커피 로스팅을 하는 이유

그린빈(Green Bean) 상태에서 커피 맛 자체를 느낄 수 없다. 그린 빈을 가지고 냄새를 맡아보면 풀냄새 같은 것만 날 것이고, 물에 담그거나 끓여서 우려 보아도 카페인 성분을 섭취할 수 있다는 것뿐 보통의 커피맛은 볼 수 없을 것이다.

커피를 볶는 가장 큰 이유는 커피의 맛과 향을 얻기 위함이고, 커피의 색을 얻는 것이며, 커피의 추출이 쉬워진다는 것이다.

(2) 로스팅의 단계

로스팅(Roasting)은 커피에 열을 가해 볶음으로써 화학적인 반응을 일으켜 방향성 물질과 산, 그밖에 맛을 형성하는 물질들을 변화시키거나 작용하게 하여 Aroma, Acidity, Body, Aftertaste, 그리고 전체적인 풍미를 얻어내는 것이다.

1) 엔도서믹(Endothermic)

로스팅 변화의 첫번째 단계라 할 수 있는데 원두가 열을 흡수하여 서서히 말라가며 연두색에서 점차 노란색으로 변하고, 토스트나 팝콘 같은 냄새를 풍긴다.

2) 퍼스트 크랙(First Crack)

커피의 색은 갈색으로 변하고, 커피가 타닥 소리를 내며 터져 부피가 커지는 단계를 말한다. 볶는 기계에 따라 다르지만 대략 온도는 섭씨 180~205℃ 정도일 때 일어난다.

3) 파이롤리시스(Pyrolysis)

원두의 색이 진한 갈색으로 변화하고, 커피의 맛이 형성되는 민감한 단계이다. 볶는 기계에 따라 다르지만 온도는 섭씨 200~220℃ 사이에 일어난다.

경험 있는 로스터는 이 단계에 오면 정확한 타이밍을 잡아 커피를 배출하여 원하는 맛을 찾아내야 한다. 이때 전체 무게는 약 13% 감소한다.

4) 세컨드 크랙(Second Crack)

두번째 터짐이 일어난다는 것은 커피가 에스프레소나 다크 로스트의 단계에 이른다는 것을 의미한다. 프렌치 로스트, 이탈리안 로스트, 컨티넨털 로스트를 원하는 로스터는 두번째 터짐을 보면서 어느 정도 단계를 배출할 것인가를 결정해야 한다.

(3) 볶는 정도에 따른 분류

1) 그린 빈(Green Bean)

생두 초기의 단계로서 생두의 색깔은 연녹색에서부터 초록색까지 산지별로 다양하다.

2) 라이트 로스팅(Light Roasting : 최약배전)

감미로운 향기가 나지만 이 단계의 원두를 가지고 커피를 추출하면 쓴맛 · 단맛 · 깊은맛은 거의 느낄 수 없다. 생두를 로스터에 투입해 생두가 흡수하면서 수분이 빠져나가도록 하는 초기 단계로 이때 생두는 누런색으로 변화된다.

3) 시나몬 로스팅(Cinnamon Roasting : 약배전)

뛰어난 신맛을 갖는 원두이며, 그 신맛을 즐기고 싶다면 이 단계의 원두가 최적이다.

누런색이던 원두가 계피색을 띠게 된다. 커피 생두의 외피(Silver Skin)가 왕성하게 제거되기 시작한다.

4) 미디엄 로스팅(Midium Roasting : 약강배전)

아메리칸 로스트라고도 한다. 신맛이 주역인 아메리칸 커피는 이 단계의 원두가 최적이다. 식사중에 마시는 커피, 추출해서 마실 수 있는 기초 단계이며, 원두는 담갈색을 띤다.

5) 하이 로스팅(High Roasting : 중약배전)

여기서부터 신맛이 엷어지고 단맛이 나기 시작한다. 가장 일반적인 단계로 갈색의 커피가 된다.

6) 시티 로스팅(City Roasting : 중중배전)

저먼(Geman) 로스트라고도 한다. 균형 잡힌 강한 느낌을 준다. 맛과 향이 대체로 표준이며, 풍부한 갈색을 띠게 된다.

7) 풀 시티 로스팅(Full City Roasting : 중강배전)

신맛은 거의 없어지고 쓴맛과 진한맛이 커피의 정점에 올라서는 단계이다. 아이스커피용으로 사용할 수 있다. 크림을 가미하여 마시는 유럽 스타일로서 원두의 색깔은 짙은 갈색으로 변하여 에스프레소 커피용의 표준이다.

8) 프렌치 로스팅(French Roasting : 강배전)

쓴맛 · 진한맛의 중후한 맛이 강조된다. 기름이 표면에 끼기 시작하는 단계이다. 원두는 검은 갈색이 된다.

9) 이탈리안 로스팅(Italiam Roasting : 최강배전)

쓴맛과 진한맛이 최대치에 달한다. 원두에 따라서 타는 냄새가 나는 경우도 있다. 예전에는 이 로스팅이 에스프레소용으로 많이 선호되었으나 점차 줄어드는 경향을 보이고 있다.

8 커피 끓이는 방법

커피의 향기와 풍미는 끓일 때의 온도와 시간, 그리고 방법에 따라서 크게 차이가 있다. 일반적으로 커피를 끓일 때 1인분의 양은 커피 8g에 물 130~150㎖를 기준으로 하고, 좀더 연한 아메리칸 스타일로 하고 싶다면 물은 똑같은 양으로 하고 커피만 4~5g로 줄여서 끓이면 된다.

비엔나 커피는 아이리시 커피 같은 커피 칵테일을 만들기 위해서는 좀 진하게 뽑아야 한다. 커피를 뽑는 방법은 다음과 같다.

(1) 보일링(Boiling)

가장 대표적인 보일링 방법이 이용되는 것은 터키식 커피이다.

(2) 브루잉(Brewing)

브루잉 방식은 크게 두 가지로 나눌 수 있다. 드립(Drip) 방식과 진공과 스팀 압력을 이용한 진공(Vacuum) 방식이다. 드립식은 핸드 드립, 가정용 커피 메이커의 드립 방식, 그리고 상업용 커피 브루어의 다량 추출 방식이라 볼 수 있다.

(3) 익스트랙션(Extraction)

가압식 추출방법으로 현재 우리가 사용하는 에스프레소 기계의 방식을 말한다.

1) 드립(Drip)법

여과천이나 여과지를 사용하여 커피를 추출하는 방법을 말하며, 많은 양의 커피를 한 번에 뽑을 때 사용한다. 영업상 가장 많이 사용하는 방법이다. 미세한 커피는 피하고, 중간 정도 같은 것이나 좀더 미세한 것을 사용한다.

신선한 연수를 사용해야 하며, 약산성이어야 하고, 여과지는 깨끗한 물로 한번 씻어야 한다. 또 금속성 기구는 사용하지 말아야 하고, 물은 100℃로 펄펄 끓이되 오랜 시간 끓이지 말아야 하고, 끓인 물을 약 90~95℃ 정도로 식혀야 하고(물의 온도가 너무 높으면 커피가 쓴맛이 나고, 75℃ 이하로 낮으면 떫은맛이 난다), 커피 뽑는 시간을 잘 조절해야 한다.

• 적당한 온도(90~96℃) → 조화된 맛과 향기
• 고온(96℃ 이상) → 떫고 쓴맛의 성분이 증가
• 저온(90℃ 이하) → 맛과 향기가 약함

[그림 3-1] 드립 기구

2) 사이펀(Siphon)법

고객이 보는 앞에서 직접 커피를 만들 수 있기 때문에 시각적 · 후각적 효과가 크며, 커피를 소량 추출할 때 많이 사용한다. 커피는 미세하게 간 것이 좋다.

커피를 뽑는 방법은 다음과 같다.

플라스크(물을 넣는 아랫부분)에 물을 넣고 알코올 램프로 끓인다(시간을 절약하기 위해 주전자에 약간 끓인 물을 사용해도 좋다). 물을 끓이는 동안 로트(커피를 담는 윗부분)에 커피를 넣는다. 물이 끓으면 로트를 플라스크에 결합한다. 물이 위로 올라가면(90% 가량) 막대로 10~15회 젓는다(금속성 막대는 피하고 대나무 등이 좋음). 커피를 골고루 풀어준 후 20~30초간 그대로 둔다. 다시 10여 차례 젓고, 알코올 램프 불을 끈다.

[그림 3-2] 진공 추출기(사이폰 방식의 원형)

3) 모카 포트(Moka Pot)

이 방법은 북부 이탈리아에서 크게 유행한 커피 추출방법으로 모카 포트는 피에몬테세(Piemontese)사가 개발하여 특허를 낸 기구이다.

강하게 볶은 미분쇄 커피를 가압한 뜨거운 물로 빠르게 추출하여 신선하고 짙은 향기의 커피를 추출하는 방법이다. 카페 라테나 카푸치노와 같이 우유를 섞는 커피에 적합하다.

구조는 추출된 커피가 모이는 상부 통, 커피를 담는 중앙의 필터 펀늘(Filter Funnel), 물을 담는 하부 통으로 되어 있다.

[그림 3-3] 모카 포트

4) 에스프레소(Espresso)법

이탈리아의 일부 지방에서 사용하는 방식으로 물을 끓여 고압의 수증기에 의해 커피를 추출하는 방법으로 진하고 향기가 강한 커피가 추출된다. 미세한 커피를 사용하는 것이 좋다. 기구의 가격이 비싸다. 일부 커피숍에서 사용된다.

[그림 3-4] 에스프레소 추출기

9 분 쇄

커피의 적합한 분쇄(Grinding) 입도는 추출시 커피의 맛과 향기를 결정하는 중요한 요소이다. 추출방법에 따라 다음과 같이 4가지로 나눈다.

- **에스프레소 분쇄**(0.3mm 이하) : 에스프레소 추출기
- **가는 분쇄**(Fine Grind : 0.5mm) : 사이폰식 추출기
- **중간 분쇄**(Medium Grind : 0.5~1.0mm) : 여과식 추출기
- **굵은 분쇄**(Course Grind : 1.0mm) : 퍼콜레터, 필터 프레스

분쇄기는 절삭(Cutting)식 분쇄기를 이용해야 한다. 에스프레소는 전용 쇄기를 권장한다. 분쇄기는 정기적으로 절삭 부품을 교체하며 관리해야 한다.

10 커피의 음미방법

커피의 맛은 양질의 것일수록 향기가 높고, 약간 풋내가 난다. 커피 한 잔의 양은 약 100㎖이며, 서브의 적정온도는 약 80℃이다. 설탕·크림을 넣으면 약 60~65℃로 마시기에 알맞은 온도가 되는데, 이때가 맛이 가장 좋다. 설탕은 커피의 쓴맛을 약하게 한다. 설탕을 넣음에 따라 커피의 산미와 단맛이 구별된다.

설탕의 양은 사람에 따라 다소 차이는 있으나 10g 정도가 표준이다.

크림은 산미를 약하게 한다. 크림에 유지방분이 많으면 진하고 순한 맛이 난다. 크림에 유지방분이 적으면 산뜻한 맛이 난다. 크림은 6㎖ 정도 사용하는 것이 표준량이다.

이렇게 하여 커피의 맛은 설탕·크림을 섞음에 따라 연하고 단맛이 있는 청정한 맛으로 변하여 비로소 미각에 맞는 음료가 된다. 우리나라와 대부분의 앵글로색슨 족, 게르만 족의 나라에서는 커피에 설탕과 크림을 타서 마시는 것이 보통이지만 이탈리아와 아라비아 등지의 나라에서는 커피를 진하게 만들어 데미타스컵(Demitasse Cup)에 블랙(Black)으로 마신다.

프랑스에는 아침에 큰 컵에 우유와 커피를 반씩 섞어서 마시는데, 이것을 카페오레(Cafe au lait)라고 한다. 그리고 스코틀랜드에서는 커피에 위스키와 크림을 넣어서 마시기도 한다.

또한 커피는 대부분이 뜨겁게 마시지만 여름철에는 냉커피(Ice Coffee)도 즐겨 마신다.

11 커피의 성분

커피의 특이한 성분으로서는 카페인과 볶는 과정에서 생성되는 우량한 방향성분이 있다. 또한 커피의 성분으로 품종, 숙성도, 가공처리 과정에 따라서 크게 차이가 있다.

커피의 성분분석은 〈표 3-1〉과 같다.

〈표 3-1〉 커피의 성분

성　분	분석량(%)	성　분	분석량(%)
환 원 당	1-2	회 분	4
캐러멜당	17-24	크로르제닌산	4.5
베이셀룰로즈 (가수분해 가능)	15	카페인산	0.5
섬유(가수분해 불능)	22	키닌산	0.5
지 방	15	수산, 사과산, 구연산, 주석산	1.0
초단백질	12-13	휘발산	0.35
트리코넬린	1.0	탄산가스	2.0
카 페 인	1.2	향기성산	0.04
베륨성 물질	2.0		

커피가 인체에 미치는 영향으로는 신경흥분 작용, 이뇨 작용, 콩팥기능 자극, 약간의 혈압상승, 심장기능 자극, 혈당량의 변화, 일시적인 피로회복, 소화액 분비 등이다. 과량을 흡수했을 경우에는 자극이 너무 심해 건강에 좋지 않은 영향을 미치기도 한다.

12 차

일반적으로 외국에서 차라고 하는 것은 홍차(Black Tea)를 뜻한다. 차나무의 원산지는 중국의 운남이며, 인도·파키스탄·인도네시아·대만 등이 주요한 생산지이다.

중국의 녹차는 기원전부터 마셨다고 할 만큼 역사가 오래되었지만, 홍차는 역사가 그렇게 오래되지 않았다. 홍차의 기원은 정확하지 않지만 17세기경에 유럽으로 전래되었다고 한다. 중국에서 배에 녹차를 싣고 영국으로 가던 중 적도를 지나면서 도중에 자연발효가 되었다가 다시 건조된 상태로 항구에 도착하게 되었다. 이것이 오히려 영국인들에게 더 인기를 끌게 되어 오늘날의 홍차를 맛보게 되었다고 한다.

차는 차나무의 잎으로 만드는데 제조방법에 따라 발효를 시키지 않은 차, 반만 발효를 시킨 차, 발효시킨 차 등 크게 3가지로 구분한다.

발효시키지 않은 비발효차의 대표적인 것이 녹차이고, 50~60% 정도로 반만 발효시킨 반발효차의 대표적인 것이 우롱차, 85% 이상 발효시켜 만든 발효차의 대표적인 것이 홍차이다.

13 코코아

카카오나무에서 열리는 열매의 씨앗은 지방질을 50% 정도 함유하고 있다. 이 씨앗을 분쇄하여 지방질을 제거한 것을 코코아(지방 22~25% 함유)라고 하며, 지방질을 제거하지 않은 시럽의 것을 초콜릿(지방 45% 함유)이라고 한다.

코코아라고 부르는 것은 카카오(cacao)가 변형된 것이며, 카카오는 멕시코 마야족의 언어인 'Xocoatl'이 그 어원이다. 1502년 콜롬버스가 에스파냐에서 코코아 씨앗을 처음 샀는데 그 당시에는 그것으로 무엇을 하는지 아무도 몰랐다. 그 20년 후에 에스파냐 태생의 코르테스(Hernan Cortes)가 초콜릿을 좋은 음료라 하여 유럽으로 전래하면서 그것을 나와틀(Nahuatl)어로 과일이나 물을 뜻하는 'Xocoatl'이라 불렀다. 이때는 코코아 씨앗을 분쇄하여 물과 바닐라 · 향료 · 꿀 등을 섞어서 마셨으며, 멕시코에서는 기원전부터 초콜릿을 먹고 있었다고 한다.

코코아나무의 주산지는 서인도제도, 중남미, 서부 아프리카 등이며, 지금은 서부 아프리카인 기니의 해안지역이나 카메룬 · 나이지리아가 최적지로 알려져 있다.

지금의 코코아가 생산되기 시작한 것은 1828년부터이며, 네덜란드의 반 호텐(Van Houten)이 코코아 씨앗에서 지방분을 줄이는 데 성공한 후부터이다.

현재 생산 판매되고 있는 코코아는 천연적인 것과 인스턴트 제품의 두 가지가 있다. 인스턴트 제품은 뜨거운 물이나 우유에 타서 마실 수 있으나 천연적인 제품은 우유에만 타서 마셔야 한다.

코코아를 맛있게 만들기 위해서는 코코아 분말을 설탕과 함께 약간의 따뜻한 물에 녹인 후 용기에 우유를 데우면서 먼저 만들어진 코코아를 넣어 천천히 저어 끓기 전에 불에서 내려 컵에 담는다.

이러한 코코아에는 영양소(지방 22~25%, 단백질 18~22%, 당질 37%)가 많이 함유되어 있어 피로회복에 좋다. 시중에 판매되고 있는 초콜릿은 가공한 것으로 스위스의 네슬레사가 제일 먼저 상품화시켜 판매했지만 성공하지는 못했다.

그 후 미국의 허시라는 사람이 만들어서 미군을 통하여 전세계에 보급시킴과 동시에 상품화시키는 데 성공했다.

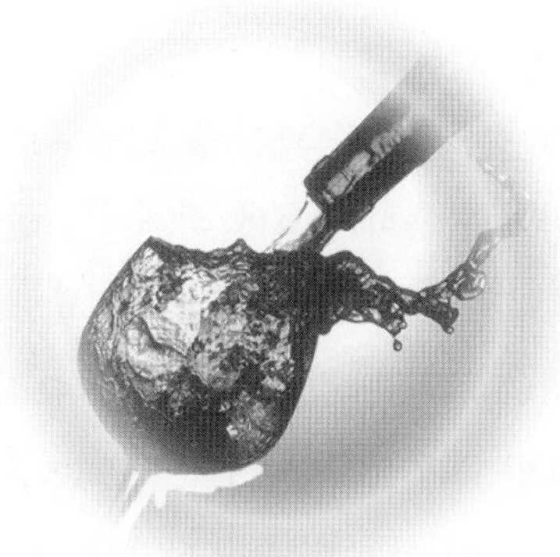

제4장 양조주

제4장

양조주

양조주는 곡류와 과실 등을 원료로 하여 주조한 술이다. 당분이 함유한 원료를 이용하여 단순히 발효에 의해서 만들어지는 술로 포도주나 사이다 같은 것이 있고, 또 하나는 전분 함유물을 원료로 하여 전분을 당화시켜 주정을 얻어내는 발효공정을 요하는 것으로서 맥주와 청주가 이에 속한다.

발효란 효모균(Yeast)이 분비하는 효소가 촉매가 되어 당류가 가수분해되어 알코올(Alchol)과 탄산가스(CO_2)로 전화하는 것을 말한다.

고대에는 천연의 당류가 4가지가 있었는데, 그 중에 첫째, 벌꿀은 오래 저장해 두면 야생의 효모균(Yeast)의 작용을 받아서 벌꿀주가 생겨났다. 그래서 봉밀주(Mead and Metheglin)가 세계 최고의 술이 아닌가 한다.

둘째, 과즙이 있는데, 그 중 포도의 과즙은 포도당과 과당의 함유량이 가장 많다. 더구나 포도의 표피에는 가루를 뿌린 것처럼 다량의 효모균이 군생하고 있어 포도주를 만드는 방법은 가장 원시적이었다. 그리하여 포도주의 기원은 기원전 4~5천 년 전에 이미 발견되었다 한다.

셋째, 발아하고 있는 곡류로 맥주를 만들었다 한다.

넷째, 누룩효모이다. 고대의 중국에서는 기장(수수의 일종 : Millet)에 효모를 이식해서 그 당화 효소를 이용하여 술을 만들었다고 한다.

그리하여 양조주에는 맥주 · 와인 · 샴페인 · 사이다(Cider) · 청주 등이 속한다.

제1절 맥 주

1 맥주의 역사

맥주(Beer)는 보리로 만든 양조주로서 세계에서 가장 많이 마시는 술로 알려져 있다. 우리나라도 탁주의 소비량은 갈수록 줄어드는 데 비하여 맥주의 소비량은 계속 늘어나고 있는 실정이다.

맥주는 우리의 탁주와 비슷한 점이 많다. 우선 만드는 원료로서 맥주는 보리, 막걸리는 쌀을 사용하고 있다. 모두 농경문화의 바탕에서 나올 수 있는 술이다.

현재 고고학자의 연구에 따르면, 맥주는 BC 7000년경 인류가 농업을 시작함과 동시에 시작되었다고 한다. 현존하고 있는 가장 오래된 맥주에 관한 자료로서 BC 4200년경의 것으로 추정되는 오랜 유물인 '모뉴멘트 블루'에는 맥주 양조용의 앤멜 소맥(BC 8700년에 동부 이라크의 야생종으로서 당시 소아시아 지방에 널리 야생한 소맥)을 탈곡하여 맥주를 만드는 모습이 그려져 있다.

이것은 수메르인들이 곡물로서 빵을 만들고, 이 빵을 다시 가루로 만든 후에 공기중에 있는 천연효모에 의하여 자연발효시켜 만들었다고 볼 수 있다.

이후 BC 3000년경부터 이집트에서는 맥주를 만들어 마셨다.

그러나 근래의 맥주는 독일이 본고장으로서 독일인의 선조인 고대 게르만 민족은 AD 1세기경부터 맥주를 마셨다고 한다. 당시 게르만 민족은 와인이나 봉밀주를 만들어 "와인은 주인이 마시는 것, 맥주는 천민이 마시는 것, 그리고 봉밀주는 그 세대에 사는 사람들을 위하여 바치는 것"이라고 생각하였다.

중세기에 들어 맥주의 지위도 높아졌다. "맥주는 액체의 빵" "빵은 그리스도의 육신"이라는 생각에서 교회나 수도원에서 계속 만들어져 내려온 것이다.

이것이 오늘날과 같은 맥주로서 만들어지기 시작한 것은 15세기경 독일의 일부 수도원에서 하면발효법으로 맥주를 만들기 시작하면서부터이다. 16세기 독일에서는 '맥주 순수령'을 발효시켜 "맥주는 보리 · 호프 및 물만으로 양조하라"고 규제하였다. 이때부터 고품질의 맥주가 만들어지기 시작하였다.

미국은 16세기 후반부터 이민온 사람들이 호프를 재배하여 맥주를 양조하기 시작하였다. 그리하여 미국은 오늘날 세계 제일의 맥주 생산국이 되었다.

맥주의 원료는 보리와 호프 · 물, 그리고 알코올 발효에 필요한 효모를 들 수 있다. 맥주를 만들기 위해서는 우선 보리를 당화시킬 수 있도록 엿기름(Malt, 맥아) 상태로 만들어야 한다. 뿌리를 제거하고 분쇄하여 물을 넣고 끓여 단맛이 나도록 해야 한다.

이 단맛이 나는 액체를 여과하여 효모를 넣고 발효를 시킨 후 저장탱크에 넣고 숙성시킨다. 이후 병입을 시키는데, 이때 살균 유무에 따라 생맥주(Draft Beer)와 병맥주(Lager Beer)로 나누어진다.

2 맥주의 원료

맥주는 보리를 발효시켜서 쓴맛을 내는 호프와 물 · 효모를 주원료로 하여 만든 알코성 음료이다. 주원료인 보리 대신에 밀 · 귀리를 사용하기도 한다.

(1) 물

맥주의 제조 원료에서 가장 중요한 것은 물로서 90%를 차지한다. 수질이 좋지 않은 물을 사용하면 맥주의 맛이 저하되므로 좋은 맥주라 하지 않는다. 맥주 제조에 사용하는 물은 무색 · 무향 · 무기한 것으로 유기물이어야 하고, 비알카리성인 산성일수록 좋다.

그리고 적당한 양의 이온, 특히 칼슘이온이 필요하다. 큰병(640㎖) 1병을 만들기 위해서는 대맥 약 90g, 건조시킨 호프의 열매 1g, 물 6ℓ가 필요하다.

(2) 보 리

맥주는 보리술이라 할 만큼 맥주에 있어 보리는 매우 중요하며, 영어로 비어(Beer)라는 언어는 색슨어의 보리에서 유래한 것이라 할 수 있다. 맥주를 만들 때 보리는 대맥의 맥아를 사용하는데, 맥주의 양조과정에서 효소의 활성화 및 곡립의 용해와 여과층을 형성하는 것은 맑은 맥즙을 얻어내기 위한 것이다. 맥주용 보리는 맥주보리라고 불리는 줄기 주위에 두 줄 보리알이 맺히는 두줄보리가 가장 많이 사용되고 있다.

양조용 보리로 좋은 것은 껍질이 얇고 담백색을 띠고 있으며, 윤기가 있고, 알맹이가 고르고, 95% 이상 발아율이 있는 것이다. 또한 수분율이 10% 내외로 건조된 것이고, 전분 함유량이 많아야 하며, 단백질이 적어야 한다. 이 조건이 만족되지 않으면 맥주가 탁하고 맛이 없다.

(3) 호 프

호프는 맥주의 독특한 쓴맛과 향기를 주고, 보존성을 증가시키며, 맥아즙의 단백질 제거라는 중요한 역할을 하는 원료이다.

호프의 원산지 중 유럽에서 유명한 산지는 체코슬로바키아의 사즈(Saaz) 지방과 독일의 하렐타우(Hallertau) 지방이다.

호프는 봄에 싹이 트고, 5~6m의 높이까지 성장하는 뽕나무과에 속하는 다년생 식물이다.

맥주에서 사용되는 호프의 꽃잎은 수정하지 않은 암꽃을 건조하여 압착한 후 사용하고, 꽃잎의 안쪽에는 루플린(Lupulin)이라고 하는 노란색 꽃가루(나무진)를 이용한다.

호프는 맥주의 독특한 향기와 쓴맛을 주고, 거품을 일게 하고, 잡균의 번식을 막고, 부패를 방지하고, 여분의 단백질을 침전·분리시켜 맥주가 맑고 투명하게 하는 작용을 한다.

(4) 효 모

맥주에 사용되는 효모(Yeast)는 맥아즙 속에서 당분을 분해하고 알코올과 탄산가스를 만드는 작용을 하는 미생물이다. 발효 후 탄산가스의 발생에 의해 거품과 같이 표면 위에 떠오르는 상면발효 효모와 발효되면서 응집되어 밑으로 가라앉는 하면발효 효모로 구분된다.

맥주를 양조할 때에는 어떤 효모를 사용하느냐에 따라 맥주의 질이 달라진다.

(5) 부원료

맥주의 제조에는 주원료인 보리 외에도 당의 함량을 조절하거나 특별한 향을 내고자 할 때 발효가 되는 부원료를 사용할 수 있다. 양은 맥아중량 50%를 초과하지 않도록 되어 있다. 부원료로 많이 사용되고 있는 것으로는 전분·옥수수·쌀 등이 있으며, 담그는 과정 중에 효소에서 당분이 변화되어 구수한 맛을 낸다.

3 맥주의 제조과정

맥주의 제조과정은 크게 맥아의 제조·당화·발효·저장의 4단계로 구성된다. 맥주의 원료는 대맥과 호프와 물, 그리고 알코올 발효에 필요 불가결한 효모 '골드소누' 종류의 대맥을 하루 반 내지 2일 정도로 충분히 수분을 흡수시킨 후 발아조에 넣어 공기와 온도를 조절하여 5~8일간 발아시켜 수분이 45% 정도 함유된 맥아를 약 20℃ 온도의 맥아 저장실에서 수분이 3% 정도까지 되도록 6주간 건조한다. 이것을 분석하여 5~6배의 온수를 가하여 매시(Mash)를 만든다.

이것을 솥에 넣어 당분이 당화된 당맥아액(Wort)이 된다. 이것을 여과하여 호프를 가하여 맥즙을 낸다.

이것을 냉각기로서 약 0℃로 냉각하여 효모를 넣고 약 7~10일간 발효시킨 후 저장탱크에 옮겨 60~90일간 약 0℃로 숙성시키면 원숙한 맥주가 된다.

이것을 여과하여 통에 넣은 것을 생맥주(Draft Beer)라고 한다. 생맥주는 보존성이 없기 때문에 병에 넣어서 저온으로 살균한다. 이것이 우리가 보통 마시는 라거 맥주(Lager Beer)이다.

4 맥주의 분류

(1) 하면발효 맥주(Under Fermented Beer)

염기성 효모(매우 활발히 발효하지 않는)를 사용하여 저면에서 발효되는 것으로 5~10℃ 정도의 저온을 필요로 하고 있다.

냉각기류의 발달로 현재 널리 행해지고 있는 양조법으로서 연한색 맥주, 중간색 맥주, 짙은색 맥주로 나눈다. 이 맥주는 연한색의 맥아를 원료로 하며, 호프의 사용량이 많다.

미국 · 체코 · 덴마크 · 일본 · 한국 등 그 외 나라의 맥주가 대부분이 여기에 속하며, 체코의 필스너 맥주, 독일의 도르트문트 비어(Dortmunt Bier) 등이다. 짙은색과 연한색 맥주의 중간색 맥주로서 연한색 맥주보다는 짙은 맛이 있다.

대표적인 것으로는 오스트리아 원산의 비인너 맥주가 있다. 뮌헨 비어(Munhen Bier)가 전형적인 맥주로 맥아를 건조할 때까지 까맣게 볶아서 제조한 흑맥주로서 호프의 사용량이 적으며, 감미가 있다.

(2) 상면발효 맥주(Over Fermented Beer)

호기성 효모(활발한 발효를 하는 효모)를 사용하여 상면에서 발효되는 것으로 10~20℃ 정도의 높은 온도에서 제조된 맥주이다. 냉각기류가 없었던 옛날에는 이 방법으로 제조하였다고 한다. 이 유형으로는 영국형 · 독일형 · 벨기에형으로 나눌 수 있다.

연한색 맥주는 일반적으로 알코올 함유량이 높고, 호프에 의하여 맛과 호프향 등이 강한 맥주이다. 영국산의 에일과 페일 에일이 여기에 속한다.

중간색 맥주는 색과 향이 약간 짙으며, 맛도 짙다. 영국산의 마일드 에일이 여기에 속한다.

짙은색 맥주는 캐러멜화된 맥아를 사용한 맥주로서 알코올 도수나 호프의 함유량이 높다. 대표적인 맥주로는 영국형의 포트로서 주정도는 약 5%이며, 스타우트는 주정도가 8~11%가 되는 강한 맥주이다. 스타우트는 냉각하지 않고 마신다.

독일형으로는 '베를린너 바이세 비어' '리히텐하이네 비어' '고제 비어' '바이젠복 비어' '다르츠 비어' 등이 있다.

벨기에형으로는 '라인 빅트 비어'가 있는데, 독일형과 흡사하다.

5 맥주의 종류

(1) 라거 맥주(Lager Beer)

흔히 우리가 마시는 맥주로서 하면발효법에 의하여 만든 맥주이다. 저온살균 과정을 거쳐 만들어지며, 지금 생산 판매되고 있는 대부분의 맥주가 여기에 속한다. 알코올 도수는 보통 4~5% 정도이다.

(2) 드라프트 맥주(Draft Beer)

우리가 흔히 말하는 생맥주를 뜻한다. 만드는 방법은 라거 비어(Lager Beer)와 똑같고, 마지막에 살균을 하지 않고 만들므로 오래 저장할 수가 없다.

(3) 스타우트 맥주(Stout Beer)

아주 진한 색깔의 맥주로서 상면발효법에 의하여 만들어진다. 호프의 쌉쌀한 맛이 강하고, 알코올 도수가 비교적 높은 것이 특징이다.

(4) 에일 맥주(Ale Beer)

상면발효법에 의하여 만들어지며, 일반 맥주보다 효모를 약 1.5~2배 정도 더 많이 넣어 쓴맛이 강하고, 숙성기간이 짧아 거품이 적은 것이 특징이다.

(5) 필스너 맥주(Pilsner Beer)

하면발효법으로 만드는 맥주로서 필스너 우켈(Pilsner Urquell)이 원조이다. 체코에서 만들어지는 연한색 맥주이다.

(6) 흑맥주(Black Beer)

하면발효법에 의해서 만들어지는 진한색의 맥주로서 몰트향이 강하고, 구수하며, 단맛이 있는 것이 특징이다. 상면발효법에 의하여 만들어지는 진한색의 스타우트와는 다른 맥주이므로 혼동해서는 안 된다.

(7) 포터 맥주(Port Beer)

영국의 짐꾼(Porter)들이 즐겨 마시던 맥주이다. 풍부하고 진한 거품이 있는 에일 타입이며, 에일보다는 감미롭고, 스타우트보다는 강하지 않은 맥주이다.

(8) 몰트 맥주(Malt Beer)

하면발효법에 의하여 만들어지는 맥주로서 엿기름(Malt)만을 사용하여 만드는 맥주이다. 연한색부터 진한색까지 여러 종류의 맥주가 만들어지며, 일반 맥주보다 알코올 도수는 강하지만 호프향이 적고 부드러운 것이 특징이다.

6 맥주의 저장과 선택

생맥주는 양조장에서 출고될 때가 가장 잘 완숙된 상태이다. 생맥주는 끓어오르는 거품이 대단히 아름답고 먹음직스러워서 만족감을 준다. 취급에 있어서도 애매한 음료이므로 잘 다루어야 한다.

(1) 적당한 온도

생맥주를 파는 곳은 충분히 냉장되는 저장시설을 갖추고 있어야 한다. 생맥주는 미살균 상태이므로 온도를 적정온도 2~3℃로 항상 유지해야 한다. 7℃ 이상으로 더워지면 맥주의 맛이 시어지게 된다. 글라스에 서비스할 때에는 3~4℃ 정도가 적당한 온도이다.

(2) 정확한 압력

술통 속 압력은 일정하게 유지하여야 하며, 그 압력은 12~14파운드로서 맥주의 온도가 3℃ 정도일 때의 압력을 가지고 있다고 인정한다. 만약 압력이 12파운드보다 낮으면 천연가스가 노출되어 김빠진 맥주가 될 것이다.

(3) 순 환

생맥주도 역시 병맥주와 마찬가지로 신선하면 신선할수록 좋은데 오래 묵으면 그 향과 맛을 잃어버리게 되므로 재고순환(Stock Rotation)을 철저히 실행하여야 한다.

즉 선입선출(FIFO : First In First Out) 규칙을 확실히 하여 고객으로 하여금 생맥주의 맛을 즐길 수 있도록 하여야 한다. 그러기 위해서는 배달되는 즉시 생맥주통에 번호나 날짜를 표시하여 입고된 순서에 따라 사용해야 할 것이다.

(4) 저 장

어린 맥주는 저장탱크에서 약 60~90일간 0℃에서 숙성시키는데, 이를 후발효라고 한다. 이 기간중에 발생하는 탄산가스가 밀폐된 탱크 속에서 맥주에 녹아들어가 효모나 기타 응고물은 침전하여 원숙한 맥주로 성장하는 것이다. 이것을 규조토 여과기로 여과하여 술통에 따라두는 것이 생맥주이다. 이 생맥주는 프레시(Fresh)하나 장기간 보존성이 없으므로 보존성을 유지하기 위해 저온살균, 혹은 냉각살균한 것이 보통 말하는 병맥주(Lager Beer)이다.

제2절 와 인

1 와인의 역사

와인(Wine)은 인간이 이 지구상에 살기 이전에 원숭이가 먹다 남은 포도가 자연히 발효되어, 이것을 마시게 됨으로써 시작된 것으로 추측된다. 확실한 연대는 알 수 없으나 고대학자들의 주장에 의하면 약 1만 년 전부터 포도주가 만들어졌다고 한다.

『성경』에 자주 등장하는 포도주는 노아(Noa) 시대에 포도원을 가꾸고 포도주(Wine)를 만들어 마셨다고 기록된 것으로 보면 그 역사는 아주 오래되었음을 알 수 있다.

BC 6000년경에는 메소포타미아와 아시아 사이에서 포도를 재배한 기록이 있으며, BC 3000년경에는 포도가 이집트와 페니키아에서 재배되었고, BC 2000년경에는 그리스에서 포도를 가지고 와인을 만드는 기술이 전승되었다고 한다.

그 후 중세기에 들어오면서 기독교가 세계적으로 확산되면서 성찬 의식과 식음료의 필요에 따라 기독교와 함께 이 포도 재배 및 와인 제조법이 세계적으로 확산되어 오늘날에 이르고 있다.

와인은 천연효모로 자연발효를 일으켜 그것을 여과시키는 원시적이고 간단한 방법이 오늘날에도 포도주 양조법의 원리로 자리잡았다.

2 포도의 품종

(1) 포 도

포도의 품종은 약 8,000여 종이 있지만, 포도주로 가장 많이 사용되는 포도를 비티 비니페라(Vitis Vinifera)라 한다. 비티 비니페라는 포도식물의 1개과에 속하는 이름이며, 1개의 품종을 뜻하는 것은 아니다.

포도주를 만드는 포도는 50여 종에 이르고 있으나, 세계적으로 가장 널리 알려져 있는 포도의 종류는 샤르도네(Chardonnay), 카리냥(Carignan), 카베르네 소비뇽(Cabernet Sauvignon) 등 20여 종이 있다.

1) 화이트 와인의 포도품종

① 샤르도네(Chardonnay)

프랑스 샤블리를 비롯한 부르고뉴 지방에서 화이트 와인을 만들 때 사용하는 대표적인 품종이며, 샴페인 중 'Blanc de Blanc'이라고 표시된 것도 샤르도네로 만든 것이다. 캘리포니아를 비롯한 신세계의 화이트 와인이 샤르도네로 만든 것이 많으며, 이탈리아 · 에스파냐 등 남부 유럽에서는 전통 품종보다 샤르도네를 선호하고 있다. 굴 · 새우 · 연어 해산물과 잘 어울린다.

② 쉬냉 블랑(Chenin Blanc)

프랑스 루아르 지방에서 가장 많이 재배되는 품종으로 신선하고 매력적인 부드러움이 특징이다. 드라이나 세미 스위트 타

입으로 식전주로 많이 이용되며, 심플한 과일향이 짙다. 장기간 보관할 수 있는 스위트 와인을 만들기도 하며, 훌륭한 스파클링 와인도 된다.

③ 게뷔르츠트라미너(Gewurztraminer)

독일과 프랑스 알사스 지방, 오스트리아 등에서 리슬링과 함께 재배되는 품종으로 여러 가지 특성이 리슬링과 비슷하지만 리슬링보다는 화려하고 자극적인 향이다. 소시지·치즈·훈제연어 등과 잘 어울린다.

④ 리슬링(Riesling)

독일을 대표하는 품종으로 라인과 모젤 지방, 그리고 프랑스 알사스 지방에서 생산되는 포도로 화이트 와인을 만드는 데 사용하는 대표적인 포도품종이다. 드라이에서 스위트까지 여러 가지 타입으로 만들 수 있으며, 독특한 맛을 낸다. 리슬링 와인은 신선하고 향이 독특하며, 포도 자체의 향을 지니고 있다. 거위·오리 등에 잘 어울린다.

⑤ 소비뇽 블랑(Sauvignon Blanc)

가장 개성이 뚜렷한 품종으로 향이 자극적이다. 일명 '퓨메 블랑(Fumeé Blanc)'이라고도 하며, 프랑스 보르도의 그라브, 루아르 지방에서 많이 사용되는 품종이다. 갑각류·해산물 등에 잘 어울리는 음식이다.

⑥ 세미용(Semillion)

프랑스 남서부 지방에서 주로 재배된다. 다른 품종, 특히 소비뇽 블랑과 블렌딩하는 품종으로 많이 사용된다. 또한 세계 최고의 스위트 와인을 만들 때 사용되는 포도로, 소테른 지방의 브트리티스 곰팡이 영향을 받은 스위트 와인을 만드는 데 사용하는 중요한 품종이다. 스위스의 발레 지역의 최고의 포도품종이다. 새우·홍합 등에 잘 어울린다.

⑦ 비오니에(Viognier)

프랑스 코드 뒤 론 지방이 원산지다. 미국으로 건너가 요즘에는 캘리포니아 지역에서도 재배하고 있다. 알코올 도수가 상당히 높으면서도 향기로운 비오니에는 잘 알려져 있는 품종은 아니지만 풍부한 맛과 함께 진한 와인향이 일품이다. 특히 꽃향과 살구향, 메론향이 미묘하게 섞인 와인의 향기는 비오니에의 매력이다.

⑧ 뮈스카(Muscat)

프랑스의 론과 랑그독-루시옹 및 알사스 지역, 미국 캘리포니아와 호주 등지에서 재배된다. 쓴맛과 진한 향, 알코올 도수가 높은 것이 특색이다. 어울리는 음식은 닭고기·초콜릿 등이다.

⑨ 무스카데(Muscadet)

프랑스 루아르의 낭트 지역에서 주로 재배되는 품종으로 산도가 높고 드라이하다.

⑩ 실바너(Sylvaner)

일반적으로 대중적인 와인을 만드는 데 사용되는데, 원산지는 오스트리아로 알려져 있다. 이 품종은 독일 프랑켄과 프랑스 알사스 및 캘리포니아, 뉴질랜드, 호주, 남아프리카공화국 등지에서 재배된다. 특징은 가벼운 화이트 와인 품종이라 할 수 있다. 포도품종은 신선한 과일향과 신맛이 난다.

⑪ 뮐러 투르가우(Muller-Thurgau)

19세기 후반인 1882년 독일 라인가우의 가이젠하임 연구소에서 리슬링(Riesling)과 실바너(Sylvaner)의 교배종으로 개발된 품종이다. 독일 전역과 프랑스 알사스 및 이탈리아 북부와 뉴질랜드에서 재배된다. 숙성기는 빠르지만 리슬링보다 산미가 낮은 것이 특징이다.

⑫ 트레비아노(Trebbiano)

이탈리아의 주요 품종으로 키안티를 만드는 데 사용된다.

2) 레드 와인의 포도품종

① 카베르네 소비뇽(Cabernet Sauvignon)

프랑스 보르도 지방의 대표적인 품종이다. 최근 이탈리아·에스파냐 등에서도 전통적인 고유 품종 대신 카베르네 소비뇽을 재배하고 있으며, 캘리포니아에서는 이 품종으로 최고의 레드 와인을 만든다. 배수가 잘 되는 토양에서 잘 자란다. 카베르네 소비뇽으로 만든 와인은 대부분 드라이 타입으로, 만드는 사람에 따라 산뜻한 타입에서 묵직한 타입까지 여러 가지가 있다. 타닌이 많아서 영 와인 때는 떫은맛이 강하지만 숙성될수록 부드러워지면서 고유한 맛을 풍긴다. 좋은 것은 10년 이상 병 속에 보관하면서 더욱 부드럽게 숙성시키기도 한다.

② 가메이(Gamay)

프랑스 보졸레 지방의 주요 품종으로 신선하고 가벼우며, 약간의 신맛을 내는 라이트 레드 와인을 만든다. 루아르・스위스・캘리포니아에서 재배된다.

③ 그르나슈(Grenache)

프랑스 남부지방, 특히 론의 코트 뒤론, 샤토뇌프 뒤 파프 등에서 주로 재배하는 품종으로 바디가 강하고, 비교적 숙성이 빨리 되는 편이다. 에스파냐의 리오하에서 생산되는 가장 중요한 품종으로 이곳 가르나차(Garnacha)라고 한다. 세계에서 가장 많이 재배되는 레드 와인용 품종이다.

④ 메를로(Merlot)

메를로는 부드럽고 원만한 맛을 내기 때문에 유럽에서는 옛날부터 카베르네 소비뇽에 블렌딩하는 품종으로 사용되었는데, 요즘은 단일품종으로도 많이 사용된다. 보르도 지방에서는 카베르네 소비뇽, 카베르네 프랑과 함께 중요한 품종이다. 맛이 부드럽기 때문에 긴 숙성기간이 필요하지 않다.

⑤ 피노 누아(Pinot Noir)

프랑스 부르고뉴 지방에서 재배되는 품종으로 부르고뉴 최고의 레드 와인을 만든다. 부드러운 맛에 복합적인 향이 있어 옛날부터 프랑스 명사들이 극찬했던 품종이다. 샴페인에 블랑드 누아르(Blance de Noirs)도 이 포도로 만든 것이다. 피노 누아는 재배조건이 매우 까다롭기 때문에 가장 골치 아픈 품종이다. 부르고뉴에서도 때로는 빈약한 타입이 나올 수 있으며, 부르고뉴 이외의 지역에서 나오는 피노 누아는 품질이 좋지 못하다.

독일에서는 슈페트부르군더, 이탈리아에서는 피노 네로라고 한다. 카베르네 소비뇽보다 타닌 함량이 적고 빨리 숙성된다. 부드러운 육류와 잘 어울린다.

⑥ 산지오베제(Sangiovese)

산지오베제는 적당히 씁쓸한 타닌 맛과 약한 신맛이 잘 어울리는 품종이다. 그리고 과일향, 사냥고기와 제비꽃 향기를 은은하게 풍기는 것이 독특하다. 세계적으로 유명한 토스카나(Toscana) 지방의 키안티(Chianti) 와인은 이 품종을 사용해서 만든다. 또한 미국 캘리포니아에서 생산되는 산지오베제 와인도 좋은 평을 듣고 있다. 이탈리아 품종답게 스파게티 · 파스타 같은 이탈리아 음식과 잘 어울린다.

⑦ 시라(Syrah)

프랑스 론(Rhone)의 북부지방에서 주로 재배하는 품종으로 색깔이 진하고 타닌이 많아서 숙성이 늦다. 오래 보관할 수 있는 묵직한 남성적인 와인을 만든다. 오스트레일리아에서는 쉬라즈(Shiraz)라고 부르며, 최고의 레드 와인을 만든다.

⑧ 진판델(Zinfandel)

진판델은 서민적인 느낌이 나는 품종이다. 미국에서는 값도 저렴하고 대중화되어 어디에서나 쉽게 볼 수 있는 와인이기 때문이다. 또한 진판델은 블러시(Blush) 와인이라고 불리는 와인에서부터 진한 적포도주까지 만들 수 있는 다재다능한 포도품종이다. 나무딸기향이 느껴지고, 맛은 담백하면서 약간 묽은 맛이 난다.

캘리포니아 멘도시노 지역에서는 좋은 품질의 진판델 와인이 생산된다. 스테이크·칠면조 등과 잘 어울리는 와인이다.

⑨ 카베르네 프랑

소비뇽의 비슷한 격으로 주로 보르도나 메도크 지역에서는 카베르네 소비뇽과 메를로와 혼합용으로 사용된다. 생테밀리옹에서는 주요 품종으로 사용되며, 이 지역에서는 부셰(Boucher)라고 한다. 비교적 일찍 익고, 색이 연하며, 타닌과 산도가 약하고, 가볍고 부드럽다. 반면 향은 진하여 풀 바디(Full Body)한 와인 제조에 사용된다.

⑩ 말벡(Malbec)

지역에 따라 코(Cot)나 오세르와(Auxerrois)로 불리는 포도는 프랑스의 보르도나 에스파냐 및 남아메리카에서 주로 재배되며, 풍부하고 강한 색깔과 타닌 함유로 블렌드용으로 사용된다. 보르도에서는 타닌의 조화를 위해 블렌드용으로 사용된다.

알코올 와인을 즐기는 아르헨티나에서 많이 재배하는데, 알코올을 얻기 위해서 수확량을 줄이기도 한다. 향은 진한 과일향을 보이며, 스타일은 미디엄 내지 풀 바디이고, 맛이 진하며, 오크통 속에서 숙성을 거치면서 우아한 맛을 나타낸다. 어울리는 음식은 육류이다.

⑪ 카리냥(Carignan)

에스파냐에서는 마주엘로(Mazuelo)라고 불리는 이 품종은 로제 와인 양조에도 좋으며, 프랑스 포도밭의 약 5분의 1 정도로 가장 널리 재배되는 품종이다. 남프랑스에서 많이 재배된다. 타닌이 강해 주로 섬세한 다른 품종과의 블렌딩에 사용된다.

⑫ 네비올로(Nebbiolo)

이탈리아의 카베르네 소비뇽으로 불리는 이 품종은 이탈리아 적포도주의 주품종으로서 피에몬테 지방의 바롤로와 바르바레스코 및 가티나라 와인의 대표 품종이다. 진하고 강한 구조와 묵직하고, 가득하며, 섬세한 와인으로서 당분 함량이 많아 장기보관용 와인에 사용된다.

네비올로는 이탈리아어로는 'Nebbia'이다 그 의미는 '안개'라는 뜻으로, 안개가 짙은 지역에서 자란 품종으로 두껍다. 스파게티·훈제연어·육류 등과 어울린다.

⑬ 템프라니요(Tempranillo)

에스파냐의 리오하와 리베라 델 듀로(Ribera del Duero)에 주로 사용하는 에스파냐 원산 포도종이다. 포도 껍질은 두꺼우며, 강한 산을 보이고, 향은 잘 익은 과일향을 내며, 스타일은 미디엄에서 풀 바디하다. 어울리는 음식은 양고기·가금류 등이다.

3 와인의 분류

와인의 종류는 수없이 많지만 제조방법이나 색깔·맛·용도별에 따라 여러 가지로 분류하고 있다.

(1) 탄산 유무에 의한 분류

1) 스파클링 와인(Sparkline Wine)

스틸 와인에 탄산가스를 함유하고 있는 와인을 말하며, 발포성 와인이라고 한다. 탄산가스를 함유한 모든 와인을 스파클링 와인이라고 부르며, 우리가 알고 있는 샴페인은 프랑스 샹파뉴 지역에서 생산되는 스파클링 와인으로 세계에서 품질이 가장 우수한 것으로 알려져 있다. 다른 지역에서 생산되는 것은 샴페인이라고 부를 수 없다.

샴페인의 단맛은 다음 몇 가지로 분리하는데, 그것은 2차 발효 때 당분 첨가량에 따라서 정해진다.

① **Brut** : very Dry(1% 미만)

② **Extra-Sec** : Dry(1~2%)

③ **Sec** : Medium Dry(5%)

④ **Demis-sec** : Sweet(9~10%)

⑤ **Doux** : Very Sweet(12% 이상)

프랑스의 샴페인인 크레망, 벵무소, 패티앙과 독일의 젝트(Sekt), 샤움바인(Schaumwein), 펠바인(Perlwein), 이탈리아의 스푸만테(Spumante), 피잔테(Fizzante)가 있으며, 에스파냐의 카바(Cava)가 있다.

알코올 도수는 대체로 8~14°이며, 우리나라에서는 포말주라고 표기하기도 한다.

2) 스틸 와인(Still Wine)

통상적으로 테이블 와인이라고 부르며, 탄산가스를 함유하고 있지 않은 일반적인 와인을 말한다.

3) 포티파이드 와인(Fortified Wine)

스틸 와인에 브랜디를 첨가하여 알코올 도수를 높여 만든 주정강화 와인이다.

대표적인 것으로는 에스파냐에서 만들어지며, 엑스트라 드라이하여 애피타이저용으로 잘 어울리는 쉐리 와인(Sherry Wine)이 있고, 포르투갈에서 만들어지며 단맛이 있어 디저트용으로 잘 어울리는 포트 와인(Port Wine) 등이 있다.

4) 기 타

프랑스는 뱅 페티앙(Vin Petillant), 독일은 펠바인(Perlwein)이라고 칭하는데 20°에 1~3.5기압의 약한 발포성 와인이 있다.

(2) 알코올 첨가에 의한 분류

1) 비강화 와인(Unfortified Wine)

일반적인 와인을 의미하는 것으로 다른 술을 첨가하지 않고 포도만으로 발효시켜 만든 와인이다.

2) 강화 와인(Fortified Wine)

포티파이드 와인은 주정의 일부는 발효 때 생기며, 또 일부의 주정을 2차적으로 첨가 보강한 것으로 포르투갈 포르투(Porto)의 포트 와인(Port Wine) 마데이라(Madeira), 에스파냐의 쉐리 와인(Sherry Wine), 이탈리아의 마르살라(Marsala), 프랑스의 뱅드 리퀘르(Vin de Liquore) 등이 여기에 속한다. 언포티파이드 와인은 주정과 이 순수발효에 의하여 생긴 것이다.

(3) 용도별에 의한 분류

1) 식전 와인(Aperitif Wine)

식욕촉진을 위해 제공되는 와인으로 일반적으로 드라이 쉐리 와인이나 베르무스(Vermouth)를 많이 마시고, 그 외에 마데이라(Madeira), 마르살라 와인(Marsala Wine) 등이 있다.

2) 식사중 와인(Table Wine)

일반적으로 테이블 와인을 칭하는데, 식사중 제공되는 음식의 종류에 따라 화이트 와인과 로제 와인 및 레드 와인을 마신다. 일반적으로 육류 요리에는 레드 와인, 생선요리에는 화이트 와인을 마시는데, 최근에는 혼용하여 마시기도 한다.

3) 식후용 와인(Dessert Wine)

당분을 많이 함유한 와인으로 주로 식후 와인으로 사용하는데, 식후의 입냄새 제거나 소화촉진을 위해 마신다. 일반적으로 단맛이 나는 와인(Sweet Wine)을 마시는데, 포트 와인(Port Wine), 크림 쉐리(Cream Sherry), 마르살라(Marsala), 샴페인과 로제 와인이 식사 전 과정에 잘 어울리는 융통성 있는 와인이다.

(4) 색깔에 의한 분류

와인을 단지 색깔만으로 구분하면 화이트 와인, 핑크 와인, 레드 와인, 옐로 와인으로 나눌 수 있다. 옐로 와인은 주로 프랑스 쥐라 지방에서 생산되기 때문에 이외 지역의 와인이 노란색이라면 보관상태가 좋지 않아 맛이 변한 것이므로 선택에 주의해야 된다.

1) 레드 와인(Red Wine)

붉은빛이 감도는 레드 와인은 포도의 껍질에 붉은 색소를 추출하는 과정에서 씨와 껍질을 그대로 함께 넣어 발효한 것으로 떫은맛을 낸다. 대부분 단맛이 없는 드라이(Dry)한 맛이 나는 것이 특징이다. 소고기·양고기 등 육류요리에 잘 어울리는 와인이다.

일반적으로 레드 와인은 화이트 와인보다 저장기간이 길다. 레드 와인의 서비스 적정온도는 11~18℃이다.

2) 화이트 와인(White Wine)

포도의 껍질이나 씨앗을 제거시킨 알맹이만을 가지고 만들며, 신맛이나 씁쓸한 맛이 있어 생선에 잘 어울리는 와인이다. 서비스 제공온도는 8℃ 내외이다.

색은 엷은 무색을 띠며, 좋은 술일수록 맑은 것이 특징이다. 맛은 드라이한 맛부터 스위트한 맛까지 다양하다.

3) 로제 와인(Rose Wine)

레드 와인과 같이 만들어 색깔이 핑크색이 될 때 화이트 와인을 만드는 방법으로 발효시킨다. 주로 가금요리에 잘 어울린다. 분위기 있는 색과 부드럽고 신선한 맛으로 인해 식사중 어느 때나 즐길 수 있는 와인이다. 시원하게 해서 마시기 때문에 특히 여름에 즐길 수 있는 와인이다.

4) 옐로 와인(Yellow Wine)

프랑스 쥐라(Jura) 지역에서 청포도로 제조되는 진한 노란색의 와인으로 최소 6년 정도 숙성시킨다.

(5) 당분에 의한 분류

와인은 여러 가지 맛이 있지만 당도에 따라 크게 스위트 와인과 드라이 와인으로 나눌 수 있다.

레드 와인은 대부분 드라이한데, 색깔이 짙을수록 드라이한 경향이 있다. 화이트 와인은 드라이한 맛부터 단맛에 이르기까지 다양한데, 보통 색깔이 엷을수록 드라이한 성향을 띤다.

EU 와인법의 규정에 의하면 당분의 양이나 산과 당의 차이에 의해 맛을 표현하는데, 와인 1ℓ당 17g의 당분은 1°의 알코올을 만든다.

1) 단맛 와인(Sweet Wine)

완전히 발효되지 못하고 당분이 남아 있는 상태에서 발효를 중지시켜 가당을 한 포도주이다. 프랑스산의 소테르네(Sauternes : 보르도산의 백포도주)가 유명하다.

2) 중간 맛 와인(Medium Wine)

일반적으로 우리나라 사람들이 처음 와인을 접할 때 마시기 좋은 와인으로서 드라이 와인과 스위트 와인의 중간 맛이 나는 와인이다.

3) 드라이 와인(Dry Wine)

포도과즙에 함유된 당분을 대부분 발효시켜 단맛이 없는 포도주를 말하며, 단맛이 아주 없는 포도주를 베리 드라이 와인이라 부른다. 프랑스의 보르도산 레드 와인(Red Wine), 독일의 라인 와인(Rhein Wine) 및 모젤 와인(Moselle Wine), 이탈리아의 키안티(Chianti) 등이 대표적이다.

⑹ 저장기간에 의한 분류

발효를 마친 후 창고에서 포도의 품종에 따라 어느 정도 숙성기간을 갖는가에 따라 와인의 성분과 타닌 등의 함유량에 의해 장기간 보관할 수 있고, 그렇지 않으면 단기간 마셔야 한다. 와인은 저장기간에 따라서 다음과 같이 분류된다.

1) 영 와인(Young Wine)

1~2년 혹은 길게는 5년 미만의 와인을 뜻한다.

2) 중급 와인(Aged Wine)

5~15년 미만의 와인을 뜻한다.

3) 고급 와인(Great Wine)

15년 이상의 와인을 뜻한다.

⑺ 생산국가에 의한 분류

- 프랑스 와인
- 독일 와인
- 이탈리아 와인
- 에스파냐 와인
- 포르투갈 와인

(8) 바디에 의한 분류

바디(Body)란 입안에 감지되는 와인의 무게감과 점성도로 와인의 질감을 나타내고, 와인의 스타일을 결정해주는 요소를 의미한다. 요소로는 알코올・글리세린・당의 함량에 의해 결정된다.

- 풀 바디드(Full-bodied) 와인은 맛이 무겁고, 오랜 숙성으로 적절한 타닌의 느낌이 든다(강하고 오래 간다).
- 미디엄 바디드(Medium-bodied) 와인은 적당한 무게감을 가지고 있는, 일반적인 와인이다.
- 라이트 바디드(Light-bodied) 와인은 가볍고 상쾌한 맛을 주는데, 맛의 느낌이 빨리 없어진다.

(9) 알코올 함량에 의한 분류

와인을 알코올 함량에 의한 분류하면 〈표 4-1〉과 같다.

〈표 4-1〉 알코올 함량에 의한 분류

종 류	알코올 함량	종 류	알코올 함량
White Wine	8~13%	Red Wine	9~14%
Champagne	9~13%	Sherry Wine	15~18%
Rose Wine	9~11%	Aperitif	16~30%

(10) 기타 와인에 의한 분류

이 와인을 혼합 와인 혹은 가향 와인이라고 하는데, 가향 와인(Flavored Wine)은 스틸 와인에 약초와 향초·당분을 넣어 만든 것으로 혼성주에 속하는 와인이다.

대표적인 와인으로는 베르무스가 있으며, 드라이 베르무스(Dry Vermouth)와 스위트 베르무스(Sweet Vermouth)가 주를 이루고 있다. 두 제품 모두 입맛을 돋우기 위한 애피타이저용으로 많이 사용된다.

베르무스(Vermouth)는 영어로는 버머스, 프랑스어로는 베르모트, 이탈리아어로는 비노 베르모트라고 한다. 1786년에 Ant, Ben, Carpano라는 승려가 제법을 전하였다고 한다. 고미제·구충제·강장제 등의 생성분이 포함되어 있는 약초와 그 외 10여 종의 약초나 향초를 백포도주에 넣어 농축액을 빼내어 여과하여 술통에 넣어 1~2년간 저장하여 판매한다.

베르무스는 이탈리아 북부 피에몬테(Piedmonte)의 토리노(Torino)가 생산의 중심지이며, 간챠(Gancia), 친자노(Cinzano), 마티니(Martini)가 이탈리아의 3대 회사이다. Dry, Sweet, Bianco, Amaro 등의 4가지 종류를 생산하고 있다. 정밀도는 15~16% 당분은 12~15%이다.

프랑스의 베르무스는 마르세유가 중심으로 드라이 베르무스는 19% 정도이다. Martini, Gancia, Cinzano, Noily Prat, Stock, Carpano 등이 있다.

베르무스는 와인의 한 종류가 아니고 와인을 기본주로 하여 약재를 가미한 혼성주의 일종이다. 베르무스의 명칭은 독일어의 베르무트(Wermut) 혹은 앵글로색슨의 Wermod에서 유래되었으며, 그 뜻은 향쑥(Worm Wood)을 의미한다. 17세기부터 이탈리아에서 만들어졌으며, 지금은 세계 도처에서 생산되고 있는데, 두 가지 형태, 즉 드라이한 프렌치 베르무스와 스위트한 이탈리아 베르무스로 구분 생산된다.

베르무스의 가장 중요한 특징은 기본주로 사용되는 백포도주이며, 다음은 여러 가지 약초들(Herbs)과 향료이다. 이 향료들은 맛이 쓴 향쑥(Worm Wood),

우술초(Hyssop), 키니네(Quinine), 고수나물(Coriander), 두송(Juniper), 클로버(Clover), 건위 흥분제인 카모밀 국화(Comomile), 오렌지 껍질(Orange Peel), 심지어는 장미꽃잎 등 40여 종의 향료를 가미한다고 하나, 그 정확한 처방(Recipe)은 각 제조회사마다 비법으로 되어 있어 공개되지 않고 있다.

베르무스는 높은 향미를 가지고 있으며, 알코올 함유량이 17~20%이기 때문에 식욕촉진제인 식전주(Aperitif)로 애용된다. 특히 칵테일의 ABC라고 할 수 있는 그 유명한 마티니와 맨해튼 칵테일에 없어서는 안 될 중요한 술이다.

프렌치 베르무스는 연한 담색으로 드라이한 맛으로 지닌다. 대단히 인기가 있는 상표로는 노일리 파트(Nolly Prat)를 들 수 있다.

이탈리아 베르무스는 진한 적색으로 단맛을 지닌다. 대단히 인기가 있는 상표로서는 친자노(Cinjano)를 들 수 있다.

4 와인과 저장온도

(1) 레드 와인(Red Wine)

레드 와인은 온도에 민감하여 갑자기 차게 한다거나 갑자기 뜨겁게 할 경우에는 맛이 변질되므로 서서히 실온으로 되게 하는 것이 가장 좋다.

프랑스 사람들은 와인을 살아 있는 생수 대하듯이 조심스럽게 다룬다. 왜냐하면 레드 와인의 경우 오래되면 찌꺼기가 병바닥으로 고이게 되는데 와인을 갑자기 흔들거나 충격을 주면 그 찌꺼기가 흩어져서 와인의 맛을 버리기 때문이다.

또한 와인은 45° 눕혀서 저장해야 한다. 세워서 저장할 경우에는 코르크가 말라 그 틈으로 공기가 들어가서 와인이 산화하기 때문이다.

또한 와인을 서비스할 때 와인병 바닥에 찌꺼기 많을 경우 디캔팅(Decanting)을 해서 서비스해야 한다. 레드 와인을 서비스하는 온도는 실내온도(18~22℃)이지만, 가벼운 풍미의 레드 와인은 약간 차게(10~12℃), 보졸레(Beaujolais)는 차게 해서 마시면 맛이 더 좋다. 부르고뉴나 론 지방산의 와인(15~17℃)과 보르도의 레드 와인은 16~18℃가 가장 적합한 서비스 온도라고 일반적으로 알려져 있다.

(2) 화이트 와인(White Wine)

와인 스튜어트(Wine Steward)는 와인 쿨러에 얼음을 넣어 그 안에 화이트 와인을 넣어 대기시킨다. 약 20~30분 후 적절한 온도로 차게 되었을 경우 와인 서비스 방법대로 서비스해야 한다.

보르도산이나 스위트한 화이트 와인은 5~7℃, 부르고뉴산이나 샤블리(Chablis), 모젤(Mosel) 같은 드라이한 와인은 5~8℃ 정도로 서비스하면 가장 맛이 좋다. 핑크 와인은 화이트 와인보다 조금 덜 차게 해서 마시면 좋다(8~10℃). 샴페인은 보통 5~7℃ 정도로 차게 해서 마시면 더욱 좋다.

(3) 와인의 저장온도

와인은 참으로 섬세하고 민감한 술이어서 병에 넣어둔 뒤에도 때에 따라 그 맛과 향이 미묘한 변화를 일으킬 수가 있다. 섬세한 성질을 지닌 와인의 제 맛을 지키려면 그 보존방법에도 상당한 주의를 기울여야 한다.

와인을 오랫동안 저장해둘 때에 가장 신경을 써야 하는 것은 온도이다. 맛의 변질을 막기 위해서는 섭씨 10℃ 안팎의 낮은 온도를 유지하는 것이 가장 바람직하며, 무엇보다도 중요한 것은 저장온도가 몇 도가 되든 늘 일정한 온도를 유지해야 한다는 점이다.

와인은 햇볕을 쬐면 이내 변질되므로 직사광선을 피하여 어둡고 냄새가 없는 곳을 골라 저장해두어야 하며, 오랫동안 보관해둘 때에는 반드시 병을 가로로 눕혀 코르크 마개가 늘 술에 젖어 있도록 해야 한다. 코르크는 건조한 상태로 오래 있으면 수축하는 성질이 있어서 바깥 공기가 병 안으로 침투하여 산화되기 쉬워 와인의 맛을 변질시킬 우려가 크기 때문이다.

(4) 와인 저장실

와인 저장실은 와인을 고객에게 서브하기 위하여 가져오기 전까지 저장되어지는 장소의 총칭이다. 현대 건물에 있어서 와인 저장실을 찾아보기 어려우나 불가능하지는 않다. 땅 밑을 깊이 파서 지면에 둥근 지붕을 만들고, 좋은 기류를 통하게 하면 된다.

1) 좋은 저장실

① 실내 적정온도는 10℃ 내지 13℃가 적당하다

저장실이 너무 차가우면 와인의 숙성이 중단되며, 또 너무 더우면 숙성과정을 너무 빨리 촉진할 것이다. 이 두 경우로 인하여 와인의 질이 저하되고, 이에 따른 재정적인 손실을 낳게 된다.

② 습도는 75%가 가장 적당하다

습도는 코르크 마개에 커다란 영향을 가져오므로 매우 중요하다. 만약 와인 저장실이 매우 건조하면 코르크 마개에 틈이 생겨서 향을 잃게 된다. 따라서 천장과 벽과 바닥이 시멘트로 된 저장실은 인공의 습도를 조절하는 공기조절기를 사용하여야 한다. 그렇게 하지 않으면 와인은 갈수록 빨리 변질되며, 식당에 재정적인 손실을 초래하게 된다.

③ 빛이 너무 많으면 안 된다

사용하지 않을 경우에는 전깃불을 꺼놓는 것이 가장 좋으며, 네온불은 절대 금한다. 너무 많은 전깃불과 햇빛은 백포도주에 있어서는 매우 좋지 않으며, 와인의 색이 갈색으로 변한다.

④ 저장실은 단지 와인과 술만 저장해야 한다

와인은 외부의 냄새, 즉 페인트(Paint), 가스(Gas), 기름, 식초, 야채 등의 냄새를 접하면 손상을 입게 된다.

⑤ 저장실에는 어떠한 진동도 전달되어서는 안 된다

즉, 길가나 에스컬레이터·차고 등에 의한 진동이 많은 바닥은 와인에 전달되어 와인을 손상시킨다.

⑥ 저장실은 중앙난방에서 분리되어야 한다

식당에서는 일일재고가 필요한데 조그마한 방이나 큰 찬장이면 되며, 일정한 습도를 유지할 수 있는 장소라야 한다. 와인 목록에 기재되어 있는 모든 와인은 일일창고에 저장되어 있어야 한다. 어느 와인이든 판매될 때는 와인의 장부상에 기록되어야 하며, 파 스톡(Par Stock)은 최소한 3병 정도에서 12병까지 확보하여야 한다(2일간의 평균 판매량 기준).

모든 와인은 상표가 위쪽으로 올라오게 해서 진열장에 뉘어져 있어야 하며, 와인 목록상에 기재되어 있는 와인 번호가 있는 카드는 진열장 밖에 놓여 있어야 한다. 특히 화이트 와인, 핑크 와인, 샴페인 또는 발포성 와인은 찬 곳에 저장되어야 한다.

서빙은 와인 쿨러를 사용해야 한다는 것을 잊지 말아야 한다. 또한 보졸레(Beaujolais)와 씨농(Chinon) 혹은 부르게일(Bourgueil) 같은 루아르 벨리(Loire Velley) 지역의 적포도주는 약 10℃ 정도 약간 차게 서빙하는 것이 좋다. 일일창고의 재고품은 매일 보충되어야 하고, 적포도주는 적정온도를 유지해야 하며, 또한 소믈리에(Sommelier)가 그날의 판매된 병 수를 점검해야 한다.

2) 와인 선반

와인이 식당에 운반되었을 때는 병은 상자나 병 케이스에서 빼내어 와인 선반이나 저장소에 상표가 위로 가게 눕혀야 한다.

와인은 일정하게 코르크와 접하게 되어 축축하게 보존되어야 한다. 와인은 각 종류별로 놓여져야 하며, 바깥쪽에서 카드가 잘 보여야 한다.

3) 저장실 장부(Bin Card)

저장실 장부가 정확하게 기재되어 있으면 관리하는 데 편리하다. 모든 와인이나 술들의 적정 재고량을 확보하는 데 있어서 와인이 어떻게 빨리 불출되어서 얼마나 늦어지는가를 주의깊게 점검할 수 있게 한다. 또한 적정시기에 적정 소요량을 재주문할 수 있게 하는 자료가 된다.

고객으로부터 주문받은 와인이 없어서 주문에 응할 수 없게 된다면 서비스에 나쁜 인상을 남기게 되며, 판매에 손실을 끼치게 될 것이다.

창고 장부에는 다음과 같은 사항이 기록되어 있어야 한다.

- 와인의 종류
- 와인의 상표
- 빈티지(Vintage) 연도
- 공급회사명
- 최종 주문일
- 주문된 수량

- 입고일자
- 최종 점검일자
- 재고 병수

5 와인의 서비스 방법

일반적으로 와인은 식사주문 후에 주문받는다. 와인을 주문받고 나면 와인이 서비스되기 전에 와인 기물을 세팅한다.

호텔에서는 와인을 주문받기 전에는 일반적으로 와인 글라스는 세팅하지 않고, 소프트 드링크를 위한 글라스만 세팅하는 것이 보통이다.

식사하는 중 레드 와인이 서비스되면 고객에게 의향을 물은 후에 이전에 마시던 음료나 화이트 와인을 치우는데, 이때 레드 와인 글라스를 제공한다. 식후에 기호음료가 끝날 즈음 식후주에 대한 주문을 받는다.

1) 화이트 와인과 로제 와인의 서비스 방법

화이트 와인과 로제 와인은 레드 와인보다 낮은 온도에서 저장하여 서비스되기 때문에 얼음과 물이 담겨진 와인 쿨러를 사용한다. 여성 고객에게 먼저 서빙한다.

2) 레드 와인의 서비스 방법

화이트 와인과 로제 와인은 레드 와인보다 서비스 온도가 낮기 때문에 와인 쿨러를 사용하지만, 레드 와인의 서비스는 화이트 와인이나 로제 와인이 와인 쿨러를 사용하지 않는 것을 빼고는 서비스 방법이 일치한다고 할 수 있다.

레드 와인은 디캔팅을 하는 것이 좋은데, 병 속에 가라앉은 앙금이 와인과 섞이면 곤란하기 때문이다. 호스트부터 먼저 시음한다.

3) 샴페인의 서비스 방법

샴페인의 서비스 방법은 코르크나 스크루가 필요하지 않고, 다른 와인과 달리 가스가 함유되어 있으므로 특히 병이 흔들리지 않게 조심하여 다루어야 한다. 샴페인은 차게 해서 마시므로 서비스 와인 쿨러가 필요하다.

제 3 절 세계각국의 와인

1 프랑스 와인

프랑스는 세계적인 와인 생산국이며, 최대의 수출국이다. 그 이유는 토양이 포도재배에 적합하기 때문이다.

프랑스 와인의 주요 생산지는 [그림 4-1]과 같다. [그림 4-1]에서 보는 것과 같이 지역에서 생산되는 지역마다 와인의 특성을 가지고 있는 프랑스 3대 와인 생산지라고 할 수 있는 보르도(Bordeaux), 부르고뉴(Bourgogne) 샹파뉴(Champagne) 지방을 중심으로 살펴보고자 한다.

[그림 4-1] 프랑스의 와인 산지

(1) 보르도 지역의 와인

보르도는 세계에서 가장 우수한 와인을 생산하는 넓은 지역으로 프랑의 제 2의 도시이며, 남쪽에서 북쪽으로 흐르는 가론 강과 내륙에서 서쪽으로 흐르는 도르도뉴 강이 서로 만나서 지롱드(Gironde) 만을 이루고 있다. 토질은 진흙·자갈·모래들이 섞인 훌륭한 토질로서 완벽한 포도재배 지역으로서의 입지를 지니고 있다.

보르도 지역경계는 AOC법에 의해 한정되고, 이 지역에서 생산되는 와인은 원산지 지명이 보증된다. 품질에 관해서 보증하는 것은 아니다. 상표에 자기 회사 이름을 표시한다. 회사들은 포도원을 돌면서 가장 품질이 좋다는 와인을 선택하여 혼합해서 자기회사 이름으로 시장에 판매한다.

특정포도원은 법에 의해서 24지구로 구분되어 있고, 그 중 5개 지역은 세계에서 가장 우수한 와인을 생산해낸다. 메도크(Medoc)의 레드 와인, 그라브

(Graves)의 레드 와인과 화이트 와인, 소테르네(Sauternes)의 화이트 와인, 생테밀리옹(Saint-Emilion)의 레드 와인, 포므롤(Pomerol)의 레드 와인과 화이트 와인 등이다. 보르도의 레드 와인은 클라레(Claret)라고 애칭된다. 선명한 밝은색을 의미하는 프랑스어이며, 섬세하고 여성적인 맛을 지니고 있어서 와인의 여왕이라 불리고 있다.

보르도 와인의 병모양은 목이 짧고 몸통이 홀쭉한 전통적인 모양으로 병모양만 보아도 보르도 와인이라는 것을 알아볼 수 있다. 보르도 지방의 대표적인 5개 지구의 와인을 살펴보자.

1) 메도크(Medoc)

보르도 시 북서쪽에 위치하고 있으며, 연간 400~700만 상자를 생산하는 레드 와인 생산지역으로 도수가 낮고 향기가 강한 것이 특징이다. 메도크 지역의 와인 맛은 탁하고 텁텁한데 그 이유는 카베르네 소비뇽의 비율이 높기 때문이다.

대표적인 와인 생산지는 오메도크(Haut Medoc), 마르고(Margaux), 물리(Moulis), 리스트락(Listrac), 생 줄리앙(St. Julien), 포약(Pauillac), 생테스테프(St. Estephe) 등으로 구분한다.

2) 그라브(Graves)

연간 170만 상자의 레드 와인과 화이트 와인을 모두 생산하는데, 특히 화이트 와인이 유명하며, 좋은 감칠맛에 드라이(Dry)한 것이 특징이다. 저장이 가능한 와인이며, 레드 와인은 스마트한 향이 높은 와인이다.

그라브의 AOC로는 Graves, Graves Superieures 등이 있고, 유명한 화이트 와인은 Chateau Couhins 등이 있고, 레드 와인은 Chateau Bouscaut 등이 있다.

3) 생테밀리옹(Saint-Emilion)

포므롤 지역 옆에 위치한 생테밀리옹은 연간 300만 상자의 레드 와인의 명산지이다. 이곳에서 생산되는 와인의 색깔은 약간 흐린 루비색이며, 레드 와인의 맛은 부드럽고 온화하고, 진하고 깊은 맛이 나는 것이 특징이다.

AOC에는 Lussac Saint Emilion 등이 있고, 유명한 와인으로는 Chateau Ausone 등이 있다.

4) 소테르네(Sauternes)

그라브와 붙어 있는 소테르네 지역의 스위트한 화이트 와인은 세계적으로 유명하다. 연간 40~50만 상자의 와인을 생산하고, 소테르네의 AOC로는 Sauternes 등이 있고, 유명한 와인으로는 Chateau d'Yquem- Sauternes 등이 있다.

5) 포므롤(Pomerol)

생테밀리옹의 서북쪽에 위치한 점토질의 고원 경사지에 포도원이 발달한 마을이다. 보르도 내에서 가장 작은 규모의 포도산지인데, 이 작은 마을이 포도주 세계에서 뛰어난 명주를 생산하고 있다.

풍부한 산화철의 지층에 자갈 · 진흙 등이 다양하게 발달되어 있다. 샤토 패트뤼스가 위치한 곳에 유명하다. 주로 연간 25~40만 상자의 레드 와인을 생산하며, 색깔이 짙다. 그리고 지역이 작기 때문에 생산량이 한정되어 있어서 가격도 비싸고, 구하기도 힘들다.

포므롤의 AOC로는 Pomerol 등이 있으며, 유명한 상표로는 Chateau Trotanoy, Chateau Gazin 등이 있다.

(2) 부르고뉴(Bourgogne) 지역의 와인

원래는 부르고뉴가 명칭이며, 버건디(Bergundy)는 영어로서 오늘날에는 전 세계적으로 영어로 통용되고 있다. 버건디 지역은 세계적인 와인 산지이다. 버건디 지역의 와인을 '와인의 왕'이라 부르며, 보르도 지역과 비교한다. 이곳의 와인은 포도가 잘된 해에는 단일 산지의 포도로 만들지만 포도가 흉년인 해에는 소지역 포도를 혼합해서 와인을 생산한다.

버건디의 와인 생산지역은 샤블리(Chablis) 지구, 코트 도르(Cote d'Or) 지구, 코트 샬롱네즈(Cote Chalonnaise)와 마콩네(Maconnais) 지구, 보졸레(Boautholaise) 지구가 있다.

1) 샤블리(Chablis)

샤블리는 그 면적이 4,700에이커에 불과한 조그마한 지역이지만, '화이트 와인' 하면 샤블리 지구의 와인을 손꼽는 이도 많다. 포도는 Chablis Moutonne종을 주로 재배한다.

AOC는 샤블리 와인을 4등급으로 구분하여 판매하도록 규정하고 있다. 샤블리의 유명상표로는 다음과 같다. 샤블리 그랑 크뤼(Chablis Grand Cru), 샤블리 프리미어 크뤼(Chablis Premier Cru), 샤블리(Chablis), 프티 샤블리(Petit Chablis)가 있다.

2) 코트 도르(Cote d'Or)

도르 지구는 북쪽의 코트 드 뉘 지구와 남쪽의 코트 드 본 지구로 크게 나누어진다. 코트 도르란 '황금의 언덕' 혹은 '황금의 구름'이란 뜻으로 가을이 되면 단풍이 든 포도잎으로 언덕의 일대가 황금빛 물결로 변하는 데서 유래되었다. 북쪽은 레드 와인을 생산하며, 남쪽은 화이트 와인을 생산하며, 명성을 얻고 있다.

북쪽의 코트 드 본 지구의 유명상표는 다음과 같다.

볼네(Volnay), 포마르(Pommard) 등의 훌륭한 레드 와인들이 생산되고, 보르고뉴의 최고의 화이트 와인으로 몽라쉐(Montrachet), 뭬르소(Meursault), 코르통 샤를마뉴(Corton-Charlemagne)가 있다. 아주 섬세한 향기를 가지고 있고, 드라이하면서도 부드러우며, 완전한 밸런스를 이루고 있다.

3) 코트 샬롱네즈(Cotes Chalonnaise)

이 지구의 와인은 일찍 마시는 종류의 레드 와인과 드라이한 화이트 와인, 그리고 로즈 와인으로 나뉜다. 그리고 이것은 대체로 귀족적인 코트 도르와 대중적인 보졸레의 중간에 위치하고 있다. 코트 샬롱네즈(Cotes Chalonnaise) 지구의 유명상표로는 지브리(Givry)가 있다.

4) 마콩네(Maconnais)

마콩네(Maconnais) 지구의 유명상표인 푸이 퓌세(Pouilly Fuisse)는 금빛 녹색의 향기로우면서 섬세한 맛의 드라이한 화이트 와인이며, 세계적으로 유명하다.

(3) 보졸레(Boaujolais) 지역의 와인

보졸레 지구는 부르고뉴 지역의 최남단에 위치하며, 레드 와인 생산량도 상당하다. 그러나 세계적으로 관심을 끌기 시작한 것은 최근(10~15년 전)의 일이다. 타 지역과 달리 가메이(Garmay) 품종만을 98% 이상 사용하고, 껍질이 얇아서 압착시키면 투명한 루비색을 띤다.

1) 보졸레(Beaujolais)

보졸레 지역의 가장 기본적인 등급으로 보졸레 슈페리에는 보졸레보다 알코올 함량이 1° 정도 높고, 모든 품질조건은 같다.

2) 보졸레 빌라주(Beaujolais Village)

2~6개월간 숙성하여 2년 정도까지 보관하여 마실 수 있고, 보졸레 37지역에서 생산되는 와인이지만 라벨에 지명을 표기하지 않는다. 색상은 체리의 붉은빛을 나타내고, 보졸레 지역 생산량의 25% 수준이다.

3) 보졸레 크뤼(Beaujolais Cru)

최고급 10개 지역에서 생산되는 와인으로 보졸레에 비해 맛이 깊고 묵직하며, 오래 보관해도 좋은 맛을 유지하는 레드 와인으로, 라벨에는 보졸레 표시는 하지 않고 지명만 표시한다. 10개 경작지는 다음과 같다.

브루이(Brouilly), 쉐나(Chenas), 쉬루블(Chiroubles), 플뢰리(Fleurie), 줄리에나(Julienas), 모르공(Morgon), 레니에(Regnie), 생타무르(Saint-Amour), 물랭아방(Moulin-a-Vent), 코트 드 브루이(Cote de Brouilly)이다.

보졸레 와인은 다른 레드 와인보다 2~4℃ 정도 차게 마시는 것이 좋다.

4) 샹파뉴(Champagne) 지역의 와인

샴페인은 프랑스의 구주명 샹파뉴의 이름으로서 이 지방에서 생산되는 와인은 레드, 화이트, 발포성, 비발포성별로 샴페인이 나오고 있다. 샹파뉴 지방은 현재 마르노(Marne), 오 마르느(Haut-Marne), 오브(Aube), 아르덴(Ardennes)의 4개구로 이루어졌다.

샴페인의 제조원료는 피노 누아종의 흑포도와 샤르도네라고 하는 피노 누아종의 백포도를 사용한다. 포도를 제1압착하여 얻은 과즙으로 상급 샴페인을 만들며, 제2, 제3압착한 것을 모아 하급품을 제조한다.

제1압착한 즙을 큰 통에 넣어 24시간 넣어두었다가 침전물을 제거한 후 살균한 것 별로 술통에 넣어 지하실에 운반하여 주발효를 2, 3주 시킨다. 그 후 과즙을 추가하여 발효를 억제하여 잔당을 확보한다. 다른 품질의 포도주를 적당히 혼합하여 1개월간 두었다가 병에 넣을 때에 순수배양의 이스트를 첨가하여 코르크로 막아 제2차 발효는 3개월로 끝난다.

병의 압력에 의하여 마개가 빠지므로 베네딕트 수도원의 셀러 마스터(Celler Master)였던 동 페리뇽(Dom Perignon)이 튼튼한 병과 코르크 마개를 막고 끈으로 동여매는 방법을 사용하여 오늘날 삼페인이 탄생되었다. 여기에서 지하 저장고에 운반하여 5년 이상 저장하여 숙성시킨다.

샴페인은 당분의 양에 따라 다음과 같이 분류한다.

브루트와 브루트(Brut de Brut)는 리큐어를 전혀 가하지 않는 것, 브루트(Brut)는 리큐어 1% 이하로 가장 드라이한 것, 엑스트라 섹(Extra Sex)은 리큐어 3% 정도, 섹(Sex)은 리큐어 5% 정도, 데미 섹(Demi Sex)은 리큐어 8% 정도, 데미 도우(Demi Doux)는 리큐어 10% 정도, 도우(Doux)는 리큐어 12% 이상으로 매우 달콤한 맛을 내는 것이 있다.

유명상표는 제 아쉬 뭄(G.H. Mumm), 샬르 에드시에크(Charl Heidsieck), 에드시에크 드라이 모노폴(Heidsieck Dry Monopole), 모에 샹동(Moet Chandon), 랑송(Lanson), 폴 로제(Pol Roger) 등이 있다.

(4) 프랑스의 와인 등급

프랑스 와인은 EU의 와인법에 의하여 품질에 따라서 4등급으로 나누어 법령으로 관리하고 있다. 프랑스 정부의 법률에 의해 엄격한 규제를 통하여 프랑스 와인 자체의 명성을 보호하고, 그 품질을 유지하기 위하여 아펠라숑

(Appellation)이라는 어구를 다음과 같이 사용하고 있다.

1) AOC(Appellation d'origine Controled)

AOC는 원산지 통제 명칭으로 우수한 와인이 생산되는 원산지를 지정하고 일정한 품질이 되도록 규제를 실시하고 있는데, AC 와인이라고도 한다. 이는 최고급 와인으로 어느 지역에서 생산되었고, 어떤 포도품종으로 만들어졌으며, 포도의 재배방법, 생산량 제한, 최저 알코올 함유량, 숙성의 조건 등을 규정하고 있다.

1935년 프랑스 정부는 우수 와인 생산업자 및 우수한 질의 와인을 보호하기 위하여 원산지 명칭권을 법률로 정하였다. 전국 원산지 명칭협회가(INAO)가 정하고 농림부령으로 공인된 생산조건을 만족시키는 와인이다. AOC의 규제사항은 다음과 같다.

- AOC가 지정한 지역에서 재배된 포도로 만들 것
- 재배품종에 대한 규제
- 최소 알코올 도수에 대한 규제
- 생산량의 제한
- 포도 재배법에 관한 제규정(전지, 비료 사용, 면적당 심는 포도나무 그루수 등)
- 발효 전의 당도규정
- 관할구역 정확한 한계
- 와인 제조법

2) VDQS(Vin Delimlite de Qualite Superieure)

VDQS는 1949년 정부령으로 품질 분류상 AOC 와인 다음 급의 고급 와인에 속하며, 규정항목으로 포도 생산지역, 포도품종, 재배법, 양조법, 최저 알코올 도수 등을 규제하고 있다.

VDQS는 우수한 품질의 와인이라는 뜻으로 AOC 와인과 같이 규정된 법률에 의해 감독 생산되는 와인이다. 그 엄격함에 있어서 AOC에 미치지 못하지만 각 지방 포도재배연합회에서 품질을 관리한다.

3) 뱅드 패이(Vin de Pays)

뱅드 패이의 규정항목은 포도품종, 알코올 도수, 양조법 등을 규제한다. 생산지역 와인으로 1973년 정부령에서 프랑스 와인 품질상 제3급으로 분류되며, 라벨에는 산지명과 지주 보증 마크가 기재되어 있어 각 지방 특유의 특성을 갖고 있다.

알코올 도수는 8.5% 이상이 되어야 하며, 반드시 와인협회로부터 지주로서의 규격에 합격해야 뱅드 패이 등급이 될 수 있는데, 불합격품은 뱅드 타블(Vin de Table) 와인으로 판매한다.

4) 뱅드 타블(Vin de Table)

원산지 무기명 와인으로 특정한 법률에 의한 통제 없이 양조된 와인을 술 판매상들이 임의로 구입하여 자기들의 기술에 의해 블렌딩(Blending)하여 제품화한 후 자사의 상표를 붙여 판매하는 와인이다.

9.5% 이상이 알코올 도수를 유지해야 하며, 의무적으로 그 도수를 병에 표기해야 한다.

(5) 빈티지 와인(Vintage Wine)

고객이 와인을 선택하는 데 있어서 관심을 갖는 것 중 하나가 빈티지이다.

이 빈티지는 프랑스어로는 밀레짐(Millesime)이라 하는데, 이것은 포도수확 연도의 표지로 와인의 출생연도이다. 빈티지는 포도가 성장하고 익는 과정에서의 기후변화에 대한 기록이다.

포도의 성장과 결실은 그해의 기상조건, 즉 바람·비·습기·일조량 등에 큰 영향을 받는다. 그리고 이러한 조건은 와인의 맛에 결정적인 영향을 미치므로 좋은 포도 수확이 있는 해를 영어권에서는 빈티지 와인(Vintage Wine)이라고 한다.

유럽 와인은 통상적으로 일정한 주기를 두고 빈티지를 나타내는 것으로 나타났는데, 그 이유는 포도작황과 관련되어 해걸이에 해당된다.

(6) 와인 라벨을 읽는 요령

프랑스에서는 와인 라벨만을 전문적으로 다루는 학원이 있을 정도로 여러 가지 다양하고 독특한 라벨이 있다. 그러나 라벨을 붙이는 목적은 디자인적인 아름다움을 위한 것이 아니고 와인의 특성을 알려주려는 것이다. 와인의 라벨을 읽으면 원산지, 품질내용, 맛의 타입까지도 알 수 있다.

프랑스 와인의 라벨을 읽는 요령은 [그림 4-2]와 같다.

◀ 프랑스 와인의 품질 등급 ▶
프랑스 와인 라벨을 보면 4등급으로 분류가 된다.

1. AOC(Appellation d'Origine Controled) : 때로는 AC라고 일컬어지는데 프랑스 와인의 제일 높은 등급한 법규로 인해 그 품질이 항상 보장된다.
2. VDQS(Vin Delimlite de Qualite Superieure) : AOC 포도주보다 낮은 범주에 속하나, 원산지 명칭협회의 엄격한 규제와 감시 아래 생산된다.
3. 뱅드 패이(Vin de Pays) : 질적으로 뱅드 타블(Vin de Table)보다 우수하다고 볼 수 있다.
4. 뱅드 타블(Vind de Table)

[그림 4-2] 프랑스 와인 라벨 읽는 법

1. 생산자 : 부르고뉴의 경우는 주로 negociant 와인을 만든다. Oliver Leflaive Freres는 부르고뉴에서 유명한 생산자이다.
2. Negociant이 선택하여 병입한 것. 직접 포도를 재배하고 만들어서 병입할 경우는 "Mis en bouteille au Domaine"이라는 표기를 쓴다.
3. 단순히 좋은 와인이란 뜻으로 공식적인 등급이 아니다.
4. Fremiets는 Volnay 지역의 1등급 포도밭의 명칭으로 Premier Cru급에는 반드시 상표에 지명(Volnay)과 함께 표시한다.
5. AOC : Cote de Beaune의 Volnay 지역의 1등급 포도밭에 붙이는 AOC
6. 용량
7. 수확연도

[그림 4-3] 부르고뉴 와인 라벨 읽는 법

1. 수출용에 표시
2. AOC : 'Bordeaux'라는 넓은 지역보다 'Pauillac'라는 좁은 지역 명칭일수록 고급이다.
3. 수확연도
4. **샤토 명칭** : 단순히 지명이나 상호를 표기한 것보다 고급
5. 'Cru Classe'와 동일한 표기로서 1855년도 분류에서 공인된 'Grand Cru Classe'급 와인
6. 샤토 소유자의 명칭과 주소
7. 'Mis en bouteille an chateau'라고 되어 있으면 샤토에서 병입한 것이나, 이 경우는 negociant이 병입한 것

[그림 4-4] 보르도 와인 라벨 읽는 법

1. 생산자가 병입했다는 뜻 : 'Gutsabfullung'은 양조학위가 있는 와인 생산자에게만 적용
2. 독일 와인의 등급 중 가장 고급
3. Zeller는 작은 지역 단위이며 Marienburger는 포도밭 있는 곳의 명칭, 즉 Einzellagen으로 자세한 생산지명을 나타낸다.
4. 생산지명(Anbaugebiete) : 1971년 지정한 Qmp급 와인 11개 지역 중 하나
5. 품종
6. 수확년도
7. QmP 내의 등급
8. AP No로서 품질관리 번호
9. 수출용에 표시
10. 포도밭 명칭
11. 용량
12. 소유자의 명칭과 주소

[그림 4-5] 독일 와인 라벨 읽는 법

1. 용량
2. 생산자 혹은 병입자
3. 수확연도
4. **와인의 명칭** : 토스카나 남부지방 Montenulciano의 고급 와인
5. DOCG : 이탈리아 와인의 등급 중 가장 높은 것
6. 포도 재배지에서 생산 병입했다는 뜻
7. 수출용에 표시
8. 알코올 농도

[그림 4-6] 이탈리아 와인 라벨 읽는 법

에스파냐 와인 레벨

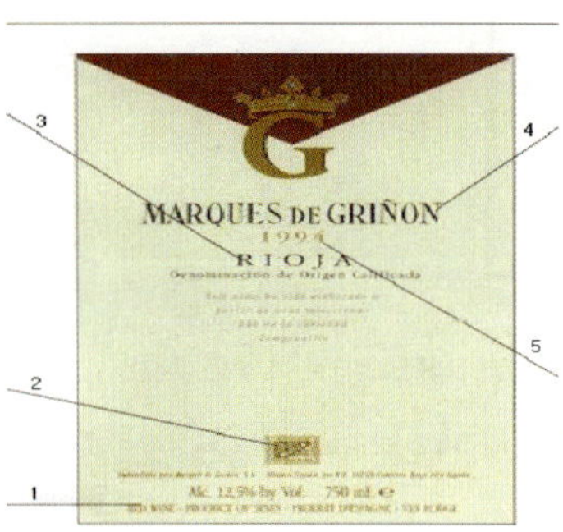

1. 와인 스타일
2. 원산지 증명 스탬프
3. DOC : 에스파냐 와인 등급 중 가장 고급
4. 와인의 명칭

[그림 4-7] 에스파냐 와인 레벨 읽는 법

2 독일 와인

(1) 독일 와인의 생산지역

독일 와인의 대표적인 산지는 라인(Rhein) 지역과 모젤(Mosel) 지역으로 나눌 수 있다.

독일 와인은 가늘고 긴 병에 담겨져 있는 경우가 많고, 라인 와인은 갈색, 모젤 와인은 녹색으로 정해져 있다. 포도 경작면적과 생산량은 프랑스에 비해 적으나 독일의 화이트 와인은 세계적인 품질로 호평을 받고 있다.

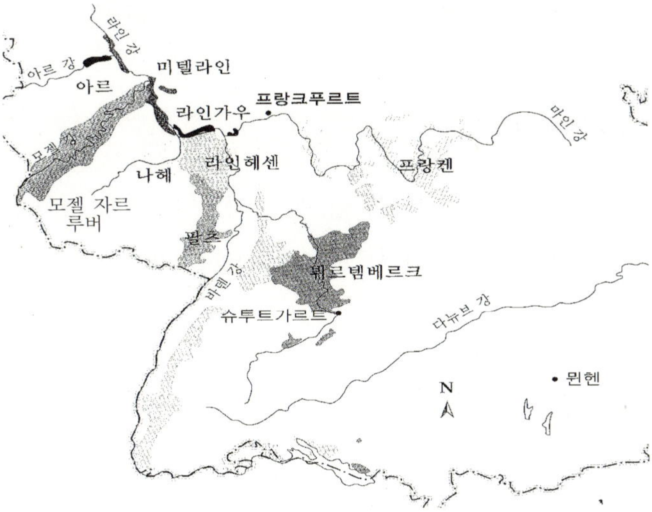

[그림 4-8] 독일 와인의 생산지역

1) 라인가우(Rheingau)

세계 최고의 화이트 와인 생산지역 중의 하나로 마인 강에 접해 있다. 모젤 와인보다 알코올 함량이 높고, 원숙한 맛이 나며, 독일 와인의 3%를 생산하고, 갈색병을 사용하고 있다.

생산량은 약 400병 정도밖에 안 되지만, 값은 엄청나게 비싸다. 유명한 와인으로 슐로스 폴라즈(Schloss Vollrads) 등이 있다.

어떤 와인은 봄철의 꽃향기가 나고, 어떤 와인은 열대 정원의 자스민 향기를 풍긴다. 라인 지역의 와인은 화이트 와인이며. 맛이 강하며, 연수가 경과하면 보다 양질로 변한다.

2) 라인헤센(Rheinhessen)

독일 와인의 생산지역 11개 지역 중 가장 크고, 약 25%의 생산을 하고 있다. 유명한 와인으로는 니어스타인어 아우프랑겐(Niersteiner Auflangen), 알스하이머 존넨베르크(Alsheimer Sonnenberg) 등이 있다.

3) 라인팔츠(Rheinpfalz)

라인헤센의 남쪽에 위치해 있는데, 독일 와인의 25%를 생산하는 곳이다. 유명한 와인으로는 하일리겐베르크(Heiligenberg), 헤르스하이머(Herxheimer) 등이 있다.

4) 모젤 자르 루버(Mosel-Saar-Ruwer)

독일 와인의 약 15%를 생산하는데, 보통 모젤 지역이라 한다. 모젤은 짙은 녹색이며, 병목이 길다. 모젤 와인의 특징은 풍부한 향기, 독특한 산미, 자극성, 상품의 과실 맛, 섬세한 맛으로 생산된 지 1~2년 안에 마시는 것이 좋다.

유명한 생산지는 에르덴(Erden) 등이 있으며, 유명한 와인으로는 베렌너 존넨우어(Wehlener Sonnenuhr) 등이 있다.

5) 아르(Ahr)

아르 강은 독일의 북서쪽에 있는 작은 강으로 본(Bonn) 시 남쪽의 라인 강으로 흘러들어가는 그 양쪽에 험하게 경사진 곳에 퍼져 있다.

화이트 와인도 생산하고, 독일에서 가장 큰 레드 와인의 생산지역이다. 가볍고 독특한 과실 맛이 나는 레드 와인을 만들고 있다.

6) 나에(Nahe)

화이트 와인의 생산지로 유명한 이 지역은 라인 강과 모젤 강 사이에 있다.

유명한 생산지로는 크론넨베르크(Kronnenberg) 등이 있다. 유명한 와인으로는 크로이츠나허르 힝켈스타인(Kreuzenacher Hinkelstein) 등이 있다.

(2) 독일 와인의 등급

독일 와인의 등급을 결정하는 특징은 포도의 숙성 정도와 알코올 수준을 기준으로 하고 있다. 현행 독일 와인의 등급제도는 1971년부터 프랑스 와인처럼 와인의 품질을 검사하여 4가지 등급을 정하기 시작하였다. 일반적인 타펠 바인, 란트 바인, 고급 와인인 쿠베아(Q.b.a)급 와인과 쿠엠피(Q.m.p)급 와인으로 나누고 있다.

1) 타펠 바인(Tafel Wein)

독일의 일반적인 와인이란 뜻으로 여러 품종을 섞어서 만든 블렌디드 와인(Blended Wine)으로 평범한 대중식탁용이다. 발효과정에서 설탕을 첨가한 와인으로 유럽에서 수입한 와인과 혼합한 것을 허용한다.

2) 란트 바인(Land Wein)

토산 와인, 즉 지방 특색이 있는 와인이다. 이 등급의 와인은 규제가 거의 없거나 아주 느슨한 편으로 프랑스의 뱅드 패이(Vin de Pays)와 유사하다. 이 와인도 전체 포도산업에 주는 영향은 저조하다. 이 등급의 와인은 17개의 란트 바인 지역에서 대량으로 나오고 있다.

3) 쿠베아 바인(Q.b.a Wein)

쿠베아(Q.b.a)는 특정지역에서 생산되는 고급 와인으로 포도의 당분함량 등을 규정하고 있다. 독일 13개 지역의 생산업체에 국한하여 이 등급이 주어진다.

생산지역의 특성과 맛을 잘 살리고 보장할 수 있을 만큼 제대로 숙성되고 인정된 포도로 만들어지고 있다. 포도의 숙성은 반드시 오래되지 않아도 좋고, 알코올을 늘리기 위해서 설탕을 첨가하는 것도 허용된다.

4) 쿠엠피 바인(Q.m.p Wein)

쿠엠피(Q.m.p) 바인은 쿠발리테츠바인 미트 프레디카트(Qualitatswein Mit Pradikat)의 약어로 우수하고 질 좋은 최상급 와인이란 뜻을 갖는다.

이 등급은 다시 6개 등급으로 나누어지고, 라벨은 품질등급 중 하나가 붙는다. 설탕이나 첨가물이 들어가지 않는 특성을 보이고 있다.

카비넷(Kabinette)은 잘 익은 포도로 제조하며, 포도즙 당도가 가장 적은 와인 맛은 섬세하며, 슈패트레제(Spatlese)는 포도를 늦게 수확하여 제조한 것으로 중후한 맛을 내고, 아우스레제(Auslese)는 완전히 익은 포도 중 조금 덜 익은 포도는 골라내고 만든 와인이다.

그리고 베렌아우스레제(Beerenauslese)는 상질의 포도 중 매년 생산하는 것이 아니라 수확이 좋은 해에만 제조되며, 10년에 2~3회 정도 제조가 가능하다. 트로켄베렌아우스레제(Trokenbeerenauslese)는 과숙된 포도의 시든 포도알로 제조된 와인으로 늦가을 포도나무에서 거의 건조된, 얼린 포도(Eiswein)를 사용한다.

3 이탈리아 와인

이탈리아 와인의 생산량은 프랑스를 능가하여 세계 제1위이나 와인의 대부분이 국내에서 소비되고 있다. 이탈리아의 전국토가 포도원이라 해도 과언이 아닐 만큼 많은 포도를 재배하고 있어 그 생산액은 세계 산출 포도주의 약 19%를 차지하고 있다. 이탈리아의 포도주는 대부분 조잡하여 우량품은 없으나 프랑스 포도주의 2급에 해당하는 와인을 생산하고 있다.

이탈리아의 주요 와인 생산지는 피에몬테(Piemonte) 지역, 토스카나(Tuscany) 지역, 베네토(Veneto) 지역 등이 있다. 세계적으로 유명한 와인은 바롤로(Barolo) 고장이며, 베르무스가 생산되고 있다.

이탈리아 와인은 식전용과 디저트용으로 사용되고, 칵테일용으로 많이 이용되는데, 약초나 기타 향료가 가미되어 있다.

(1) 이탈리아 와인의 특징

- 포도주의 품질 향상과 소비자 보호를 위한 통제보호법이 1963년 공포되어 법률로 통제를 받고 있다.
- 이탈리아 포도주는 가격이 저렴하다.
- 짚으로 싼, 밑이 넓은 피아스코 병이 특징이다.

(2) 이탈리아 와인의 생산지역

[그림 4-9] 이탈리아 와인의 생산지역

1) 토스카나(Tuscany)

이탈리아 중부 플렌스를 중심으로 로마 북쪽인 이탈리아 서쪽에 위치하고 있으며, 키안티의 산지로서 이탈리아 레드 와인을 생산한다. 전체 생산량의 3분의 1이 DOC나 DOCG일 정도로 세계적으로 유명한데, 6개의 DOCG급 와인을 생산하는 지역을 가지고 있다. 이 6개 중 가장 유명한 4개가 바로 브루넬로 디 몬탈치노(Brunello di Montalcino), 비노 노빌레 디 몬테플치아노(Vino Nobile di Montepulciano), 키안티(Chianti), 키안티 클라시코(Chianti Classico)이다.

토스카나를 대표하는 키안티 지역은 그 병 모양 때문에 아주 유명하다. 키안티 지역에서 사용하는 병은 밑부분이 둥그렇고, 짚으로 싸여 있으며, 주둥이가 아주 긴 병이다.

2) 피에몬테(Piemonte)

이탈리아 북서부의 알프스 산맥에 위치하고 있고, 최고 품질의 산지는 스위스와 국경을 접하고 있는 북쪽이다. 이탈리아 북서부 지역에서는 바롤로를 "와인의 킹, 킹의 와인(King of Wine and Wine of King)"이라고 한다. 이 지역 와인은 산딸기・버섯・낙엽 등이 한데 이루어진 향기를 갖는다. 와인병의 레이블에 지역이름인 바롤로와 함께 크게 생산자의 이름이 적히는데, 주로 이 두 가지와 포도수확 연도를 와인 구입 기준으로 삼으면 된다.

유명한 와인으로는 레드 와인 바롤로 등이 유명하며, 식전술로 유명한 베르무스(Vermouth)의 고장이다.

3) 베네토(Veneto)

이탈리아 북동쪽에 위치하고 있으며, 이탈리아에서 가장 많은 와인을 생산하고 있다. 아름다운 해양도시 베니스와 「로미오와 줄리엣」의 배경이 된 베로나 시를 포함한 지방을 말한다.

유명한 소아베의 산지이기도 한데, 소아베는 화이트 와인으로 드라이한 맛을 가지고 있어 특히 여름에 즐겨 마신다.

① 소아베(Soave)

이탈리아 화이트 와인으로서 최고로 알려진 와인으로, 드라이한 화이트 와인을 생산하며, 나무통에서 숙성한다.

② 발폴리첼라(Valpolicelia)

드라이한 맛과 혹은 약한 단맛이 나는 신선한 레드 와인으로 루비색의 붉은색에서부터 진한 붉은색까지 띤다.

③ 바르돌리노(Bardolino)

가벼운 레드 와인을 생산하는 지역으로 호수 근처에 위치해 있으며, 알코올 함량이 낮고 신선하며, 세련된 맛을 가지고 있다. 검은 장밋빛 색깔로 유명하다.

④ 에밀리아 로마그나(Emillia-Romagna)

이 지역에서는 많은 와인이 생산되나 고급 품질의 와인은 생산하지 않는다.

유명한 제품으로는 화이트 와인의 트레비아노(Trebbiano)와 람브루스코(Lambrusco) 등이 있다.

(3) 이탈리아 와인의 등급

이탈리아 와인은 법규인 DOC에 의하여 와인 등급은 현재 5등급으로 분류된다.

1) DOCG(Denominazione di Origine Controllata e Garantita)

DOCG의 원명은 데노미나지오네 디 오리지네 콘트롤라타 가란티타(Denominazione di Origine Controllata e Garantita)이다. 이탈리아에서 생산되는 최상의 와인으로 최고 품질 지역에서 테스트한 것만 붙여진다.

DOCG 와인이 되기 위해서는 병입되고 봉인될 때까지 생산자나 정부의 인장을 얻어야 한다. 전 생산과정을 정부가 규제하고 품질을 보증하는 와인이다.

2) DOC(Denominazione di Origine Controllata)

DOC의 원명은 데노미나지오네 오리지네 콘트롤라타(Denominazione di Origine Controllata)로 원산지 통제표시 와인으로 품질을 결정하는 위원회에서 특정 포도품종, 와인 조방법, 제한된 수확량, 숙성기간 등이 갖추어진 와인에만 붙여진다.

특정 포도품종, 전통적인 와인 제조방법, 제한된 수확, 적절한 숙성기간, 타당성 있는 기록 등이 갖추어져야 한다. 이 조건을 충족시킨 와인에만 정부공인 표기를 붙일 수 있다.

3) 비노 티피코(Vino Tipico)

DOC의 엄격한 통제를 받는 것이 아니지만 그들 지역을 나타내는 것이 공식적으로 인정된 원산지로서 증명되는 새로운 와인의 범위이다.

4) 비노 다 타볼라 콘 인디카지오네 게로그라피카(Vino da Tavola Con Indicazione Geografica)

지리적 유래가 명시되었으나 정해진 규칙은 없다. 포도품종이 명시되어 있는 와인은 그 품종의 원산지도 명시해야 한다.

5) 비노 다 타볼라(Vino da Tavola)

기장 기본적이고 통제되지 않는 와인이 속한다.

4 에스파냐 와인

(1) 에스파냐 와인의 특징

에스파냐는 프랑스·이탈리아 다음으로 세계 제3위의 포도주 생산국으로서 국내 소비량은 적으나 수출량은 세계 제1위이다. 에스파냐의 유명한 술인 쉐리 와인은 드라이(Dry), 미디엄(Medium), 스위트(Sweet)한 3가지 와인을 생산하고 있지만, 제일 많이 판매되는 것은 드라이한 쉐리 와인이다.

에스파냐의 남부 지브롤터 해협에 있는 Cadiz 주의 Jarz de le Frontera가 산지의 중심이다. 본래 쉐리(Sherry)의 명칭은 최초 그 제조지의 Jerz의 이름에서 따서 Xeres라고 하여 당시 에스파냐어의 X는 영어의 sh와 같은 발음이므로 쉐리(Sherry)로 전환한 것이라 한다.

주원료는 드라이용으로 팔로미노(Palomino)종을 사용하고, 페드로 히메네스(Pedro Ximenes)종을 재배하여 블렌드(Blend)용으로 사용하고 있다. 상업상 줄여서 PX라고 한다.

(2) 에스파냐 와인의 생산지역

1) 카스티야(Castilla)

가장 유명한 와인으로 병입 전에 10년 이상 저장하는, 아주 좋은 레드 와인인 베가 시실리아가 있다.

2) 카탈루냐(Cataluna)

유명한 와인 회사로는 베네도스 토레스, 코도르니우스가 있다.

3) 리오하(Rioja)

에스파냐에서 가장 좋은 레드 와인을 생산하고 있고, 화이트 와인도 생산하고 있다. 유명한 와인 회사로는 리오하에서 가장 전통 있는 회사인 마르케스 데 리스칼과 마르케스 데 무리에타가 있으며, 그 외에 보데가스 등이 있다.

4) 헤레즈(Jerez)

에스파냐의 대표적인 식전주인 쉐리의 고향이다. 쉐리의 양조는 그 기법이 복잡하며, 고도의 기술과 특수한 지식을 필요로 한다. 우량 쉐리는 잘 발달한 양조기술과 연대에서 오는 미묘한 미각을 갖고 있으며, 그 색에 있어서는 갈색, 짙은 갈색, 호박색 등이 있다. 맛은 스위트한 것과 드라이한 2종류가 있다.

쉐리의 제조는 주로 백포도를 원료로 하여 제1차 발효가 끝난 후 1~5%의 브랜디를 첨가하여 두면 플로라(Flora)가 된다. 이것이 번식되어 일종의 향미를 만들어내는 점이 특징이다. 이 플로라의 번식도와 저장 연도에 따라 피노(Fino)급, 아몬틸라도(Amontillado)급으로 이루어진다. 쉐리는 술통에 오래 저장할수록 좋아지므로 백 년, 수백 년을 저장할 수 있다.

제2차의 발효가 진행되면 와인의 액면에 피막이 생긴다. 이 단계에 있어서 다음 3종류로 분류한다. 팔마(Palma)는 제일 맛이 좋고, 델리케이트(Delicate)한 와인으로 드라이한 피노(Fino), 아몬틸라도(Amontillado)는 글라스의 저장통에서 만들어진다. 알코올 도수가 낮아서 브랜디를 가하여 15%까지 높인다.

Raya는 숙성한 성질의 와인으로서 Golden Sherry, Green Sherry가 있다. 질이 나쁜 것은 증류하여 브랜디로 만든다. Polocortadosms는 알코올 도수가 높은 와인으로서 저장술통에서 장래 Oloroso, Amoroso 등이 있는 쉐리가 되는 것이다.

(3) 쉐리 와인의 등급

쉐리는 등급은 다음과 같은 종류가 있다.

1) 피노(Fino)

식용촉진용으로 가볍고 달콤한 향이 나며, 연한 갈색을 띠고 있다. 알코올 도수는 16~18° 정도이고, 가장 보편적으로 마시는 쉐리이다. 차게 해서 마시며, 조개류・새우・생선수프 등에 잘 어울린다.

2) 만자닐라(Manzanilla)

식용촉진용으로 사용하는 만자닐라는 피노보다 약간 진하며, 밝은 황금색이며, 쌉쌀하고 상쾌한 맛에 새콤한 향이 난다. 알코올 도수는 16~17°이다. 식전주로 마시며, 가볍게 구운 생선요리 등에 좋다.

3) 아몬틸라도(Amontillado)

호박색의 부드러운, 약간 쌉쌀함이 가득한 맛에 코를 자극하는 향을 가지고 있다. 알코올 도수는 18~20°이며, 치즈・햄・소시지 등에 좋다

4) 올로로소(Oloroso)

어두운 마호가니색으로 향이 매우 높다. 가볍고 달콤하며 쌉쌀한 맛이 나며, 알코올 도수는 18~20°이다. 스포츠 드링크로서 사냥 전, 자전거, 보트놀이 등을 할 때 사용한다.

(4) 에스파냐 와인의 등급

에스파냐 정부의 주도로 와인산업을 육성시키기 위한 노력은 1919년 처음으로 와인에 대한 원산지 지정(DO : Denominnacio de Origen)에 대한 입법이 조치되었다.

1) DOC(Denominacion de Origen Calificade)

에스파냐의 최상급의 와인으로 1991년에 도입된 제도이며, 리오하가이 DOC에 처음으로 적용된 지역이다.

2) DO(Denominacion de Origen)

원산지 지정지역에서 생산된 포도품종으로 만들어진 와인으로 원산지 지정 와인이다.

3) Vino de Tierra

이 와인은 일반 와인이다.

5 포르투갈 와인

(1) 포트 와인(Port Wine)의 특성

Port는 영어로서, 포르투갈어로는 'Vino de Porto'라고 한다. 포르투갈의 대표적인 술이다. 포트의 명칭은 'Oport'서 온 것이며, 옛날에는 적포도주였다. 영국에서 많이 수입 · 소모하므로 수송도중 부패하는 것이 있어 부패를 방지하기 위하여 브랜디를 첨가하게 되었다.

(2) 포트 와인의 생산지역

포르투갈 북부 도루(Douro) 강 상류지역의 알토 도루(Alto Douro) 지구이다. 포트 와인은 포르투갈 정부에 의하여 보호정책으로서 다음 3개의 조건에 맞지 않으면 포트 와인이라고 부를 수 없게 되어 있다.

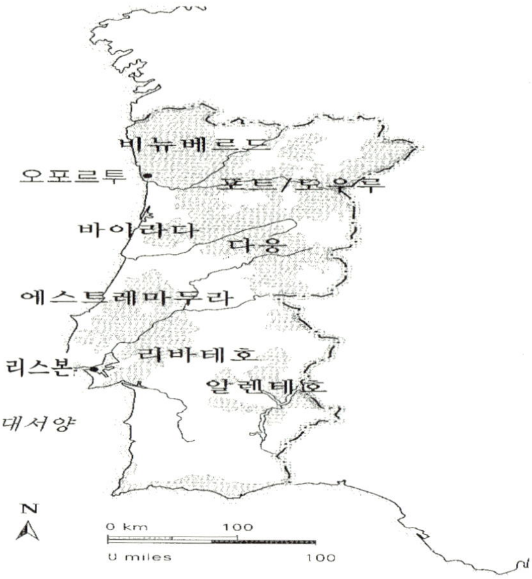

[그림 4-10] 포르투갈 와인의 생산지역

1) 도루(Douro)

도루 강 유역의 깊은 계곡에는 암색질의 단단한 토양으로 이루어진 구릉지대가 이어지는데, 이 일대에서 포트 와인이 많이 생산되고 있다.

2) 미뉴(Minho)

포르투갈에서 생산되는 포도의 4분의 1이 여기에서 생산된다. 비뉴베르드는 세계에서 유일하게 포르투갈에서만 생산되는 와인이다. 조금 덜 익은 상태에서 숙성이 시작되어 약간의 신맛을 내기 때문에 그린 와인이란 이름이 붙여졌다.

3) 다옹(Dao)

이 지역에서는 비뉴 마두로스를 주로 생산하고 있다.

4) 마데이라(Madeira)

마데이라는 포르투갈령의 섬으로 아프리카 서북부 대서양에 있다. 붉은 색깔의 와인이 드라이에서 스위트까지 향기를 즐기며 맛보는 술로, 품종은 베르테리요나 보아르이다. 화산토양에서 재배되어 매우 독특한 향을 지니고 있으며, 드라이한 맛의 정도에 따라 여러 종류의 마데이라가 있다.

마이데라는 먼저 드라이 와인을 만든 후 탱크에서 50~60℃의 온도로 3~4개월 동안 가열한다. 이때 와인은 누른 냄새가 나고, 마이데라 고유의 특성을 얻게 된다. 이후 증류주를 첨가해 알코올 함유량을 18~20%로 높이고, 오크통에서 3년 동안 숙성시킨다.

(3) 포트 와인의 양조법

1) 양조법

한 종류의 포도로 만들지 않고, 도루 지구에서 생산되는 6종류의 포도를 동시에 배합하여 라거(Lager)라는 화강암제의 술통에 으깨어 그 포도액을 건발효시키는데, 1/2~2/3 정도 발효가 진행되면 큰 술통에 옮겨 그 발효액에 5~10%의 브랜디를 첨가시켜 발효를 정지시킨다. 그 후 지방 창고에 저장한 다음 오포르토(Oporto) 항에 운반하여 빌라 노바 데 가이아(Villa Nova de Gaia)의 창고에 저장 숙성한 후 다시 제품화한다.

2) 포트 와인의 종류

포트 와인에는 화이트와 레드의 2종류가 있으며, 백포도주는 주로 프랑스나 러시아로 수출되며 적포도주는 영국으로 수출된다. 적포도주의 하품은 인도 등지의 열대지방으로 수출된다.

① Vintaga Port

최고급품으로서 특별히 작물이 잘된 해의 것을 블렌드하지 않고 병에 넣어 15~40년간을 저장 숙성한 것이다.

② Custed Port

빈티지(Violadsntage) 와인 중 고급품이다. Vintage Port를 수년간 술통(Oak)에 넣은 후 병에 다시 넣은 것을 말한다.

③ Tawny Port

Tawny는 황갈색이라는 뜻으로 술의 색에서 딴 명칭이다. 연도별로 다른 와인을 블렌드한 것으로 술통에 넣은 Oport의 술창고 내에서 숙성한 것이다.

술통에서는 숙성중 갈색으로 변하며, 알코올 도수가 낮아진다. 경쾌한 디저트 와인으로서 병에 넣은 후 전혀 숙성하지 않는다.

④ Ruby Port

Vintage Port의 Taway Port의 제품으로서의 Oport에서 조합한 것이다. 런던에서 조합한 것도 있으나 최하품이다.

⑤ White Port

백포도만으로 만든 와인이다. 연한 황색을 나타내며, 고품질에 속한다.

(4) 포르투갈 와인의 등급

와인의 품질보장에 관한 포르투갈의 제도는 반드시 원산지 증명을 받아야 한다. 그래서 모든 와인은 최상품에는 데노미나카오 디 오리젠(Denominacao de Origen)의 표지를 부착해야 한다.

1) DOC(Denominacao de Origen Controlada)

포르투갈의 와인 품질관리는 어느 나라보다도 엄격하다. 종전의 레기아노 데마르카다(Regiao Demarcada)로 등급되던 것이 DOC로 바뀐 것이다. 현재 등급은 14개 지역이다.

2) IPR(Indicacaos de Proveniencia Regulamentada)

이 등급은 DOC급의 다음으로 31개의 포도 재배지가 이 등급지역으로 지정되어 있다. 이 지역에서는 DOC급으로 승격하기 위한 노력을 지속적으로 기울이고 있다.

6 미국 와인

(1) 미국 포도주의 원산지

1769년 캘리포니아의 샌디에이고에서 에스파냐계 목사인 프라이 텔 카파노(Fray Telle Carpano)가 최초로 포도나무를 심었다.

주요 산지는 캘리포니아 지대, 허드슨 강 계곡(Hudson River Valley), 나이아가라(Niagara), 오하이오와 펜실베이니아, 버지니아 등이 있다.

(2) 미국산 포도주의 특징

1840년부터 20년간 캘리포니아 대학의 연구실에서 포도를 재배하며, 품종의 개선, 양조방법, 토지의 적응도, 냉각장치 고안, 온도의 조절 등을 연구하여 품질을 향상시켰다.

현재는 다양한 테이블 와인들과 애피타이저 와인, 디저트 와인, 베르무스 등을 생산하고 있다. 세계의 포도주 생산량의 절반 이상을 소비할 정도로 미국인들은 포도주를 즐겨 마신다.

7 오스트레일리아 와인

오스트레일리아에서 최초로 와인을 만든 것은 19세기에 들어와서 동해안 지방의 영국인 주민들에 의해서였다. 그 후 급속히 발달하여 지금은 유럽형의 모든 와인이 만들어지고 있다. 주산지는 남부의 뉴사우스웰스 주의 Hunter River, 빅토리아 주의 Western and Rutherglen, 사우스오스트레일리아 주의 Barossa 등이다. 생산량의 1/2은 수출하고 있다.

오스트레일리아 와인은 숙성기간에 관해서 고정적인 법칙은 없으나 오랜 경험상 다음과 같은 기간이 이루어지고 있다.

Port Type 4~8년, Sherry Type 5~7년, Claret Type 3~5년, Burgundy Type 3~7년, Hock Type 2~4년, Chablis Type 2~4년, Sparking Type 5~7년이다.

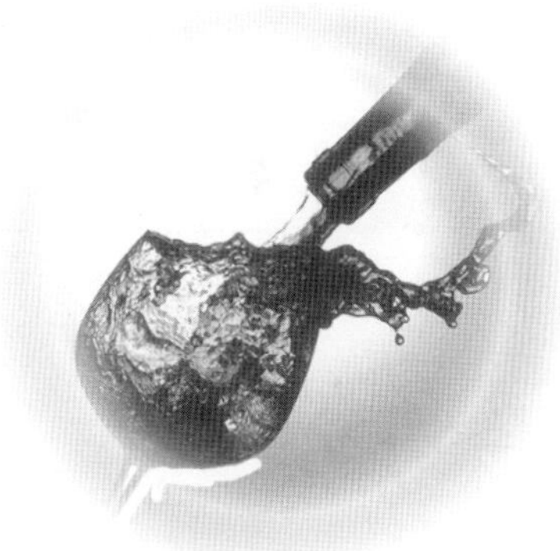

제5장 증류주

제5장

증류주

제1절 위스키

1 위스키의 역사

위스키(Whisky)란 곡물을 엿기름으로 당화·발효·증류·저장 숙성하여 만든 증류주를 말한다.

처음에는 소주와 같이 무색투명하던 위스키가 호박색으로 된 것은 1707년 잉글랜드와 스코틀랜드가 합병을 하여 주세를 올렸기 때문에 그 당시에 위스키를 만들던 업자들이 산에 숨어 밀조를 시작하면서부터이다. 이 당시에는 단식증류기를 사용하였는데, 1831년 이니어스 코페이에 의하여 연속식 증류기가 발명되면서부터 오늘날 위스키의 많은 발전을 가져오게 되었다.

위스키의 어원은 라틴어의 '아쿠아 비타(Aqua Vitae : 생명의 물)'가 게르만어 '우스게 베이하(Uisge-Beathe)'로 변하고 다시, 'Uisgebaugh → Vske → Whiskey'로 된 것으로 북유럽에서 Aquavit, 프랑스에서 Eau- De-Vie, 우리나라에서 술을 약주라고 칭하는 것도 모두 생명수라는 같은 뜻을 내포하고 있다.

위스키는 보리(Barley), 호밀(Rey), 밀(Wheat), 옥수수(Corn), 귀리(Oats) 등 곡물을 원료로 하여 발효·양조하고, 이것을 증류하여 알코올을 만들어낸다.

이때에 만들어진 무색투명한 알코올을 참나무와 같은 양질의 목재통 속에 넣어 수년 혹은 수십 년 동안 저장하여 성숙시킨 다음 혼합하여 시판하게 된다.

위스키가 찬란한 호박색과 향미 등 그 자신의 특성을 가지게 되는 것은 이 저장기간에 의해 이루어진다.

위스키의 주생산국은 스코틀랜드·아일랜드·미국·캐나다 등이며, 각국 위스키의 특이한 성질은 사용하는 곡물의 종류, 처방, 저장방법, 저장과정, 숙성과정 등에 의해 결정된다.

2 위스키의 제조방법

곡류 맥아의 녹말당화 효소를 당화하여 당액을 발효시킨 후 이것을 증류하여 만든 최저 85℃의 증류주를 쉐리의 빈 오크통에 넣어 5년, 10년, 30년 저장하여 성숙시킨 다음 40~43℃로 하여 병에 넣어 시판한다.

스카치 위스키는 스카치에서 증류한 것, 아이리시 위스키는 아일랜드에서 증류한 것, 캐나디언 위스키는 캐나다에서 증류한 것, 버번 위스키는 미국에서 증류한 것이다.

(1) 원료에 의한 분류증류

1) 몰트 위스키(Malt Whisky)

대맥 맥아를 이탄 불로 건조하여 그 당액을 발효시켜 증류한 것이다. 이탄의 냄새가 술에 침투해서 스카치 위스키의 독특한 풍미를 자아낸다.

2) 그레인 위스키(Grain Whisky)

쌀보리(Rye), 귀리(Oat), 밀(Wheat), 옥수수(Corn) 등의 곡류에다 보리(Barley)의 맥아를 15~20% 정도 혼합하여 당화 발효한 패턴트 스틸이라는 개량된 증류솥에서 증류한 것이다. 캐나디언 위스키가 이 종류의 위스키이다.

3) 블렌디드 위스키(Blended Whisky)

현재 전세계 시장에서 인기를 독점하고 있는 스카치 위스키는 대다수가 블렌디드 위스키에서 대체적으로 몰트 4에 대하여 그레인 6 정도를 혼합한 것이다.

(2) 증류방법에 의한 분류

1) 포트 스틸 위스키(Pot Still Whisky)

포트 스틸로 증류시켜 만든 위스키를 말한다. 포트 스틸 증류기는 아주 옛날부터 사용되어온 재래식 증류기로서 비교적 구조가 간단하다. 단 한 번의 증류에서 비교적 높은 알코올을 얻을 수가 없으므로 2~3번 증류를 해야 높은 알코올을 얻을 수가 있다.

향이 좋은 위스키를 얻고자 한다면 재래식 방법으로 증류하는 것이 좋다. 몰트 스카치 위스키나 아이리시 몰트 위스키가 여기에 속한다.

2) 패턴트 스틸 위스키(Patent Still Whisky)

근대적인 연속식 증류기에 의하여 조류와 정류가 여러 개의 탑에 연결된 일조로 순수에 가까운 주정을 얻는다. 대량 생산되어 원가가 싼 장점이 있으나 향이 거의 없는 단점이 있다. 이 방법으로 얻은 위스키가 패턴트 스틸 위스키로서 아메리칸 위스키, 캐나디언 위스키가 여기에 속한다.

(3) 생산지별에 의한 분류

1) 스카치 위스키(Scotch Whisky)

스코틀랜드에서 생산되는 위스키를 총칭한다. 옛날에는 엿기름만을 사용하여 단식증류기로서 증류한 위스키(몰트 스카치 위스키)만을 생산하다가 연속식 증류기가 발명된 후에는 좀더 깨끗한 위스키를 만들기 위하여 연속식 증류기를 사용한 위스키(그레인 위스키)를 만들었다. 현재 생산·판매되고 있는 95% 이상이 이 두 가지를 섞어서 만든 블렌디드 스카치 위스키이다.

오늘날 위스키는 크게 스카치 위스키, 아이리시 위스키, 아메리칸 위스키, 캐나디언 위스키로 나누어볼 수 있다.

스카치 위스키는 스코틀랜드가 주요 생산지로 지금은 2,300여 종으로 위스키의 60%의 생산량을 자랑하고 있다. 보리의 엿기름을 주원료로 하여 스코틀랜드의 맑은 샘이나 시냇물을 써서 만든다. 특히 스코틀랜드의 이탄(Peat)은 제품의 구운 냄새를 강하게 하여 향기를 북돋아준다. 순수한 몰트 위스키는 맛이 너무 농후하지만 이것을 혼합하여 만든다. 위스키의 맛은 혼합의 기술에 있는 것이다.

스카치 위스키의 대표적인 것은 조니워커인데 이것은 스코틀랜드 농민이 1820년 '길마노크'란 마을의 조그마한 가게에서 제조・판매한 것이, 그 후 2대에 이르러 '알렉산더 워커'가 성장하여 오늘날의 조니워커가 되었다.

지금의 상표는 1908년에 유명한 '톰 브라운'에 의해 고안된 것이다.

2) 아이리시 위스키(Irish Whisky)

아이리시 위스키란 아일랜드에서 만들어지는 위스키를 총칭한다. 위스키의 역사는 스코틀랜드보다 더 오래되었고, 오늘날 인기를 끌고 있는 스카치 위스키와 함께 많은 사랑을 받고 있는 위스키 중의 하나이다. 그러나 아이리시 위스키는 스카치 위스키에서 볼 수 있는 피트향을 가지고 있지는 않다.

아이리시 위스키의 원료는 엿기름의 비중이 많이 차지하며, 이외에 보리・호밀・밀 등을 사용하고, 스카치 위스키와 같이 피트 탄에서 나오는 스모키한 향은 없다.

아이리시 위스키의 제조방법과 증류법 등은 스카치 위스키와 유사하며, 증류할 때 스카치 위스키는 2회 증류하는데 비하여 아이리시 위스키는 3

회 증류한다.

아이리시 위스키는 E자를 한 자 더 붙인 위스키로 표기하는 것이 상례이다. 그것은 그 나라 사람들의 철자법이 그렇기 때문이며, 또한 그것을 고집하는 이유는 몰트 위스키를 제일 먼저 제조한 곳은 아이리시라는 주장 때문이다.

아이리시 위스키의 제조방법, 증류법, 제조 등은 스카치와 유사하나 다른 것은 맥아를 이탄 불에 말릴 때 매케한 향취가 없고, 스카치는 2회 증류하는데 비하여 아이리시 위스키는 3회 증류하는 것이다.

참나무통에 숙성할 때에는 최소한 4년 이상 7년 혹은 그 이상을 묵혀서 그레인 위스키와 혼합하며 43°로 희석하여 출고한다.

유명한 아이리시 위스키의 상품으로는 Jameson, Coleraine, Old Bushmills, John Power Irish ,John Jamesor 등을 들 수 있다.

3) 아메리칸 위스키(American Whisky)

미국에서 생산되고 있는 위스키를 총칭한다. 미국에서 생산되는 위스키의 종류는 수십 종이 넘지만 크게 스트레이트 위스키와 블렌디드 위스키로 나눌 수 있다.

스트레이트 위스키란 단일 곡물 51% 이상을 사용하여 만든 위스키로서 대표적으로 스트레이트 버번 위스키, 스트레이트 라이 위스키, 스트레이트 휘트 위스키 등이 있으며, 버번 위스키를 숯으로 여과하여 만든 테네시 위스키가 있다.

블렌디드 위스키란 두 가지 이상을 섞어서 만든 것을 말하는데, 스트레이트 위스키를 섞어서 만든 것이 있는 반면에 일반 주정을 섞어 만든 것도 있다.

아메리칸 위스키들은 일반적으로 2가지의 주된 부문으로 분류할 수 있으며, 그것은 스트레이트 위스키와 블렌디드 위스키라고 할 수 있다.

① 스트레이트 위스키(Straight Whisky)

옥수수・호밀・대맥・밀 등의 원료를 사용해 만드는 주정을 다른 중성 곡물주정(Neutral Grain Spirits)이나 혹은 다른 위스키와 섞지 않고 그을린 참나무통에 최소한 190Proof 이하로(일반적으로 약 95℃ 정도) 증류하여야 하며, 저장이 완료되면 증류수로 희석하여 40° 정도로 만들어 시판하게 된다.

스트레이트 위스키는 4가지 형태로 구분된다.

ⓐ **버번 위스키**(Bourbon Whisky)

51% 이상의 옥수수가 포함되어 있는 곡물로 만들어지며, 알코올을 그을린 새 참나무통에 넣어 4년간 숙성하는 것이 정상적이다. 색깔은 호박색이며, 향기가 짙은 것이 특징이다. 버번의 원산지인 켄터키에서 증류되는 것을 '켄터키 스트레이트 버번 위스키(Kentucky Straight Bourbon Whisky)'라고 하며, 그 외에 일리노이, 오하이오, 펜실베이니아, 테네시, 미주리 등지에서도 생산된다.

ⓑ **라이 위스키**(Rye Whisky)

51% 이상의 호밀이 포함되어 있는 곡물로서 만들어지며, 색상은 버번과 대단히 흡사하나 맛이 약간 다르고, 더 짙은 편이다.

ⓒ **콘 위스키**(Corn Whisky)

80% 이상의 옥수수가 포함되어 있는 곡물로 만들어진다. 이 위스키는 보통 재사용되는 그을린 참나무통에 저장 숙성시킨다.

ⓓ Bottled In Bond Whisky

보통 미국정부의 감독하에 생산된 버번이나 라이 위스키를 말하는 것으로 스트레이트 위스키이다. 이 술은 미국정부가 그 품질을 보증하는 것은 아닐지라도 정부의 감독하에 보세창고에서 분류하고, 병입되어 수출된다. 이 종류의 위스키는 적어도 4년 이상 저장되어야 하며, 50°로 병에 넣어진다.

② 블렌디드 위스키(Blended Whisky)

한 가지 이상의 스트레이트 위스키와 중성 곡류주정을 섞은 것을 뜻하며, 최소한 20% 이상의 스트레이트 위스키를 함유하여야 한다. 일반적으로 80Proof 이상으로 병에 담아 판매된다.

③ 테네시 위스키(Tennessee Whisky)

버번과 테네시 위스키는 서로 밀접한 관계가 있으며, 거의 유사한 것같이 보이나 서로 다르다. 근본적으로 서로 다른 것은 제조과정에서 테네시 위스키는 버번보다는 한 과정이 더 있다고 하겠다.

이 특별한 과정은 참숯 여과과정인데 알코올이 증류기에서 나오면 그것을 숯이 채워진 통 속으로 유도되어 천천히 걸러지게 된다. 여기에 사용되는 숯은 고산지대에서 생산되는 단단한 단풍나무로부터 만들어지는 특수한 것이다. 이 여과과정은 숙성과정을 제외한 어떠한 과정보다 오래 걸리며, 이로 인하여 대단히 부드러운 위스키(Mellow Whisky)가 만들어진다.

4) 캐나디언 위스키(Canadian Whisky)

캐나디언 위스키란 캐나다에서 생산되는 위스키를 총칭한다. 우리가 흔히 캐나디언 위스키라고 하면 라이 위스키(Rye Whisky)를 생각하는데, 이것은 캐나다에서 처음 위스키가 만들어질 때 호밀을 주원료로 하여 만들었기 때문이다. 그러나 캐나다에서는 스트레이트 위스키를 그대로 판매하지 못하기 때문에 상표에 라이(Rye)라고 적혀 있어도 전통적으로 만든 것이 아니라 중성 주정(Neutral Spirit)을 섞어서 만든 것이다.

캐나디언 위스키가 본격적으로 발전하게 된 것은 19세기 중순경부터이며, 이 당시에는 호밀을 사용하여 무겁고 진한 맛의 위스키가 생산되었다.

이것이 지금의 라이트한 위스키로 바뀌게 된 것은 연속식 증류기가 도입되면서부터이며, 전세계적으로 알려지게 된 것은 미국의 금주법이 해제된 이후부터이다.

캐나디언 위스키는 호밀 · 옥수수 · 대맥 등을 원료로 사용하여 만들어지는 블렌디드 위스키이며, 정부의 감독하에 캐나다에서만 생산된다. 캐나디언 위스키는 최소한 4년을 저장 숙성시켜야 하며, 수출품은 대개 6년을 숙성한다. 스카치 위스키는 대맥을 주원료로 사용하나 캐나디언 위스키는 호밀을 주원료로 사용하기 때문에 간혹 라이 위스키라고도 불리어진다.

대표적인 상품으로는 Canadian Whisky, Canadian Club Schenley O.F.C., Seagram's V.O, Seagram's Crown Royal이 있다. 이밖에 유명한 상품으로는 Lord Club, Lord Valvert, Mac Naughton, Seagram's V.O 등이 있고, 라이(Rye)로는 Canadian Rye, Four Rye, Four Rose, Golden Wedding, Imperial, Three Feather, Old Forester, Old Overhalt 등이 있다.

제2절 브랜디

1 브랜디의 역사

넓은 의미에서의 브랜디(Brandy)란 과실로 만든 증류주 모두를 말하지만, 일반적으로 브랜디란 포도로 만든 증류주를 말한다. 'Brandy'는 영어식 표기이며, 프랑스에서는 'Eau-de-Vie', 독일에서는 'Brantwein' 혹은 'Weinbrand'라고 부른다.

포도를 수확하여 화이트 와인을 만드는 방법으로 발효시킨 후 찌꺼기를 제거시키지 않고 증류기를 사용하여 증류한다. 증류하는 방법은 나라·지방·회사 등에 따라 다르며, 단식증류기를 사용한 것이 향이나 맛이 좋다. 저장숙성은 오크통을 사용하며, 몇 년 또는 수십 년 동안 저장 숙성하여 제품화한다.

유럽의 공동어로서 브랜디는 '화주', 즉 과실의 발효액을 증류한 알코올이 강한 술의 총칭이다. 이 과실주는 포도를 원료로 한 것이 단연 압도적이다. 따라서 브랜디라고 한 것은 포도가 원료이며, 다른 과실을 원료로 하면 브랜디 앞에 그 과실의 이름을 붙인다. 그 예를 보면 Apple Brandy, Cherry Brandy, Apricot Brandy, Peach Brandy 등이 있다.

브랜디의 창시자는 에스파냐 태생의 의사이자 연금술사인 아르누 드 빌누브(Arnaud de Villeneuve, 1235~1312)로서 와인을 증류한 Vin Brule라고 하는 증류주를 '불사의 영주'라고 부르며, 의약품으로 썼다고 한다.

프랑스에서는 부정경쟁이나 허위표시의 방지와 증류법을 보호하기 위하여 법률을 제정하여 명칭이나 원산지 명칭을 보호한다. 특히 생산지의 명칭 관리를 엄격히 하여 코냑 지역 이외의 것에는 코냑의 명칭을 부르는 것을 허가하지 않고 있다.

2 브랜디의 종류

(1) 코 냑

코냑(Cognac)은 프랑스 코냑 지방에서 생산되고 있는 브랜디를 말하며, 이 지역에서 생산된 것만 코냑이라고 표기할 수 있다.

단식증류기를 사용하여 2~3회 증류하여 만들며, 향과 맛이 단연 으뜸이다. 코냑은 각 병마다 제품을 보호하기 위하여 V.S.O.P, Napoleon, X.O, Extra 등

기호나 문자로 등급을 표시하고 있다. 코냑 지방은 샤랑트(Charente) 지구와 샤랑트 앙페리르(Charente Inferieur) 지구에 속한 프랑스 법률에 따라 다음의 6개 지역으로 나눈다. 그랑 샹파뉴(Grand Champagne), 프티트 샹파뉴(Petitd Champagne), 보르드리(Borderies), 황 보아(Fins Bois), 봉 보아(Bon Bois), 보아 조르디네르(Bois Ordinaires) 이 6개 지역에서 만드는 브랜디만이 코냑이라고 표시하도록 허가하고 있는데, 앞의 2개 지역에서 우수한 브랜디를 생산하고 있다.

1) 원료와 제조방법

브랜디의 원료로 사용하는 포도는 생산지에 따라 다르다. 프랑스에서는 폴 블랑쉬(Folle Blanche)종, 생테밀리옹(Saint Emillon)종, 콜롬바(Colomba)종이 주로 되어 있으며, 그 외 5종류 가량의 품종이 있다. 브랜디의 종류는 2회 내지 3회 증류한다. 최초의 증류는 알코올분이 25%이며, 이것을 브루이(Brouillis)라고 한다.

이것을 다시 증류하여 알코올 성분 68~70%를 얻는다. 이것을 본 소프(Bonne Chauffe)라고 한다. 이렇게 2단계로 나누어 증류하여 평균 8통의 백포도주에서 1통의 브랜디가 증류된다. 여기에서 더 좋은 품질의 브랜디를 얻으려면 또 한 번 증류한다. 이 3회 때 증류는 10시간 이상 걸려 천천히 행한다. 이 브랜디는 무색이고 진(Gin)과 흡사하다. 호박색인 브랜디는 오크통이나 쉐리통에 10여 년간 저장해도 좀처럼 그와 같은 색이 나오지 않아 캐러멜 등으로 인공 착색하기도 한다.

2) 브랜디의 구분요령

저장연수에 따라 품질이 다르기 때문에 여러 가지 부호로서 품질을 구별하기 위하여 표시하는데, 법률상의 규정에 의한 것은 아니므로 각 회사마다 표시가 일정하지 않다.

헤네시(Heanness) 사에서 자기 회사 제품의 급별과 품질 보증을 위하여 별 표시를 채용하기 시작하였다. 브랜디의 급별 표시의 기호는 별의 수나 영어의 약자로 표시되어 있다. VO는 Very Old, VSO는 Very Special(or Superior) Old, VSOP는 Very Special Old Pale, XO는 Extra Old로 구분하고 있다.

3) 브랜디 숙성도의 표시

코냑으로 유명한 메이커인 헤네시 사에서 3성을 '브라 자르므(Bras Arme)' 라고 표시하고 있으며, 레미 마틴(Remy Martin) 사에서는 Extra 대신에 'Age Unknown'이라는 표시를 사용하고 있다. 마르텔(Martell) 사에서는 VSOP에 해당하는 것을 '메다이옹(Medaillon)'이라고 부르고 있다.

이외에 코냑에는 'Napoleon'이라고 표시되어 있어 최고상품이라고 잘못 생각하는 사람도 있다. 엑스트라급 이상은 각 회사 특유의 별칭을 붙이기도 한다. 그러나 이러한 등급표시는 법적으로 규정된 것이 아니며, 각사의 공통된 숙성연도를 표시하는 것도 아니다. 다만 코냑 회사의 관습일 뿐이다.

〈표 5-1〉 브랜드 숙성년도 표시

☆ 일성(一星)	2~5년
☆☆ 이성(二星)	5~6년
☆☆☆ 삼성(三星)	7년 이상
☆☆☆☆☆ 오성(五星)	10년 이상
VO(Very Old)	12~15년
VSO(Very Special Old)	15~20년
VSOP(Very Special Old Pale)	25~30년
XO(Extra Old)	40~45년
Extra Napoleon	70~86년

※ 브랜디 회사마다 등급규정과 숙성기간이 다름
※ VSO와 VSOP에서 S에 해당하는 Superior를 Special로 표기하기도 한다.

4) 브랜디의 서비스

오래 전부터 애용되어온 브랜디는 약용으로도 잘 사용되나 주로 식후 주로서 이용된다.

올드 브랜드(Old Brandy)나 코냑과 같은 잘 성숙된 특별한 성질을 가진 술을 즐기기 위하여서는 스니프터 글라스(Snifter Glass : 윗부분이 좁은 서양 배 모양의 기둥이 있는 글라스를 사용하는 것이 최상이다. 마시는 방법은 스니프터에 술을 1~2온스 붓고 두 손바닥으로 글라스를 어루만지듯 감싸쥐고 먼저 향취를 음미한 다음 스트레이트로 마신다.

(2) 아르마냑(Armagnc)

프랑스 아르마냑 지방에서 생산되는 브랜디로 이 지역의 특산주이다. 현재 위니 블랑을 많이 사용하고 있다. 이것을 발효시키면 약 9% 정도의 화이트 와인이 만들어지고, 이것을 다시 증류한다. 증류기는 코냑과 달리 저장과 숙성을 하며, 숙성시 여러 원주를 섞어서 제품화한다. 이렇게 증류하여 알코올 55% 전후의 증류액을 얻어 떡갈나무로 만든 통에 아르마냑만의 특유한 반연속식 증류기를 사용하여 1회 증류하여 만든다.

이외에 여러 나라에서 브랜디가 생산되고 있지만, 이러한 제품에는 코냑이나 아르마냑이라는 말을 사용할 수 없으며, 상표에는 단지 브랜디라는 단어만 표기할 수 있다.

제3절 진

1 진의 역사

일반적으로 우리가 진(Gin)이라고 말하는 것은 무색투명한 증류주인 드라이 진을 말한다.

1650년 네덜란드의 라이덴 대학 의학교수인 실비우스에 의하여 약용으로 처음 만들어졌으며, 이때는 단식증류기를 사용하여 만든 거친 진이었다. 이것이 영국으로 건너가 연속식 증류기의 발명과 함께 지금의 깨끗한 진으로 만들어졌다.

물론 지금도 네덜란드에서는 옛날 방식으로 만든 주네브가 생산 · 판매되고 있다. 주네브는 주로 스트레이트용으로 많이 마시는데, 일반적으로 칵테일을 만들 때 사용하는 진은 무색투명하고 깨끗한 드라이 진이다. 주로 옥수수 등의 곡물을 사용하여 만들며, 주니퍼 베리의 송진향이 강한 것이 특징이다. 이외에 진에다 과실 · 약초 등과 당분을 넣어 만든 리큐어 스타일의 진도 생산되고 있다.

2 진의 분류

- Dutch Geneva은 네덜란드에서 만든 것으로서 Geneva or Schiedam이라고도 한다.
- British Gin은 영국에서 만든 진의 총칭으로서 일반적으로 London Dry Gin이라고 한다.

3 진의 제조방법

옥수수 · 대맥 · 맥아, 그 외 다른 곡류(Rly · Oat)와 당밀을 배합하여 매시(Mash)를 만들어 발효하여 패턴트 스틸(Patent Still)로 증류하여 알코올 180～190Proof의 순수한 그레인 스피리트(Grain Spirits)를 얻는다. 이 증류액을 약 60%까지 섞어 주니퍼 베리와 그 외 다른 향료와 같이 포트 스틸(Pot Still)로 재증류하여 즉시 병에 넣는다.

이상의 진이 디스틸디드 진(Distilled Gin)이며, 진 에센스(Gin Essence) 등 정유를 구입하여 알코올에 가하여 간단한 제품을 만드는 것을 컴파운드 진(Compound Gin)이라 한다. 이것은 주로 미국에서 많이 사용하고 있다.

진은 무색투명한 술로서 드라이 진(Dry Gin)과 올드 탐 진(Old Tom Gin)으로 나뉜다.

4 진의 종류

진들은 대개 40～47%의 알코올을 함유하고 있으며, 그들의 특성에 따라 분류하면 다음과 같다.

(1) Dry Gin

여기서 쓰인 Dry란 말은 알코올 도수가 독하다는 뜻이 아니라 단지 감미가 없다는 뜻으로 사용된다.

(2) Old Tom Gin

영국산 진으로서 설탕 시럽(Sugar Syrup)을 사용하여 감미를 더한 진으로 약한 감미를 느끼게 한다.

(3) Vacuum Distilled Dry Gin

일반적으로 진에서 느끼는 쓴맛을 제거하고, 가볍고 휘발성 있는 향취를 잡기 위하여 속이 진공유리로 되어 있는 솥에서 32℃의 낮은 온도로(보통은 100℃에서) 증류한 스페셜 진(Special Gin)이다.

(4) London Dry Gin

영국에서 사용되는 진을 뜻하였으나 최근에는 일반적인 용어로서 사용된다. 영국에서 생산된 드라이 진은 다른 진보다 약간 진한 느낌을 준다.

(5) Golden Gin

일종의 드라이 진으로서 나무통 속에 에이징(Aging)하여 엷은 황금색을 띠고 있는 진이다.

(6) Holland Gin, Geneva Gin 혹은 Schiedam Gin

진의 원산지인 네덜란드로부터 수출되는 진들이다. 향기가 높고 풍미가 풍부하다. 칵테일용으로는 잘 사용되지 않으며, 스트레이트나 언더락(On the Rock)으로 이용된다.

(7) Flavored Gin

대개 스위트 진(Sweet Gin)이며, 오렌지 · 레몬 · 민트(Mint) 등 여러 가지 약초 등을 이용하여 착향시킨 진으로서 전형적인 리큐어(Liqueur)라고 할 수 있다. 이런 종류의 진에는 착향시킨 재료명을 상표에 표시한다.

(8) Sloe Gin

슬로 진(Sloe Gin)은 진이라고 표시는 되었으나 오히려 리큐어에 속하는 술로서, 슬로 베리(Sloe Berry)를 사용하여 만든 적색의 술이다.

유명 진의 상표들로서는 영국의 Gordon's Gin, Beefeater, Booth's, 네덜란드의 Bols Geneva, Hulstkamp, 독일의 Schlichte, Zill 40 등을 들 수 있으며, 그 외에도 우수한 진들이 각국에서 생산되고 있다.

제4절 보드카

1 보드카의 역사

보드카(Vodka)는 러시아 · 폴란드 민족의 국민주라고 할 수 있을 정도로 애음되는 무색 · 무미 · 무취의 증류주이다. 그 어원은 러시아 'Voda(보다)'로서 영어의 'Water'와 같은 뜻으로서 위스키나 브랜디가 '생명의 물'이라고 불리는 것 같은 비슷한 어원을 가지고 있다.

주원료는 곡물이며, 추운 지방에서는 곡물 대용으로 감자나 고구마를 사용한다. 곡물을 발효·양조시켜 생성된 알코올을 다시 증류하여 높은 도수의 알코올을 뽑아낸 후 자작나무의 활성탄과 양질의 모래로 여과하여 색과 향미를 없앤 무색투명한 술이다.

보드카의 특징은 무색·무미·무취라는 것 외에 저장 숙성을 하지 않고 시판하게 되므로 생산비가 적게 들어 가격이 저렴하다. 보드카의 원산지라고 할 수 있는 러시아와 폴란드에서는 보통 축배용과 식전용으로 사용하며, 캐비아와 가장 잘 어울리는 술이기도 하다.

시판되는 보드카들은 65Proof(33°)로부터 98Proof(49°)의 높은 도수까지 다양하게 존재한다. 이외에 향초로 착향시킨 것(예로서 폴란드산 주브로우카 보드카)이나 숙성시킨 것도 생산된다.

유명한 상표로는 러시아산의 Stolichnaya, Stolovaya, Moskovskaya, 폴란드산의 Zubrowka, 네덜란드산의 Bols, De Kuyper, 영국산의 Golden's, 미국산의 Smirnoff, Samovar 등을 들 수 있다.

2 보드카의 제조방법

감자나 다른 곡류를 발효·증류시켜 만든 알코올을 백화의 활성탄과 양질의 모래로서 40~45회 정도 여과하여 색·미·향이 없게 만든 것이 보드카이다.

3 보드카의 종류

(1) 레귤러 보드카(Regular Vodka)

일반적으로 말하는 무색·무미·무취의 보드카가 해당하며, 곡물을 발효·증류시켜 자작나무로 만든 숯으로 여과하여 만드는 보드카를 말한다. 대표적인 상표로는 스톨리치나야(Stolichnaya), 스미노프(smiroff), 모스코프스카야(Moskovskaya) 등이 있다.

(2) 플레이버드 보드카(Flavored Vodka)

보드카에 여러 가지 약초와 향초·과일·씨앗 등을 넣어 향과 맛을 낸 것도 있고, 리큐어 타입으로 생산된 것도 있다.

대표적인 것은 주브로우카 풀을 사용하여 만든 주브로우카(Zubrowka), 레몬의 향기를 나게 한 리모나야(Limonnaya), 검은 후추나 흰 후추 등의 향을 가진 페르트소프카(Pertsovka), 사과나 배의 잎을 침지시키고 브랜디나 포트 와인을 몇 방울 넣어 와인향이 있는 스타르카(Starka), 체리의 향과 맛을 가진 리큐어 타입의 체리 보드카(Cherry Vodka) 등이 있다.

제5절 럼

1 럼의 역사

서인도제도가 원산지인 럼(Rum)은 사탕수수의 생성물을 발효·증류시켜 만든 술로서 독특하고 강렬한 방향이 있고, 남국적인 야성미를 갖추고 있으며, '해적의 술'이라고도 불린다.

17세기경 서인도 '발바도스'라는 섬에서 살던 럼빌리온(Rumbullion) 혹은 럼브션(Rumbustion)이라고 하는 이름의 약자라는 설과 '미본시아'의 방언에서는 '괴동'이나 '흥분'이라는 의미라는 설이 있으나 명확하지는 않다. 럼의 원료인 사탕수수의 라틴어 'Saccharum'의 'Rum'에서 나왔다는 설이 가장 유력하다.

럼의 원료는 사탕수수이며, 롤러로 눌러 부순 뒤 여과한 당액을 그대로 쓰는 경우와 제당공정의 부산물인 당밀을 쓰는 두 가지 방법이 있는데, 후자의 경우가 많이 사용된다. 원료에 이미 당분이 함유되어 있으므로 당화 공정은 불필요하다.

2 럼의 제조방법

원료는 고구마나 사탕수수이나 오히려 사탕공업의 부산물로서 당밀과 사탕수수즙의 가운데 있는 Skimming(걸러낸 크림)을 사용한다.

사탕수수를 압착하여 얻은 액에 효모를 가하여 발효시켜 증류한, 독특하고 강한 냄새를 가진 스피리트로서 쉐리의 빈 통에 넣어 수년간 저장하여 시판한다(Uncharred Barrels).

미국 법률로서는 증류 후 4년간을 저장하지 않으면 판매를 금지하고 있다. 주정도수는 약 50° 전후이며, Guiana의 Demerara Rum처럼 75°로 주정도수가 높은 것도 있다. 영국령 서인도 여러 섬의 것이 유명하며, 자메이카 럼은 품질이 우수하다.

3 럼의 분류

(1) 라이트 럼(Light Rum)

화이트 럼이라고도 하며, 헤비 럼(Heavy Rum)보다는 향취가 적고 감칠맛과 깨끗함이 느껴지는 세계적으로 애음되는 럼 중의 하나이다. 특히 칵테일용으로 제일 많이 사용되는 것으로서 주장에서는 없어서는 안 될 필수품이다.

화이트 럼은 단기간(약 4일) 발효하여 증류하고 단기간(약 6개월간) 저장하여 시판되는 것으로서 헤비 럼보다는 향취가 적고 단맛을 느끼지 않게 하므로 세계적으로 애음되는 럼 종류이다. 특히 칵테일용으로 가장 많이 사용되므로 주장에서는 반드시 필요하다.

라이트 럼으로는 쿠바산이 유명하며, 그 외에 버진 아일랜드, 아이티 멕시코, 베네수엘라, 하와이, 필리핀 등지에서도 생산된다.

(2) 미디엄 럼(Medium Rum)

일명 골든 럼(Golden Rum)이라고도 하며, 라이트 럼과 헤비 럼의 중간 스타일의 럼으로서 대중품으로 대량 생산된다. 괜찮은 제품도 생산되지만 라이트 럼에 색깔만 넣은 하급품도 생산되므로 주의해서 선택해야 된다. 기아나, 마르티니크, 도미니카 등지에서도 생산된다.

(3) 헤비 럼(Heavy Rum)

약 20일간의 발효기간을 거쳐서 장기간 저장・숙성하여 만든다. 풍미가 높고, 색이 짙은 럼으로서 일명 다크 럼(Dark Rum)이라고도 한다. 자메이카산이 유명하며, 품질도 우수하다. 그 외에 데메라라, 마르티니크, 바르바도스 등지에서도 양질의 헤비 럼이 생산된다.

제6절 테킬라

1 테킬라의 역사

테킬라(Tequila)의 원산지는 멕시코이다. 멕시코의 중앙 고원지대에 위치한 제2의 도시인 라디하라 교외에 있는 테킬라라는 마을에서 생산되는 것만 테킬라라고 부를 수 있다. 즉, 테킬라라는 마을에서만 생산되는 한 지방의 특산주이다. 멕시코 여러 지방에서 유사한 증류주가 생산되는데, 이 유사한 술의 이름은 메즈칼(Mezcal)이라고 부른다.

2 테킬라의 제조방법

용설란의 잎을 자르고 줄기를 증기솥에 넣어 가열하여 당화·발효시켜 풀케(Pulque)라는 양조주를 만든다. 이것을 다시 증류시켜 만들며, 오크통의 저장 유무에 따라 다른 종류의 테킬라가 된다. 오크통에 저장하지 않은 무색투명한 테킬라 블랑코와 저장하여 색깔이 호박색인 테킬라 아네호로 나뉜다.

테킬라는 칵테일 조주에 많이 사용되며, 멕시코에서는 차게 하여 스트레이트로 마시는 습관이 있다.

3 테킬라의 종류

(1) 테킬라 블랑코(Tequila Blanco)

일반적으로 숙성하지 않은 무색투명하고 샤프한 향이 나는 것을 말한다. 우리가 흔히 말하는 화이트 테킬라이며, 차게 하여 스트레이트로도 마시지만 주로 칵테일 주재료로 많이 사용한다.

(2) 테킬라 아네호(Tequila Anejo)

오크통에 적어도 1년 이상 저장 숙성하여 만든 것을 말하며, 주로 스트레이트로 많이 마신다. 색깔이 진하며, 향이 풍부하고, 10년 이상 저장·숙성하여 만든 고급품도 있다.

4 테킬라의 서비스

테킬라의 어원은 Agave(용설란)이다. 10년 정도 자란 용설란 잎을 잘라내고 직경 50cm 정도의 줄기를 반으로 잘라 증기솥에 넣어 열을 가하면 줄기 속의 다당류가 당화되는데, 이 당화액을 발효하면 멕시코 원주민들이 즐겨 마시는 풀케가 만들어진다.

이 발효주를 단식증류기로 두 번 증류하고, 증류가 끝난 원주를 화이트 오크통에 넣어 약 한 달가량 숙성시킨 후 활성탄으로 정제하고 시판하는 것이 화이트 테킬라(White Tequila)이다.

드물게는 장기간(약 2년 이상) 저장하였다가 판매하는 것도 있으며, 이런 것들을 골드 테킬라(Gold Tequila)라고 한다. 시판되는 테킬라의 일반적인 알코올 함유량은 40~52%이다.

테킬라는 칵테일 조주에 많이 사용되며, 멕시코에서는 차게 하여 스트레이트로 마시는 것이 습관이다. 원주민들은 테킬라를 마실 때 손등에 레몬이나 라임의 즙을 바르고 그 위에 소금을 뿌린 다음 찬 테킬라를 마시고 손등의 소금을 핥아먹는다.

이것은 멕시코 지역이 열대지방이며 건조한 지역인 관계로 염분을 섭취하고, 신맛의 과즙을 섭취하기 위한 것이라고 한다.

제7절 아쿠아비트

1 아쿠아비트의 역사

아쿠아비트(Aquavit)는 곡물이나 감자를 주원료로 해서 아니스(Anise), 캐러웨이(Caraway) 등으로 향을 낸 증류주로 북유럽의 특선주이다. 노르웨이는 Aquavit, 덴마크는 Akvait, 스웨덴은 두 단어 모두를 사용한다.

15세기 스톡홀롬의 재정보고서에 의하면, 아쿠아비트는 당시는 독일에서 와인이었는데, 16세기 이르러 생산량이 줄면서 18세기부터 감자로 대체하기 시작하였다고 한다.

2 아쿠아비트의 제조과정

아쿠아비트는 감자 엿기름으로 당화시켜 연속식 증류법으로 증류하여 95% 이상의 고농도의 알코올을 얻는다. 그 후에 물로 희석하여 각종 성분을 첨가하여 재증류하는데 진의 제조법과 유사하다. 진이 주니퍼 베리향이 강하다면, 아쿠아비트는 캐러웨이 향이 강하다. 아쿠아비트는 무색투명하고, 차게 하여 스트레이트로 많이 마시며, 식전주로 적당하다.

상품의 종류로는 올보그, 길트타팰, OP앤더슨, 스카네 등이 있다.

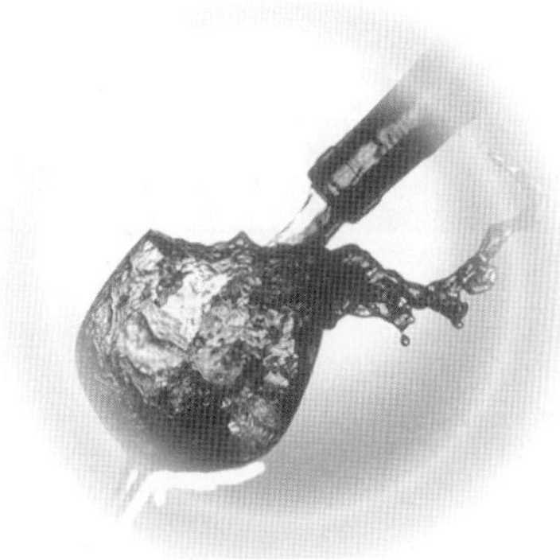

제6장 혼성주

제1절 리큐어의 역사와 제조방법

제2절 리큐어의 종류

제6장

혼성주

제1절 리큐어의 역사와 제조방법

1 리큐어의 역사

리큐어(Liqueur)는 스피리트(Spirits)에 과실·과즙·약초 등을 넣어서 사탕이나 그 외 다른 감미료나 착색료 등을 첨가하여 만든 혼성주이다. 프랑스에서는 리큐어를 최초로 만든 사람은 아르누 드 빌누브(Arnaud de Villeneuve, 1235~1312)와 그의 제자라고 알려져 있다. 처음에는 자극제나 소화촉진 및 의약품으로 사용하였다.

리큐어란 혼성주 중에도 증류주만 사용하여 만든 술이다. 즉, 증류주에다 초근목피·과실·씨앗 등을 넣고 당분을 첨가하여 단맛이 나도록 만든 것이다. 리큐어의 역사는 오래 되었지만 지금과 같은 방법으로 만들기 시작한 것은 13세기경부터이다. 원래 약용으로 마시다가 식사 후 스트레이트로 마시는 것이 대중화되었다.

만드는 방법으로는 증류주에 과실이나 여러 가지 약초·향료·과실 등을 설탕과 함께 넣어 자연적으로 색과 향, 그리고 맛이 우러나오도록 하는 침지법과 먼저 침지한 것을 다시 증류하여 만드는 증류법, 원료의 진한 농축액을 뽑아서 만드는 에센스법의 3가지를 들 수 있다.

다양한 색깔의 리큐어가 많이 생산되고 있으며, 이것은 자연적인 것과 인공적인 것으로 착색을 하여 생긴 것이다. 지금은 칵테일의 색깔을 내기 위하여 많이 사용한다.

2 리큐어의 제조방법

(1) 가열법(Alcholic Process)

방향성의 물질인 식물의 씨 · 잎 · 뿌리 · 껍질 등을 한 주정에 담가서 부드럽게 한 후에 고형물질의 전부 또는 일부가 남아 있는 상태에서 침출법으로 증류하는 방법이다. 이렇게 하여 얻은 향기 좋은 주정성 음료에 사탕 또는 시럽(Syrup)의 용액과 무해한 야채 농축액이나 태운 사탕의 형태로 된 염료를 첨가하여 만든다.

(2) 에센스 제조(Essence Process)

독일에서는 이 방법을 쓰는데 주정에 향료를 첨가하여 여과한 후에 사카린(Saccharine)을 첨가해서 만든다. 이 제품은 품질이 좋지 않고, 가격도 싸다.

(3) 침출법(Infusion process)

이 방법은 신선한 알코올과 사탕을 첨가하여 만들어진다. 이렇게 만들어진 혼성주를 코디알이라고 부른다. 리큐어의 주정도는 압생트(Absinthe)와 같이 80℃, 아니제트(Anissette)와 같은 27℃ 정도가 되는 것도 있다.

제2절 리큐어의 종류

1 과실계

(1) 애프리코트 브랜디(Apricot Brandy)

알코올이 강한 증류주에 살구와 기타 향료, 그리고 당분을 넣어 만든 살구향이 강한 달콤한 리큐어이다.

(2) 크렘 드 바나나(Creme de Banane)

바나나맛이 있는 술로서 스피리트에 신선한 바나나, 당분을 첨가하여 만든 리큐어이다. 리큐어 드 바나나라 하여 판매되는 제품도 있다.

(3) 체리 브랜디(Cherry Brandy)

체리맛이 강한 술로서 키르슈 또는 중성주정에 체리를 주원료로 하여 시나몬·클로브 등과 당분을 함께 침지한 후 여과하여 숙성시켜 만든 리큐어이다.

(4) 쿠앵트로(Cointreau)

오렌지향과 맛이 좋은 술로서 화이트 큐라소 중에서도 고급품으로 알려져 있으며, 스피리트에 비터 오렌지와 스위트 오렌지의 껍질을 주원료로 하여 만들었다.

(5) 큐라소(Curacao)

오렌지로 만든 대표적인 오렌지 리큐어로서 일반적으로 오렌지의 껍질을 주원료로 하여 만들었으며, 신선한 과일향이 풍부한 것이 특징이다. 화이트 큐라소, 블루 큐라소, 그린 큐라소, 레드 큐라소, 오렌지 큐라소의 다섯 가지가 만들어지고 있다.

(6) 마라스키노(Maraschino)

체리맛이 강한 술로서 스피리트에 이탈리아와 유고슬라비아의 국경지대에서 많이 재배되고 있는 마라스카종의 체리와 당분을 섞어서 만들었으며, 무색투명한 리큐어이다.

(7) 캄파리 비터(Campari Bitter)

이탈리아의 가스파렛 캄파리에 의하여 만들어진 것으로 이탈리아를 대표하는 리큐어 중의 하나이다. 비터 오렌지의 껍질을 주원료로 하여 코리앤드의 씨앗과 캐러웨이의 씨앗 등을 사용하며, 쓴맛이 강하기 때문에 입맛을 돋우기 위하여 많이 마신다.

(8) 오렌지 비터스(Orange Bitters)

스피리트에 비터 오렌지의 껍질을 주원료로 하여 10여 종류의 초근목피의 농축액과 당분을 함께 침지하여 만든 리큐어이다. 향과 맛을 내기 위하여 소량으로 몇 방울 정도만 사용한다.

(9) 피치 리큐어(Peach Liqueur)

복숭아향과 맛이 강한 술로서 스피리트에 복숭아·당분을 함께 침지하여 만든 리큐어이다. 복숭아로 만든 리큐어 전체를 의미하며, 크렘 드 피치라는 이름으로 판매되는 상품도 있다.

(10) 트리플 섹(Triple Sec)

미국에서 생산되는 트리플 섹은 프랑스에서 생산되는 쿠앵트로, 네덜란드의 화이트 큐라소와 동일한 제품이다. 칵테일을 만들때 없어서는 안 될 제품이다.

(11) 슬로 진(Sloe Gin)

새콤달콤한 야생자두맛이 나는 술로서 드라이 진에 유럽에서 자라는 야생자두와 당분을 함께 침지하여 만든 리큐어이다.

(12) 그랑 마르니에(Grand Marnier)

오렌지 큐라소의 대표적인 상표로 3~4년 된 코냑에다 비터 오렌지를 넣어 오크통에 저장 숙성하여 단맛이 나게 한 리큐어이다.

(13) 블랙베리 리큐어(Blackberry Liqueur)

스피리트에 검은 딸기와 당분을 넣어 만든 달콤한 리큐어이다. 블랙베리 또는 블랙베리 플레이버드 브랜디라고 부르기도 한다.

⒁ 멜론 리큐어(Melon Liqueur)

멜론이 주로 재배되는 곳은 아프리카·중동아시아·중국 등이다. 유럽에서 식후에 디저트로 많이 먹는 머스크멜론을 사용하며, 스피리트에 멜론과 당분을 함께 침지하여 만든다.

⒂ 말리부(Malibu)

근래에 만들어진 리큐어로서 자메이카산의 라이트 럼에 카리브 해 지역에서 생산되는 코코넛과 당분을 넣어 만든, 무색투명한 리큐어이다.

⒃ 서선 컴포트(Southern Comfort)

미국을 대표하는 리큐어로 19세기 뉴올리언스에서 만들어졌다. 저장·숙성한 버번 위스키 원액에다 복숭아와 여러 가지 과일의 향과 맛이 나도록 한 달콤한 리큐어이다.

2 약초·향료계

⑴ 압생트(Absimthe)

브랜디나 스피리트에 여러 가지 약초와 향료를 넣고 침지한 후 이것을 다시 증류하여 당분을 첨가하여 만든 리큐어이다. 초록색이 나는 이 리큐어에 물을 타면 우유같이 하얗게 변하기 때문에 '초록색의 마주'라고도 부른다. 지금은 생산되지 않는다.

(2) 아니제트(Anisette)

스피리트에 아니스 씨앗을 주성분으로 넛멕, 캐러웨이, 레몬 껍질, 시나몬, 코리앤더 등과 함께 당분을 넣어 만든 리큐어이다. 압생트 대용품으로도 사용 가능하고, 화이트 압생트라고도 부른다.

(3) 베네딕틴(Benedictine)

프랑스 베네딕트 수도원에서 사용되는 미사주이다. 중성 주정에 주니퍼 베리, 시나몬, 클럽, 넛멕, 바닐라 등 많은 종류의 약초와 향초를 주원료로 하여 꿀과 함께 침지한 후 증류하여 통에 숙성하여 만든 리큐어이다. 병 상표에 있는 DOM이란 Deo Optimo Maximo의 약자로 '최대 최선의 신에게'란 뜻이다.

(4) 샤르트레즈(Chartreuse)

프랑스에서 만든 세계적으로 유명한 최고급품의 리큐어이다. 샤르트레즈 수도원에서 만들어지다가 민간기업으로 이양되면서 대중화되었다. 제조방법은 공개되어 있지 않으나 스피리트에 약 130여 종의 약초와 함께 당분을 넣어 만든다.

⑸ 크렘 드 멘트(Creme de Menthe)

중성 주정에 박하잎에서 추출한 박하 오일과 당분을 함께 넣어 만든 리큐어이다. 무색투명한 화이트와 녹색인 그린 두 가지 제품이 생산되고 있다. 화이트는 맛을 내는 데 주로 사용하고, 그린은 색깔을 내는 데 주로 사용한다.

⑹ 드람브이(Drambuie)

스코틀랜드의 유명한 술인 스카치 위스키를 기본으로 하여 만든 리큐어로, 평균적으로 15년 이상 숙성된 하이랜드 몰트 위스키와 약 60여 종류의 스카치 위스키에 약초와 향초를 배합하여 꿀로서 단맛을 나게 한 리큐어이다.

⑺ 갈리아노(Galliano)

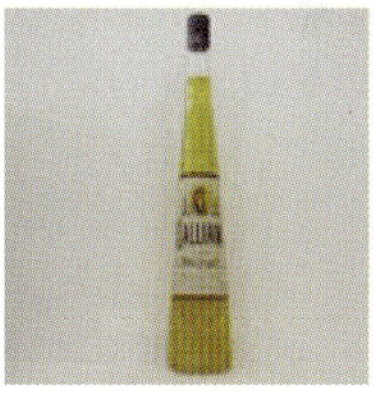

이탈리아의 전쟁 영웅인 장군 이름을 딴 리큐어로 스피리트에 약초와 향초·바닐라·당분을 첨가하여 만든다.

약초의 쓴맛과 향, 그리고 바닐라맛의 조화가 잘 이루어져 있다.

⑻ 쿰멜(Kummel)

쿰멜은 독일어이며, 영어로는 캐러웨이(Caraway : 회향풀의 일종)라고 한다. 스피리트에 캐러웨이를 주원료로 하여 코리앤더, 쿠민 등과 당분을 첨가하여 만든 리큐어이다.

(9) 아로마틱 비터스(Aromatic Bitters)

스피리트에 약초와 향초 등을 사용하여 쓴맛이 나게 한 리큐어이다. 앙고스트라 아로마틱 비터스가 시초이며, 럼과 앙고스트라 나무의 껍질을 주원료로 하여 40~80여 종류의 약초와 향초를 사용해서 만들었다. 여러 제품이 생산되고 있으며, 아로마틱 비터스보다는 앙고스트라 비터스로 더 많이 알려져 있다.

(10) 아이리시 미스트(Irish Mist)

아일랜드에서 생산되는 대표적인 리큐어로 아이리시 위스키에다 10여 종류의 향료와 히드의 꽃에서 얻은 꿀을 섞어서 만든 리큐어이다.

(11) 파르페 타무르(parfait Amour)

제비꽃의 색(보라색)과 향을 가진 리큐어이며, 스피리트에 아몬드·장미·바닐라 등과 당분을 첨가하여 만든다. 크렘 드 이벳, 크렘 드 바이올렛 등과 같은 종류의 리큐어이다.

3 종자계

(1) 크렘 드 카카오(Creme de Cacao)

초콜릿맛이 나는 리큐어로 카카오 콩을 스피리트와 함께 침지한 후 증류하여 당분과 바닐라향을 첨가하여 만든다. 화이트 카카오, 브라운 카카오의 두 종류가 생산·판매되고 있고, 브라운은 착색하여 만든다.

(2) 카루아(Kahlua)

멕시코에서 생산되는 대표적인 커피 리큐어이며, 테킬라에는 멕시코산 커피와 당분을 넣어 만든 리큐어이다.

(3) 티아 마리아(Tia Maria)

커피 리큐어의 최고급품으로 럼에다 세계 최고의 커피인 자메이카산 블루마운틴 커피를 주원료로 하여 단맛이 나게 한 리큐어이다.

(4) 아마레토(Amaretto)

아몬드향이 강한 리큐어이지만 아몬드는 일체 사용하지 않고, 살구핵을 물에 침지·증류하여 스피리트와 당분을 첨가하여 만든다.

제7장 한국의 전통주

제7장

한국의 전통주

제1절 한국의 술의 역사

우리나라의 술의 기원은 『삼국지』의 「부여전」과 「고구려전」 등의 문헌을 통하여 유추해볼 수 있다. 고려시대에는 황금주·백자주·송주 등 술의 재료와 특성을 나타내는 술이 나타나기 시작하였다. 그리고 페르시아에서 발달한 증류법이 몽고·만주를 거쳐 고려 후기인 1300년경에 아락(Araq)이라는 이름으로 들어왔는데, 이때부터 증류주를 만들기 시작한 것으로 보인다.

고려시대에는 우리나라의 3대 술인 탁주·약주·소주의 기본형태가 완성된 시대였다고 할 수 있다. 조선시대는 유교가 성행하여 집안의 제례가 중요시되었는데, 제조 원료도 멥쌀에서 찹쌀로 바뀌고 발효기술도 발전하는 등 양보다 질이 좋은 술을 제조하기 시작하였다. 이 시기에는 삼해주·이화주·부의주·하향주·춘주·국화주 등 여러 가지 술이 있다.

조선시대 후기에는 서울 약산춘, 여산의 호산춘, 충청의 노산춘, 평안의 벽향주, 김천의 청명주 등이 있다. 조선시대에는 서양술이 처음으로 들어오게 되었는데, 최초로 수입된 술은 기록에 의하면 포도주로 유추된다. 증류주는 1866년 고종 때 녹일인 오펠트가 앵주라는 술을 들여왔는데, 버찌를 원료로 해서 만든 증류주였다.

일제 강점기에서 일본이 1909년 주세법을 만들어 술 제조에 세금을 부가하고, 1916년에 주세령를 실시하여 양조허가를 받은 사람 외에는 술을 만들지 못하였다.

광복 이후에는 부족한 식량사정으로 인한 양곡정책으로 우리나라의 고유주인 민속주의 명맥이 단절되었다. 그러다가 88서울올림픽 개최를 계기로 우리나라의 전통문화를 전수 및 보전하고 외부적으로 외국 관광객에게 술을 알리기 위하여 관련법 조항을 개정하여 전통 민속주의 제조의 길을 열게 되었다.

현재 국민주로 사랑받는 소주는 1916년 진로가 세워져 생산된 이래 자리를 잡게 되었다. 맥주를 생산한 것도 1933년 조선맥주가 설립되고, 소화기린맥주가 서울에 설립되면서부터였다. 소화기린맥주는 1948년 동양맥주로 개명하였다. 이후 1990년대 후반 조선맥주는 하이트맥주, 동양맥주는 OB맥주로 상호를 변경하였다.

와인의 경우는 1977년 두산이 마주왕을 출시하면서 생산하였고, 1987년대에는 대선주조가 샴페인 그랑쥬아를 만들었다. 1990년대 고품질과 저가격대의 외국 와인이 대량으로 수입되면서 현재 국산으로는 몇몇 와인만이 명맥을 유지하고 있다.

제2절 한국 전통주의 분류

한국의 전통주란 서양의 술이 아닌 예로부터 우리 조상이 대대로 만들어 전래된 민속주를 말하는데, 이러한 민속주는 전수 및 보존의 차원에서 법적으로 관리되고 있다. 우리나라 전래의 술은 크게 약주·탁주·소주로 나눌 수 있다.

이들 술은 그 재료에 차이가 있는 것이 아니라 어떻게 걸러냈느냐에 차이가 있다. 약주는 쌀과 누룩으로 빚은 술이 익었을 때 대나무로 만든 바구니 형태의 용수를 박아 맑은 술만 떠낸 것이고, 탁주는 말 그대로 거르지 않아 탁한 빛의 술이다. 소주는 양조된 술을 증류하여 얻어낸 것이다.

이 세 가지 종류 외에 소주와 같은 증류주에 약초·과실 등을 넣어 만든 약술이 있다. 인삼주·매실주·오가피주·이강주·송화백일주 등의 리큐어들이 이에 해당한다.

제3절 한국 전통주의 종류

1 전통주의 종류

(1) 탁 주

우리 민족의 보편적인 토속주로서 예로부터 자가 제조·애용되었기 때문에 독특한 제조법과 다양한 맛이 특징이다.

(2) 약 주

약주는 탁주의 숙성이 끝날 때 술 위에 맑게 뜨는 액체 속에 싸리나 대오리로 둥글고 깊게 통같이 만든 '용수'를 박아 맑은 액체만 떠낸 것이다.

(3) 청 주

청주는 백미로 만드는 양조주로서 탁주와 비교하여 맑은 술이다. 청주는 음료로서 사용되지만, 육류와 생선요리 등 각종 요리에 조미용으로 사용되기도 한다.

(4) 소 주

소주는 오래 보관할 수 없는 일반 양조주의 결점을 없애기 위해서 고안된 술로서 발효원액을 증류하여 얻는 술이다. 현재 우리나라에서 대중이 즐겨 마시는 소주는 희석식 소주이다.

2 민속주의 특징

(1) 삼해주(三亥酒)

1) 유 래

정월 첫해부터 다음 해일, 즉 12일 후와 12일 후인 돼지날만 골라 세 번 안쳐 빚은 술을 삼해주라고 한다. 조선 순조의 딸 복온공주가 안동 김씨 김상헌의 자손 김병주와 혼인하면서 전래되었다.

2) 원 료

멥쌀·누룩이 주원료이다.

3) 제조기능자

현재는 삼해주가 라강형에 의해 제조·판매되고 있다.

4) 특 징

색깔이 투명하고 맑으면서 푸른빛이 돌며, 향이 좋고, 주도가 높은 약주이다.

(2) 두견주(杜鵑酒)

1) 유 래

청주 제조법을 기본으로 하여 두견화의 독특한 향과 달착지근한 맛이 일미인 약주이다. 고려 개국공신 복지겸이 이름 모를 병에 걸렸을 때 그의 열다섯 난 딸 영랑이 아미산에 올라 부친의 병이 낫기를 기원해 100일 기도를 드리자, 기도 마지막 날 꿈에 나타난 대로 아미산의 만개한 두견화와 찹쌀과 안샘의 물로 빚고 100일 지난 뒤 마시게 하여 부친의 병이 나았다는 술이다.

2) 원 료

멥쌀 · 찹쌀 · 누룩 · 두견화가 주원료이며, 면천 아미산의 두견화와 안샘의 샘물로 빚는다.

3) 제조기능자

두견주는 그 제조기법의 맥이 끊어졌다가 3대째 양조법을 종사해오던 박승규씨에 의해 개발 · 재현되었다.

4) 특 성

단맛과 점성, 향취가 좋은 술로 매운 맛이 도는 고급술이다. 진해와 류머티스 치료에 효과가 있는 약용주이다.

(3) 한산소곡주(韓山素穀酒)

1) 유 래

우리나라에 전해 내려오는 민소주 중 가장 오랜된 술이다. 백제 때부터 빚어진 술로서 누룩을 적게 쓰는 까닭에 소국주라고도 한다. 한양으로 과거를 보러 가던 선비가 한산을 지나다 주막에 들러 목을 축이다 술맛에 취해 주저앉아 밤낮 술과 시로 날을 보내다가 과거를 보지 못했다 하여 일명 '앉은뱅이술'이라 한다.

2) 원 료

참쌀 · 멥쌀 · 누룩 · 엿기름 · 생강 · 들국화가 주원료이며, 물맛이 좋은 한산의 건지산 당샘의 물로 빚는다.

3) 제조기능자

선대 김정현으로부터 8대째 가주로 전승되었다. 그 비법을 보여주는 이는 김영신이다.

4) 특 징

곡주로서의 감칠맛이 일품이고, 곡주의 향과 국화의 향이 최고이다. 대잎같이 빛깔이 우수하며, 식욕증진과 혈액순환 촉진, 피로회복에 좋은 술이다.

(4) 동동주

1) 유 래

고려시대부터 전해내려오는 맑은 술로, "술 표면에 삭은 밥알이 떠 있는 것이 마치 개미가 떠 있는 것 같다" 하여 '부의주(浮蟻酒)'라고 한다.

2) 원 료

찹쌀 · 누룩이 주원료이며, 용인의 보라리에 있는 우물물을 이용해 빚는다.

3) 제조기능자

5대째부터 집안 대대로 빚어온 것을 이어오는 사람은 권오수씨이며, 그의 조모에게서 전수받았다고 한다.

4) 특 징

약간 불투명한 담황갈색으로 잡미와 산미가 강하게 느껴지는 약주이다.

(5) 옥미주

1) 유 래

충북 단양지방의 문씨 가문의 가양주(제주용)로 빚어내려온 술이며, 안양에서 관광민속주로 지정된 술이다.

2) 원 료

현미 · 고구마 · 옥수수 · 엿기름이 주원료이다.

3) 제조기능자

남평 문씨가의 맏며느리에게 전수된 옥미주는 현재 임송죽씨에 의해 제조되고 있다.

4) 특 징

서민적 약주로 뒤끝이 깨끗하다.

(6) 연엽주(蓮葉酒)

1) 유 래

고려 때 등장한 술로 병자호란이던 어느 해 이완 장군 병사들의 사기를 돋우기 위해 약용과 가향의 성분을 고루 갖춘 연엽주를 마시게 했는데, 전쟁 이후 선비들이 아침·저녁으로 보신을 위해 마셨다.

2) 원 료

멥쌀·찹쌀·누룩·연잎(연근·연줄기도 가능)이 주원료이며, 설화산에서 자체 개발한 지하수로 빚는다.

3) 제조기능자

예안 이씨 문중 종손 며느리에게 그 비법이 전해내려왔으나 현재는 이득선씨에 의해 제조되고 있다.

4) 특 징

연근과 솔잎이 첨가된 술로 연근은 사람의 피를 정화시켜주며, 양기를 모아주고, 솔잎은 위벽에 보호막을 형성해주는 술독제거 효능이 있다.

(7) 송절주(松節酒)

1) 유 래

조선 중엽부터 서울과 호남에서 많이 빚어진 술로 소나무 마디를 넣고 끓인 물을 혼합수 대신 사용하여 송절주라 하며, 약용으로 사용한다.

2) 원 료

멥쌀 · 찹쌀 · 분곡 · 송절 · 희첨이 주재료이며, 계절별로 진달래꽃 · 국화 · 유자껍질을 넣기도 한다.

3) 제조기능자

현재는 박아지씨가 전수 · 제조하다 며느리 이성자씨에 의해서 제조되고 있다.

4) 특 징

색깔은 황갈색, 강한 약재 향기를 풍기며, 당귀를 첨가함에 따라 치담 · 치풍 · 신경통에 유효하다.

(8) 칠선주(七仙酒)

1) 유 래

조선조 22대 정조원년 기록 200년 이상의 전통이 있는 술이며, 일반 약주와 동일하게 빚어진 밑술에 여러 가지 약제가 들어가는 까닭에 칠선주라 이름이 지어졌고, 보신용으로도 쓰인다.

2) 원 료

멥쌀 · 찹쌀 · 칡 · 인삼 · 더덕 · 구기자 · 모과 · 당귀 · 감초가 주원료이다.

3) 제조기능자

구전으로 전해내려오던 술을 이종희씨가 재현해 판매하고 있다.

4) 특 징

담황색의 술로 부드럽고, 향기가 높고, 간장을 보호하며, 식욕증진과 신진대사에 효과가 있는 약용주이다.

⑼ 문배주

1) 유 래

고려시대 중국에서 도입된 것으로 추측되며, 술이 익으면서 배꽃이 활짝 피었을 때의 향이 나서 붙여진 이름이다.

2) 원 료

좁쌀 · 수수 · 종곡이 주원료이며, 원래는 대동강 물로 빚었던 술이다.

3) 제조기능자

이경찬씨에 의해 제조되고 있는데, 그의 4대 조부로부터 전수되어 제조 · 판매되고 있다.

4) 특　징

문배주는 엷은 황갈색을 띠며, 고량주와 비슷한 도수이나 독하지 않고, 부드러워 마시고 난 뒤에 뒷맛이 좋고 숙취가 없는 것으로 유명하다.

(10) 이강주(梨薑酒)

1) 유　래

조선 중엽부터 전라도와 황해도에서 제조하여, 선조 때부터 상류사회에서 즐겨 마시던 고급 약소주인데 배와 생강이 들어가 이강주라 한다.

2) 원　료

전주 특산품인 이서배와 봉동 생강, 울금, 계피, 설탕, 소주가 주원료이다.

3) 제조기능자

6대째 가주로 빚어오고 있는 조정형씨에 의해 제조된다. 그의 조부가 완주 군수로 있을 때 많은 사람들에게 맛을 보인 후 애음되었다고 한다.

4) 특　징

미황색의 감미음주로 달콤하고, 매콤하고, 건위와 피로회복에 효과가 있으며, 취해도 정신이 맑아지는 장점이 있다.

(11) 호산춘(湖山春)

1) 유 래

전북 익산군 예산면의 옛이름이 호산으로 고장 이름을 빗대어 호산춘이라 한다.

2) 원 료

멥쌀·찹쌀에 솔잎을 혼합한다. 황씨 종택 뒷산에 있는 옻샘, 혹은 약샘이라는 물로 빚는다.

3) 제조기능자

황씨가의 며느리 권숙자씨에 의해 제조·판매되고 있다.

4) 특 징

투명한 황갈색으로 곡주 특유의 향기로운 냄새와 술 향기가 어울린 독특한 명주이다.

(12) 김천과하주(金泉過夏酒)

1) 유 래

김천에 과하천이 있는데 옛날에 금천 또는 주천이라 불리었다. 임진왜란 당시 명나라 장수 이여송이 이 샘의 물맛이 중국 과하천과 같다고 하여 과하천이라 하였으며, 이 물로 빚은 술을 김천과하주라 하였다.

2) 원 료

찹쌀·누룩이 주원료이며, 과하천 샘물로 빚어진다.

3) 제조기능자

김천과하주는 전수자의 맥이 끊어졌었다. 일제시대 김천양조주식회사에서 제조했으나 맥이 끊어지고, 현재는 송재성씨에 의해 재현되고 있다.

4) 특 징

술맛은 달착지근하고, 곡주 특유의 향기가 있고, 황갈색의 투명한 빛깔로 손이 끈적할 만큼 진하며, 방부제나 화입을 하지 않아도 여름이 지날 수 있을 정도로 저장성이 좋다.

(13) 안동소주(安洞燒酎)

1) 유 래

몽고족의 내침과 관계가 있는 개성·안동·제주에서 유달리 소주가 많이 빚어졌는데, 몽고군이 소주를 술병에 넣어 옆구리에 차고 다닐 만큼 안동에서 그 비법이 보급되어진 것으로 보인다. 안동소주가 상품화된 것은 1920년대 제비원 상표로 시작되었다.

2) 원 료

누룩과 멥쌀이 주원료이며, 안동 북쪽 목성산에서 내려오는 맑은 물로 빚는다.

3) 제조기능자

조옥화씨가 친정어머니로부터 전수받아 제조·판매하고 있다.

4) 특 징

다 익은 술로 동동주처럼 색이 누렇고, 불그스레한 빛을 띤다. 다 익은 술 위에 붉은 대추와 흰 인삼이 떠 있고, 술맛은 조금 쌉쌀하면서 상큼하다. 술을 마신 뒤에 개운할 뿐만 아니라 기운을 돋워주고, 효능순환에 효험이 있는 술이다. 또한 배탈이 났을 때는 소화제로, 상처에는 소독약으로 쓰이기도 한다. 순곡으로 빚는 술이지만 보리로 제조면허가 나면서 주세법의 피해를 입고 있는 대표적인 민속주이다.

(14) 금정산성 토산주(金井山城 土産酒)

1) 유 래

부산시 금정산성 기슭의 오·장·김·이씨 가문에서 빚어내려온 토속주이다. 임진왜란 이후 금정산 개축 때마다 술을 빚어 일꾼들에게 제공하여 힘을 돋우는 데 쓰인 토속탁주이다. 1978년 박정희 대통령 안락동 충렬사 기공식에 들렀다가 맛을 보고 민속주로 지정했다는 술이다.

2) 원 료

멥쌀과 누룩이 주원료이며, 금정산의 꼭대기에서 흐르는 물로 빚는다.

3) 제조기능자

금정동 주민 288명이 함께 투자한 유한회사 금정산성토산주에 의해서 제조되고 있다.

4) 특 성

지정된 민속주 중에서 유일한 탁주로서, 걸죽하고 입에 붙는 맛이 있어 마시고 난 후 밥을 먹은 듯한 끈기가 있는 술이다.

⒂ 송화백일주(松花百日酒)

1) 유 래

자색을 띤 송화백일주는 진묵대사에 의해 개발되어 350년 전부터 빚어 내려온 산사의 술로서 제조 시기는 춘분(음력 2월) 때이다.

2) 원 료

술의 주원료인 조·찹쌀·곡자에 산수유·감초·구기자·당귀·하수화·국화를 혼합하여 빚는다. 진묵전 옆에서 솟는 석간수를 사용한다.

3) 제조기능자

수왕암자의 5대째 주지이자 송화주와 송죽주를 전수받은 조벽암 스님에 의해 전수되고 있다.

4) 특 징

신비의 독특한 향, 고객의 취향와 맛을 갖춘 명약주이다. 원기회복을 도우며, 석간수인 약수로 빚어지고 있다.

제Ⅱ편

칵 테 일

제8장 칵테일 개론

제1절 칵테일의 정의 및 분류
제2절 칵테일의 부재료
제3절 바 기구와 글라스
제4절 칵테일의 제조방법
제5절 바텐더의 기술과 경영

제8장
칵테일 개론

제1절 칵테일의 정의 및 분류

1 칵테일의 정의

칵테일은 맛과 향기와 색채의 예술품이며, 두 종류 이상의 재료를 혼합하여 맛의 조화를 잘 이루어 마시는 음료이다.

칵테일은 또한 식욕을 증진시킴과 동시에 마음도 자극하여 분위기를 창출하고, 긴장된 신경을 풀어주며, 근육을 부드럽게 해주고, 피로한 눈에는 다이아몬드 같은 빛을, 혀에는 미끈한 움직임을 주고, 우정을 두텁게 한다.

칵테일은 맛과 향의 예술이라 칭할 수 있듯이 고객의 기호에 따라 그 맛과 향을 달리 즐길 수 있는 여러 가지 재료와 기술로 독특한 칵테일을 만들어 모든 사람을 즐겁게 만들 수 있기 때문에 애주가들로부터 "칵테일은 교향악이다"라는 애칭을 듣기도 한다.

칵테일이란 술과 술을 혼합하고 청량음료나 과일즙, 각종 향을 배합해서 여러 가지 과실로 장식하여 맛과 향을 음미하고 마시는 것을 말하며, 알코올을 전혀 함유하고 있지 않은 청량음료나 과일즙 또는 주스와 주스를 섞어 만드는 것도 칵테일이다.

칵테일이라고 하는 말은 여러 종류의 술·과즙·약초 등을 섞은 음료를 의미하고 있지만, 넓게 혼합해서 만든 모든 음료를 가리키는 경우(광의의 칵테일)와 그 중에서 특정 스타일을 가지고 있는 음료에 좁게 한정해서 사용하는 경우(협의의 칵테일)가 있다.

(1) 광의의 칵테일

단일 주류나 과즙·청량음료수 등 그대로 마시는 스트레이트 드링크(Straight Drinks)에 대해서 몇 종류의 재료를 혼합한 음료를 믹스드 드링크(Mixed Drinks)라고 한다. 칵테일은 이 믹스드 드링크의 모든 것을 가리키는 말로서 사용되고 있다.

일반적으로 믹스드 드링크는 다음과 같이 분류할 수 있다. 우선 짧은 시간에 마실 것인가, 천천히 시간을 두고 마실 것인가에 따라서 쇼트 드링크(Short Drinks)와 롱 드링크(Long Drinks)로 나누어진다.

쇼트 드링크는 주로 얼음으로서 차게 하여 칵테일 글라스나 스템(Stem)이 있는 글라스에 따라서 짧은 시간에 마시는 것, 롱 드링크는 텀블러나 콜린스 글라스 등 대형 글라스에 얼음을 넣어서 장시간 차가운 느낌을 갖게 하는 콜드 드링크(Cold Drinks)와 열탕이나 핫 밀크(Hot Milk) 등을 가해서 뜨거운 상태로 마시는 핫 드링크(Hot Drinks) 등이 있다. 핫 드링크는 추운 겨울에 적합하기 때문에 윈터 드링크(Winter Drinks)라고도 한다.

따라서 음료를 분류하며 다음과 같다.

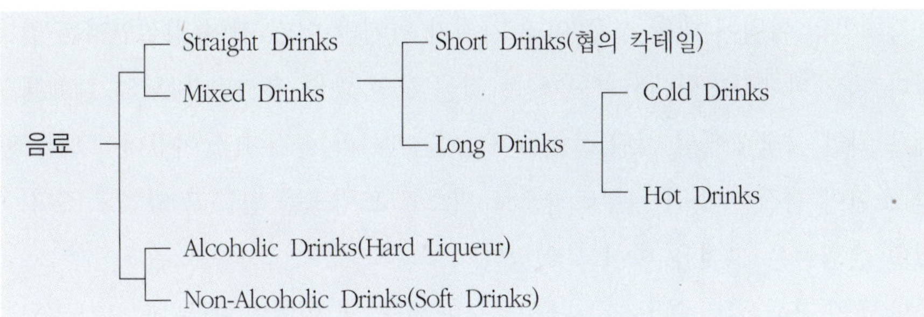

알코올을 함유한 음료(Alcoholic Drinks)를 하드 리큐어(Hard Liqueur)라고도 하며, 알코올이 함유되어 있지 않는 음료(Non-Alcoholic Drinks)를 소프트 리큐어(Soft Liqueur)라고 한다.

(2) 협의의 칵테일

일반적으로 소프트 리큐어를 가리킨다. 각종 스피리트와 와인류 등에 리큐어류·과즙·계란·향신료 등을 섞어서 주로 칵테일 글라스에 담아서 마신다. 섞을 때에는 쉐이커나 믹싱 글라스 등을 사용하며, 거의 대부분 얼음으로 차게 하여 짧은 시간에 마신다.

믹스드 드링크의 대부분이 여기에 해당된다. 제각각 쇼트 드링크(협의 칵테일)의 예를 들면, 마티니라면 마티니 칵테일(Martini Cocktail)이라고 하는 것이 올바른 표기이다. 그것이 Sour Collins, Fizz 등도 마찬가지로 칵테일이라고 하는 스타일을 갖는, 그룹에 속하는 것을 명확하게 하고 있지만 번잡해지기 때문에 칵테일 교과 등에서 생략되는 경우도 있다.

이 장에서도 위스키 칵테일(Whisky Cocktail) 등과 같이 생략이 어려운 예외를 제외하고 간략하게 표기하기로 했다.

2 칵테일의 유래

칵테일의 어원에 대한 설은 여러 가지가 있지만 어떤 것이 정설인지는 알 수가 없다. 국제바텐더협회에서 사용하는 것을 보면 옛날 유카탄 반도의 캄페체 항구에 도착한 영국배에서 내린 선원들이 술을 마시러 술집에 들어갔다. 그때 조그마한 소년이 껍질을 벗긴 나무토막으로 믹스드 드링크를 만들고 있었고, 술집 안에 있던 손님들은 그것을 마시고 있었다.

당시 영국에서는 술을 스트레이트로만 마시고 있었기 때문에 그것은 신기한 일이었다. 그래서 한 선원이 그 소년에게 "얘야 그것이 무엇이니?" 하고 물으니 그 소년이 "예, 이것은 콜라 데 갈료(Cola de Gallo)입니다"라고 대답하였다. 선원은 드링크의 이름을 물은 것인데 소년은 그때 드링크를 만들어 젓고 있었기 때문에 그 것는 막대기를 말하는 것인 줄 알고 그렇게 불렀다.

'콜라 데 갈료'는 에스파냐어로 '수탉'의 꼬리란 뜻으로 소년은 나무막대기의 모양이 닭꼬리를 닮아서 그런 애칭을 사용하였다. 이 '콜라 데 갈료'를 영어로 직역하면 '테일 오브 콕(Tail of Cock)'이 된다. 이로 인하여 지금의 칵테일이란 단어가 생겨나게 되었다고 한다.

3 칵테일의 분류

칵테일의 종류가 무한히 많다는 것은 새삼스러운 것이 아닐 것이다. 재료와 기술에 따라 얼마든지 창조할 수 있는 여지가 있다. 이러한 칵테일의 명칭은 지명·유명인, 그리고 창작자 등에 따라 다양하게 만들어낼 수 있으나 재료의 종류나 마시는 시간·장소·때·방법 등에 따라 여러 가지로 분류된다.

(1) 시간에 의한 분류

마시는 시간에 따른 분류로서 칵테일의 제 맛을 즐기기 위해서 짧은 시간 내에 마셔야 되는 것이 있는가 하면, 느긋하게 시간을 두고 마셔도 되는 칵테일이 있다.

빨리 마셔야 되는 것을 쇼트 드링크(Short Drinks)라고 한다. 마티니·바카디 칵테일 등을 말하고, 10~15분 이내에 마셔야 된다. 진토닉, 스크루 드라이버 등과 같은 롱 드링크(Long Drinks)는 20~30분 정도로 시간을 두고 마실 수 있는 것을 말한다.

(2) 온도에 따른 분류

음료는 마시는 온도에 따라 맛이 달라진다. 물론 사람에 따라 차이는 있겠지만 커피나 차 등은 따뜻하게 해서 마셔야 하고, 콜라나 주스 등은 차갑게 해서 마셔야 제 맛을 즐길 수가 있다. 칵테일 또한 차갑게 해서 마셔야 되는 것과 따뜻하게 해서 마셔야 제 맛을 즐길 수가 있는 것이 있다.

이렇게 마시는 온도에 따라 칵테일을 크게 두 가지로 나누어볼 수 있으며, 차갑게 해서 마시는 것을 콜드 드링크(Cold Drinks), 따뜻하게 해서 마시는 것은 핫 드링크(Hot Drinks)라고 부른다.

(3) 마시는 방법에 따른 분류

사람의 취향이나 또는 각 음료의 개성에 따라 음료는 여러 가지로 마시는 방법이 있다. 그러나 크게 두 가지로 나누어보면 향과 맛을 즐기기 위하여 음료 그 자체를 스트레이트로 마시는 스트레이트 드링크(Straight Drinks)와 마시기가 불편한 음료를 두 가지 이상 섞어서 각각의 입맛에 맞게 마시는 믹스드 드링크(Mixed Drinks)가 있다.

(4) 계절에 따른 분류

땀을 많이 흘리는 여름과 추운 겨울에 마시는 음료는 각각 다르기 마련이다. 주로 여름에는 시원한 칵테일을 많이 찾고, 추운 겨울에는 따뜻한 칵테일을 많이 찾는다. 주로 여름에 자주 마시는 것을 서머 드링크(Summer Drinks), 겨울에 자주 마시는 것을 윈터 드링크(Winter Drinks)라고 한다. 그러나 지금은 여름이나 겨울 구분 없이 즐겨 마시는 경우가 많다.

(5) 알코올 유무에 따른 분류

원래 칵테일이란 알코올을 함유한 것을 뜻했지만 지금은 두 가지 이상 섞어서 마시는 음료 모두를 포함한다. 즉 알코올이 전혀 포함되어 있지 않는 것도 칵테일이라고 한다. 알코올을 함유하고 있는 것을 알코올릭 칵테일(Alcoholic Cocktail), 알코올을 함유하고 있지 않는 것을 넌알코올릭 칵테일(Non-Alcoholic Cocktail)이라고 한다.

(6) 용도에 따른 분류

음식과 마찬가지로 칵테일도 각각 마시는 용도가 다르다. 좀더 세부적으로도 분류하지만 일반적인 분류로서는 식사 전에 입맛을 돋우기 위하여 마시는 애피타이저 칵테일(Appetizer Cocktail), 식사 후에 소화를 돕기 위하여 마시는 식후용 칵테일(After Dinner Cocktail), 식사와 상관없이 언제라도 마실 수 있는 상시용 칵테일(All Day Cocktail)이 있다.

(7) 기 타

기타 열대성 지방에서 많이 생산되는 열대성 과실이나 과실음료를 사용한 트로피컬 칵테일(Tropical Cocktail)이 있다. 이것을 열대성 칵테일이라고 한다.

4 칵테일의 목적

(1) 미각적

알코올의 쓴맛을 맛있다고 하는 사람은 없을 것이다. 이런 알코올이 쓴맛을 완화시키고 단맛과 신맛을 잘 조화시켜 각자 입맛에 맞도록 맛있게 만드는 것이 그 목적이다.

(2) 시각적

맛을 중요시하면서도 색깔을 아름답게 하고, 여러 가지 과일을 사용하여 장식을 함으로써 먹고 싶은 욕구를 느낄 수 있도록 하는 것이 그 목적이다.

(3) 저알코올

너무 알코올 도수가 높은 술을 많이 마시게 되면 건강을 잃게 되므로 여러 가지 부재료를 섞어 도수를 낮게 하여 마시도록 하는 것이 그 목적이다.

(4) 고칼로리

칵테일은 술로서가 아니라 리큐어 · 계란 · 설탕 등을 사용하여 높은 칼로리를 가지게 하여 피로회복 및 감기 등 약용으로서의 효과를 높이는 데 그 목적이 있다.

5 드링크의 분류

롱 드링크에 속하는 믹스드 드링크는 사용하는 재료나 만드는 방법 등에서 공통되는 스타일을 갖는 것을 모아서 다음처럼 분류할 수가 있다

(1) Buck

각종의 스피리트에 레몬 주스와 진저 에일을 섞어서 만드는 것이 일반적인 방법이다. Buck에는 Stag의 의미가 있으며, Kick이 있는(강한, Hard한) 음료라고 하는 것에서 이름이 붙여졌다.

(2) Cobbler

얼음을 채운 고블릿이나 와인 글라스에 스피리트나 와인・리큐어, 혹은 설탕을 넣어서 충분히 스티어해서 계절에 맞는 프레시민트 잎 등으로 장식해서 스트로를 꽂는다.

Cobbler에는 감귤류의 주스를 거의 사용하지 않는 것이 특징이나 Cobbler라고 하는 말에는 구두가게, 구두를 고친다고 하는 의미가 있으며, 더운 여름에 구두 고칠 때 목의 갈증을 풀기 위해서 만든 음료라고 한다.

(3) Collins

진을 비롯한 위스키・럼・보드카 등이 스피리트에 레몬 주스와 설탕 혹은 설탕 시럽을 첨가하여 소다수로 잔을 채우는 것이 기본형이다. Fizz와 닮았지만 글라스가 크고, 양도 상당히 많다. 이 믹스드 드링크의 창시자인 존 콜린스(John Collins)라는 이름에서 따왔다고 하는 설이 있다.

또 Collins에는 환대에 대한 감사의 편지라고 하는 의미에서부터 전날 밤 대접에 대한 감사의 편지를 숙취가 해소되지 않은 상태에서 쓰려고 했던 사람이 이 음료를 만들어 마시면 깨끗이 해소된다고 하여, 이 이름에서 따왔다고 하는 설도 널리 퍼져 있다.

(4) Cooler

보통 스피리트에 레몬이나 라임주스와 단맛을 가미해 소다수나 진저 에일 등으로 잔을 채운다. Cooler라고 하는 것은 차고, 기분 좋은 청량감을 느낄 수 있는 음료라는 의미이다. 넌알코올릭의 것도 있다.

(5) Crusta

스피리트, 특히 브랜디 베이스로서 레몬 주스, 비터스, 설탕 등을 쉐이크한 후 설탕을 스노 스타일로 해서 나선상으로 벗긴 레몬 또는 오렌지 필을 끼운 와인 글라스에 부어서 프루츠로서 장식한 스타일로 빵껍질을 의미하는 Crust에서 이 이름이 붙여졌다고 한다.

(6) Cup

Punch와 마찬가지로 대중적인 파티 드링크로서 만드는 방법도 비슷하지만 Water Jug(손잡이 달린 물잔)에서 만들며, 펀치 컵뿐만 아니라 텀블러에서도 마실 수 있다는 점이 다르다. 와인에 브랜디, 리큐어, 소다수 프루츠 등을 가해서 만드는 것이 기본이다. 컵에는 기독교의 성찬배의 의미와 술 혹은 음주의 의미가 있다.

(7) Daisy

각종 스피리트에 감귤류의 주스, 프루츠 시럽 또는 리큐어를 더한다. 고블릿이나 대형와인 글라스에 크러시드 아이스를 채워 계절에 맞는 프루츠로서 장식하여 스트로를 꽂는다. Daisy에는 데이지(이탈리아의 국화)라고 하는 의미 이외에 '아주 멋지다'고 하는 의미가 있다.

(8) Egg Nogg

보통 술 · 계란 · 우유 · 설탕을 사용해서 만들지만 넌알코올릭의 Egg Nogg도 있으며, 뜨겁게 해서 마시는 경우와 차게 마시는 경우가 있다. 원래는 미국 남부지방의 크리스마스 드링크였지만 현재에 와서는 계절에 관계없이 세계 각국에서 마시고 있다.

(9) Fix

스피리트에 감귤류의 주스, 과일시럽 혹은 리큐어를 첨가한 사우어(sour)계의 믹스드 드링크 고블릿 또는 텀블러에 크러시드 아이스를 채워 계절에 맞는 과일로 장식하여 스트로를 꽂는다. 'Fix'라고 하는 것은 '준비한다' '매료된다'고 하는 의미이다.

(10) Fizz

진 등의 스피리트에 레몬 주스와 설탕을 넣어 쉐이커해서 텀블러에 부어서 소다수로서 잔을 채우는 것이 기본적인 방법이다. Fizz라고 하는 이름은 소다수의 탄산가스가 터질 때 나는 소리에서 따온 의성어라고 한다.

(11) Flip

와인이나 스피리트에 계란과 설탕을 넣어서 쉐이커해서 Sour Glass(또는 와인 글라스)에 부어서 넛멕을 뿌린다. 계란(노른자 또는 계란 1개)을 사용하는 점은 Egg Nogg과 비슷하지만 Flip의 경우는 우유를 사용하지 않는 것이 기본이다. 핫 드링크로 해서도 마실 수 있다.

(12) Float

Float라고 하는 것은 '띄운다'고 하는 의미이다. 술의 비중의 차이를 이용해서 하나의 술 위에 다른 술이나 생크림을 섞이지 않게끔 띄우거나 Whisky Float와 같이 물(혹은 Soft Drinks)에 술을 띄우는 방법이 있다.

(13) Frappe

재료를 크러시드 아이스와 쉐이커해서 얼음도 함께 글라스에 담든가, 칵테일 글라스나 소서형 샴페인 글라스에 크러시드 아이스를 담아 그 위에서 직접 리큐어 등을 부어 짧은 스트로를 꽂는다. Frappe라고 하는 것은 프랑스어로서 "얼음으로 차게 한 것"의 의미이다.

(14) Frozen Style

재료를 크러시드 아이스와 함께 믹서기(바블렌드)로 블렌드해서 셔벗처럼 한 칵테일로서 크러시드 아이스의 양에 따라 마무리의 견고함이 달라진다. 작가인 어니스트 헤밍웨이가 즐겼다고 하는 Frozen Daiguiri가 많이 알려져 있지만, 근래에 와서는 Frozen Norgarita 등 여러 가지 칵테일을 프로즌 스타일로 해서 즐기게 되었다.

(15) Half and Half

2종류의 재료를 반씩(1/2) 섞는다. 색이 짙은 맥주와 색이 연한 맥주를 반반으로 나누거나, 드라이 베르무스와 스위트 베르무스를 반씩 섞는다.

(16) Highball

원래 하이볼은 스피리트를 비롯하여 모든 술을 베이스로 하며 소다수뿐만 아니라 물, 진저 에일, 토닉워터, 주스류 등 각종의 쇼트 드링크가 믹스(Mixed) 된다. Highball의 어원은 골프용어의 하이볼(Highball)에서 따왔다고 하는 설, 일찍이 미국의 철도에서 사용된 하이볼 신호기에서 따왔다고 하는 설 등이 있다.

(17) Julep

미국 남부에서 오래 전부터 전해내려온 상쾌한 믹스드 드링크이다. 1815년 영국의 Frederick Narryat라고 하는 선장이 미국 남부의 농원에서 클라렛이나 마데이라 와인을 베이스로 해서 민트잎이 들어간 음료를 알고 그 만드는 방법을 기록해왔다.

당시는 와인을 사용하고 있었지만, 그 후 버번을 비롯한 각종의 스피리트 베이스가 주류가 되었다. 크러시드 아이스를 대형의 글라스에 채워서 글라스의 표면이 서리가 개일 때까지 충분히 스티어한다.

(18) Mist

주로 위스키 · 브랜디 등의 스피리트를 쉐이커해서 얼음도 함께 올드패션 글라스에 부어넣어서 만든다. 또 크러시드 아이스를 가득 채운 올드패션 글라스에 재료를 직접 넣어서 만드는 방법도 있다.

Mist는 안개로서 글라스의 표면에 아주 작은 물방울이 안개처럼 붙어 있다고 해서 따온 이름이다. Frappe와 비슷한 스타일이다.

(19) On the Rocks

얼음을 넣은 올드패션 글라스에 재료를 넣어서 만든 스타일로서 얼음을 바위로 보아서 '바위 위에' 따르기 때문에 생긴 이름이다. 재료가 가지고 있는 맛을 살려서 섞기 쉽기 때문에 최근 마티니, 맨해튼 등 종래의 쇼트 드링크를 언더락으로 해서 만드는 곳이 증가하고 있다. 최근 미국에서는 Over Rocks 혹은 Over Ice, 또는 생략해서 Over라고 불리어지고 있다. 이에 대해 칵테일 글라스에 따르는 것은 Staigut Up, 풀어서 Up이라고 한다.

(20) Pousse-Cafe

몇 종류의 스피리트 · 리큐어 · 생크림 등을 비중의 차를 이용하여 순서대로 섞이지 않도록 하여 쌓아올린다. 제각각의 술의 비중(농축액분이 많은 술만큼 비중도 커진다)을 미리 알아두는 것이 중요하지만 같은 종류의 리큐어라도 제조 메이커에 따라서 비중이 다른 것이 있기 때문에 주의해야 한다. 또한 농축액 분이라고 하는 것은 제각각의 술에 함유되어 있는 당분, 회분, 불휘발성 유기산 등을 가리킨다.

(21) Punch

와인, 스피리트 등을 베이스로 하여 각종 리큐어, 프루츠나 주스 등을 첨가하여 만든다. 파티 드링크(Party Drinks)로서 많은 사람들이 먹을 수 있도록 만드는 경우가 많지만 한 사람을 위해 만드는 법도 있다. Punch는 '다섯 개'를 나타내는 산스크리트어(고대인도의 문장어)의 Pancha, 힌두어의 Punch 등에서 왔다고 전해진다. 원래 인도 지방에서 마시고 있던 아락물, 레몬 주스, 스파이스 등 다섯 가지의 재료를 섞어서 만든 음료가 기원이다.

(22) Rickey

스피리트에 신선한 라임(또는 레몬)의 열매를 짜서 소다수를 채워서 만드는 것이 기본적인 방법이다. 설탕·시럽 등을 사용하지 않는다. 19세기 말 워싱턴의 슈메카라고 하는 레스토랑에서 창안되어 처음 마신 고객의 이름인 Colonel Jim Rickey와 연관해서 이름이 지어졌다고 한다.

(23) Sungaree

레드 와인에 감미를 한 물 또는 뜨거운 물을 채워서 만드는 것이 기본형이다. Sungaree라고 하는 것은 에스파냐어로 '피'를 의미하는 Sungre에서 따온 명칭으로서 레드 와인을 연하게 해서 만든 색채에서 이름 붙여진 것이다. 현재에는 레드 와인 외에 쉐리 와인, 포트 와인, 위스키, 브랜디 등도 베이스로 사용된다.

(24) Sling

스피리트에 레몬 주스와 감미를 하여 물 또는 소다수, 진저 에일 등으로서 잔을 채운다. 핫 드링크로 만드는 경우도 있다. Sling의 어원은 인도어의 Schlingen(삼킨다고 하는 의미)이 전화된 것이라고 한다.

(25) Smash

Sulep을 작게 한 Smash에는 '으깬다'라고 하는 의미가 있으며, 민트 잎을 으깨서 향기를 내게 했다고 하는 데서 온 명칭이다. Smash에 레몬 또는 라임 주스 등을 첨가한 믹스드 드링크를 Mojito라고 한다.

(26) Sour

위스키 · 브랜디 등 각종 스피리트를 베이스로 하여 레몬 주스와 설탕 등으로 달고 신맛을 가해 만든다. 심플(Simple)한 스타일이지만 밀감류로 맛을 살린 다수의, 이른바 사우어(Sour)계의 믹스드 드링크의 대표적인 존재(Sour 타입에 대해서 리큐어나 베르무스의 향미를 잘 살린 믹스드 드링크를 아로마 체크 타입이라고 한다)이다. 소다수를 사용하지 않는 것이 원칙이지만, 우리나라를 포함해서 미국 이외의 나라에서는 소다수나 샴페인 등을 사용하는 경우도 볼 수 있다. 'Sour'는 '시다'의 뜻이다.

(27) Suizzle

텀블러에 라임 등의 스피리트, 라임(레몬) 주스, 설탕, 비티스 등을 붓고, 얼음을 넣어 Suizzle Stick으로 글라스의 바깥쪽에 서리가 내린 것 같은 상태로 될 때까지 빠르게 휘저어서 만든다. Swizzle Stick는 세 갈래 혹은 다섯 갈래의 열대수목의 가지로서 일종의 머들러 대용이다. 서인도 제도에서 만들어진 믹스드 드링크이다.

⑵⑻ Toddy

텀블러나 올드패션 글라스에 설탕을 넣어 스피리트를 부어 물 또는 뜨거운 물로서 잔을 채우는 것이 기본적인 방법이다. 영국에서 추위로부터 몸을 보호하기 위한 핫 드링크로서 옛날부터 마시고 있었지만 오늘날 콜드 드링크로서도 사랑받고 있다.

⑵⑼ Zoom

벌꿀을 사용한 믹스드 드링크이다. 좋아하는 스피리트에 벌꿀과 생크림 등을 섞어 쉐이커해서 칵테일 글라스에 따르는 것이 일반적인 주조법으로서 롱 드링크뿐만 아니라 쇼트 드링크로서도 마신다.

6 칵테일의 도량형

칵테일을 만드는 데 있어서 우선 재료의 분량을 정확히 계측(재지)하지 않으면 안 된다. 어느 정도 경험이 쌓이면 병에서 직접 눈대중으로 따라도(부어도) 거의 정확하게 따를 수 있지만 항상 정확을 기하기 위해서는 메저 컵을 사용해야 한다.

(1) 쇼트 드링크의 분수 표기

칵테일 레시피에 적혀 있는 사용재료의 분량 표기는 쇼트 드링크(협의의 칵테일)의 경우 통상 글라스 한 잔분의 칵테일에 차지하는 제각각의 재료의 비율을 분수로서 나타내고, 롱 드링크의 경우는 mℓ, oz 등의 단위를 사용해서 구체적인 수치로서 표기하고 있다.

주로 칵테일 글라스를 사용하는 쇼트 드링크에서는 글라스 용량에 있어서 벗어나기 때문에 mℓ로서 지정된 양을 믹스하면 글라스에 다 들어가지 않는 경우도 생긴다. 그래서 사용하는 글라스에 맞추어서 분량을 가감하기 쉽도록 비율(분수)로서 표시하게 되었다. 또 분수 표기는 베이스의 주류를 비롯하여 사용 재료의 구성·밸런스 등을 한번 눈으로 봄으로써 알 수 있는 장점도 있다.

국제바텐더협회에서는 주최하는 칵테일의 기준 글라스의 하나로서, 3oz(90mℓ) 용량의 칵테일 글라스를 지정하고 있다. 우리나라에서도 이 용량의 칵테일 글라스가 일반적으로 사용되지만 이것을 기준으로 하면 분수 표기에서도 구체적인 수량이 나온다.

통상 칵테일은 글라스의 8부까지 따르는 것이 적절한 양으로 알려져 있기 때문에 90mℓ의 글라스라면 약 70mℓ 정도가 적당량이 된다. 쉐이커나 스티어하는 사이에 얼음이 녹는 양(그 양은 베테랑 바텐더의 경우에도 10mℓ에 가깝다고 알려져 있다)을 염두에 둔다면 사용하는 재료의 총량은 60mℓ가 적당량이 된다.

예를 들면, 위스키 2/3라고 하는 레시피라면 40mℓ, 1/2이라면 30mℓ을 사용한다. 시럽이나 비터스 등 소량을 사용하는 재료는 dash, tsp 등의 단위를 사용해서 전체의 양에 플러스하는 형태로서 표기한다. 1dash는 약 1mℓ, 1tsp는 약 5mℓ에 상당한다.

맨해튼(Manhatten)의 경우 레시피에 따라 각각 재료의 구체적인 사용량을 계산하면 다음과 같다.

라이 위스키 3/4(60mℓ×3/4 = 45mℓ), 스위트 베르무스 1/4(60mℓ×1/4 = 15mℓ), 앙고스트라 비터스 1dash. 따라서 맨해튼에는 라이 위스키가 45mℓ, 스위트 베르무스가 15개, 앙고스트라 비터스가 1mℓ 재료로서 사용되고 있다.

또 계란 1개, 흰자, 노른자도 전량 1에 플러스하도록 표기했지만 이제까지는 일반적인 칵테일 글라스에 다 들어가지 못하기 때문에 대형 칵테일 글라스, 샴페인 글라스, 와인 글라스 등 용량이 큰 글라스를 사용한다. 계란 1개분의 용량은 중간 정도 크기의 전란(全卵)으로는 50mℓ, 흰자 30mℓ, 노른자 20mℓ 정도라고 생각하면 된다.

핑크 레이디(Pink Lady)의 경우는 드라이 진 3/4(60mℓ×3/4 =45mℓ), 그레나딘 시럽 1/4(60mℓ×1/4 =15mℓ), 레몬 주스 1tsp, 계란 흰자 1개분, 따라서 핑크 레이디의 경우에는 드라이진 45mℓ, 그레나딘 시럽 15mℓ, 레몬 주스 5mℓ, 계란 흰자 30mℓ가 사용되고 있다.

(2) 롱 드링크의 mℓ 표기

대형으로 다양한 용량의 글라스를 사용하는 롱 드링크(Long Drinks)에서는 통상 사용재료의 양을 mℓ나 oz의 단위로서 구체적으로 표기한다. 사용하는 글라스와 그 용량을 기준 글라스로서 정하고 있는 국제바텐더협회처럼 협회의 공식 칵테일의 레시피를 모두 분수 표기로 하고 있는 예도 있다.

〈표 8-1〉 oz(온스)법과 mℓ법

	Gallon 1갤런	quart 1쿼트	1병	1파운드	1온스
미국	3785mℓ (U.S.갤런)	946mℓ (1/4갤런)	757mℓ (4/5쿼트)	473mℓ (1/2쿼트)	29.56mℓ (1/16파운드)
영국	4546mℓ (임페리얼 갤런)	1136mℓ (1/4갤런)	758mℓ (1/6갤런)	568mℓ (1/2쿼트)	28.4mℓ (1/20파운드)

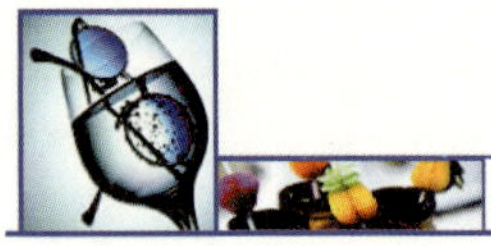

〈표 8-2〉 칵테일에 사용되는 주된 단위

단위	
1 drop	= 약 1/5mℓ
1 dash	= 약 1mℓ
1 tsp	= 약 5mℓ(tsp는 tea spoon, 차 스푼의 약자)
1 oz	= 30mℓ
1 jigger	= (미) 1.5oz(45mℓ), (영) 2oz(60mℓ)
1 glass	= 60mℓ
1 gup	= 240mℓ
1 bottle	= 750mℓ

미 갤런(U.S. Gallon)과 영 갤런(임페리얼 갤런)의 비율에 비하여 1 : 1.2mℓ법의 단위가 보급되어 있는 우리나라의 칵테일 교재는 종래로부터 mℓ을 사용하는 것이 일반적이며, 이 장에서도 mℓ 표기를 채용하고 있다. 다만 칵테일이 번성한(많이 보급된) 미국을 비롯하여 많은 나라에서 갤런(gallon)이나 온스(ounce) 등을 기준으로 한 단위가 통용되고 있다.

oz법과 mℓ법의 관련은 〈표 8-1〉과 같이 되어 있다(미국과 영국에서는 약간의 차이가 있다).

(3) 칵테일의 알코올 도수

칵테일의 알코올 도수의 계산에는 복잡한 문제가 적지 않다. 우선 재료인 주류의 알코올 도수를 알기가 어렵다. 같은 드라이 진이라도 37°의 것이나 47.5°의 것, 혹은 50°를 넘는 드라이 진이 있다. 보드카만 하더라도 같은 메이커에서 복수의 알코올 도수의 제품이 나오는 것도 적지 않다. 리큐어에 있어서는 같은 것이라도 메이커마다 알코올 도수가 다른 것이 많다.

원래 그 칵테일에 사용되는 주류 하나하나의 알코올 도수를 명확히 하지 않으면 계산은 성립되지 않는다. 사소한 계량의 차이나 바텐더의 기술이라 하더라도 완성된 알코올 도수에 커다란 영향을 준다. 시간이 걸려서 얼음이 녹아버린 칵테일은 너무 싱겁고(물 같고) 당연히 알코올 도수도 낮아진다.

현실적으로는 이러한 조화를 맞추지 못한 칵테일은 자극이 강하고, 역으로 알코올을 강하게 느낄 수 있는 것이다 충분히 차게 하지 않는 칵테일에도 감미가 느껴지며, 마시는 사람도 강하게 알코올을 의식하게 된다.

한편 달고 신맛의 조화가 맞고 잘 냉각된(차게 된) 칵테일은 입의 촉감이 부드럽고, 알코올 도수도 낮게 느껴진다. 감각과 실제의 알코올 도수에는 상당한 격차가 있다고 하면 좋을 것이다. 따라서 레시피만으로 알코올 도수를 계산해보면 그다지 의미가 없을지도 모른다.

하지만, 최근 우리나라의 음주문화가 성숙된 배경에는 칵테일에 대한 관심이 매우 커진 만큼 현재 경험이 적은 고객에게 칵테일을 이해시켜서 친근감을 가지게 하려면 '정보'로서 칵테일의 알코올 도수가 도움이 된다고 생각한다. 만드는 사람에 있어서(브랜디 베이스가 강하지 않는 칵테일) 이러한 고객의 주문에 대하여 상세하게 대처하는 '목표'가 있는 편이 좋다.

그렇다고 생각한다면 이 장에서는 목차에 게재되어 있는 모든 칵테일에 대하여 다음과 같은 계산법으로 알코올 도수를 산정하여 레시피와 함께 표기하고 있다. 어디까지나 '양 목표'이기 때문에 수치는 소수점 이하를 표시하지 않는다(소수점 이하의 처리는 기본적으로는 사사오입이지만 알코올 음료인 비터스 등을 1dash 이상 사용한 경우는 반올림한다).

사용 주류, 특히 리큐어에 대해서는 본래라면 상표명과 알코올 도수를 계산의 근거로서 명기해야 하지만 번잡하기 때문에 캄파리 오렌지나 듀보네 칵테일 등 레시피로서 특징되어 있는 것 이외는 "현재 우리나라에서 수입할 수 있는 대표적인 상표"를 사용하는 것으로 하고, 하나하나 기록하지 않았다. 쇼트 드링크의 알코올 도수는 쇼트 드링크, 롱 드링크를 불문하고 칵테일의 알코올 도수를 계산하는 기본식은 다음과 같다.

$$\text{알코올 도수} = \frac{(\text{재료의 양 } A \times \text{재료의 알코올 도수 } a) + (\text{同 } B \times b) + (\text{同 } C \times c) + \cdots}{\text{사용재료의 총량 } Y = A + B + C \cdots + \alpha}$$

쇼트 드링크(협의의 칵테일)에서는 앞에서 기록한 'Short Drinks의 분수 표기'에서 본 것처럼 재료의 양은 분수로서 표시되어 있으므로 사용재료의 총량 60mℓ×분수로서 mℓ의 단위로 환산한다. 거기에 알코올 도수를 곱해서 순차적으로 Aa, Bb, Cc…를 더하고 계산한다.

주스나 청량음료수·시럽·계란 등 알코올을 함유하고 있지 않는 재료는 알코올 도수가 0이기 때문에 곱셈의 답도 0, 실제로는 계산할 필요가 없다. 분모의 재료인 총량은 90mℓ의 칵테일 글라스를 사용하는 쇼트 드링크의 경우 60mℓ라고 정해져 있다(A+B+C+…=60mℓ).

단지 보다 실제적으로 가까운 수치를 정리하기 위해 쉐이커나 스티어시 얼음이 녹은 양(α=10mℓ)을 더해, 총량 Y를 70mℓ로 한다. 계란(全卵=50mℓ, 흰자 1개분=30mℓ, 노른자 1개분=20mℓ)에다 티스푼(1tsp=5mℓ)으로서 총량에 플러스하는 재료를 사용할 경우는 α의 수치를 그만큼 더한다. Drop은 무시하고 상관하지 않는다.

Affinity의 경우 '레시피'는 스카치 위스키 1/3oz, 드라이 베르무스 1/3oz, 스위트 베르무스 1/3oz, 앙고스트라 비터스 2dash를 쉐이커해서 칵테일 글라스에 붓는다.

$$\frac{\overset{\text{위스키}}{(20\text{mℓ} \times 43\%)} + \overset{\text{드라이 베르무스}}{(20\text{mℓ} \times 18\%)} + \overset{\text{스위트 베르무스}}{(20\text{mℓ} \times 18\%)}}{60 + 10} = \frac{860 + 360 + 360}{70} = \text{약 } 23^{\circ}$$

Clover Club의 경우 '레시피'는 드라이 진 3/5oz, 그레나딘 시럽 1/5oz, 레몬 주스 1/5oz, 흰자 1개분을 쉐이커해서 소서형 삼페인 글라스에 따른다.

드라이진 그레나딘 시럽 레몬 주스 흰자

$$\frac{(36\text{m}\ell \times 47\%) + (12\text{m}\ell \times 0\%) + (12\text{m}\ell \times 0\%) + (30\text{m}\ell \times 0\%)}{60+10+30} = \frac{1692}{100} = \text{약 } 17^{\circ}$$

롱 드링크의 알코올 도수는 롱 드링크의 레시피에서는 기본적으로는 사용재료의 분량을 mℓ의 단위로서 구체적인 수치로서 표기하고 있지만, 그 중에는 피즈나 쿨러와 같이 '소다수 적당량'이라고 하는 양이 확실하지 않은 것도 있다.

'적당량(適量)'이라고 하는 것은 마지막으로 8부 정도까지 채우는 소다수의 양을 가리킨다. 이러한 '적당량' 지정의 칵테일의 알코올 도수는 우선 글라스의 용량을 알고 그것에 8부까지 따른 경우의 사용재료의 총량을 계산하지만, 이것은 글라스에 얼음을 얼마나 넣느냐에 따라서 차이가 크다. 정확히 하기 위해서는 완성된 칵테일을 계량해보는 것이 가장 좋지만 대충대충하는 것은 글라스 용량의 약 절반이 사용재료의 총량에 해당된다고 보면 된다(제각각의 사용 글라스의 용량은 다음 '칵테일 글라스' 참조).

God-Father의 경우 '레시피'는 위스키 45mℓ, 아마레토 15mℓ, 올드패션 글라스에 얼음을 채워서 부어 스티어한다.

위스키 아마레토

$$\frac{(45\text{m}\ell \times 43\%) + (15\text{m}\ell \times 28\%)}{45+15+10} = \frac{2355}{70} = \text{약 } 34^{\circ}$$

언더락(On the Rocks)의 경우 스티어했을 때 얼음이 녹는 양 10mℓ을 분모에 플러스한다. 또 얼음을 넣은 글라스에 빌드법으로 만든 롱 드링크(적당량의 지정이 없는 것) 등 얼음이 녹는 양을 염두에 두어야 하며, 얼음을 사용하지 않는 믹스에서는 당연히 얼음이 녹는 양을 생각할 필요가 없다.

Gin Fizz의 경우 '레시피'는 드라이 진 45㎖, 레몬 주스 20㎖, 설탕 1tsp, 소다수 적당량과 소다수 이외의 재료를 쉐이커해서 텀블러(용량 300㎖)에 부어 얼음을 넣어서 차게 한 뒤 소다수로 잔을 채워 스티어한다.

드라이 진 　　레몬 주스 　　설탕 　소다수

$$\frac{(45m\ell \times 47\%) + (20m\ell \times 0\%) + 0 + 0}{300 \div 2} = \frac{2115}{150} = \text{약 } 14^{\circ}$$

글라스에 얼음(크래크트 아이스)을 3~4개 넣어 쉐이커한 재료를 글라스에 부어 전량이 글라스의 8부가 되도록 소다수를 '적당량' 채우면 된다. 칵테일북에 따라서는 위의 식 분모를 300×0.8=24로 한 것도 있지만 그러면 얼음이 전부 녹는 상태가 되므로 현재 마시고 있는 칵테일의 알코올 도수에서 현저히 동떨어진 것이 된다.

제2절 칵테일의 부재료

칵테일을 아름답게 장식하는 파일이나 야채는 먹어도 괜찮지만 또한 시각적으로 즐거움을 느끼기 위하여 많이 사용한다. 따라서 칵테일을 만들 때 없어서는 안 되는 것이기 때문에 바에서는 꼭 갖추어놓아야 할 부재료들이다.

칵테일을 아름답게 장식하는 과일이나 야채는 먹어도 괜찮지만 또한 시각적으로 즐거움을 느끼기 위하여 많이 사용한다. 따라서 칵테일을 만들 때 없어서는 안 되는 것이기 때문에 바에서는 꼭 갖추어놓아야 할 부재료들이다

1 장식 과일 및 향신료

(1) 레몬(Lemon)

레몬의 원산지는 동남아시아지만 이탈리아와 미국이 주생산지이다. 칵테일을 만들 때 부재료로 가장 많이 사용하며, 주로 생과실을 짜서 즙을 내어 이용하거나 얇게 썰어 글라스에 장식을 할 때 많이 사용한다.

신선하고 껍질이 얇은 것을 고른다. 크기는 작은 것도 있지만 45㎖ 정도 주스를 짜낼 수 있는 것으로서 칵테일을 만드는 데 충분하다. 장식을 할 경우에는 모양이 바르고 노란색의 것을 고른다.

(2) 라임(Lime)

아시아가 원산지이며, 레몬과 비슷하나 완전히 익은 후에도 녹색을 띠고 있다. 레몬보다 약간 작은 과실로서 과즙의 신맛은 레몬보다 훨씬 더 강하다.

(3) 그레이프프루트(Grapefruit)

서인도가 원산지인 자몽이 바베이도즈에서 자연변이된 것으로 껍질이 매끄럽고 열매가 탄력이 있는 것이 좋으며, 피로회복이나 피부미용에 좋은 과실이다.

⑷ 오렌지(Orange)

오렌지는 많은 종류가 있는데 그 중에서도 발렌시아 오렌지가 가장 많이 알려져 있다. 지금은 미국 캘리포니아나 플로리다에서 많이 생산되고 있으며, 주스용은 껍질이 얇아야 하고, 장식용은 두꺼운 것이 좋다.

⑸ 파인애플(Pineapple)

아나나스과의 식물로 원산지는 남아메리카이며, 이 식물에서 열리는 열매가 파인애플이다. 장식에는 열매를 그대로 사용하는 것도 있지만 깡통으로 된 통조림을 많이 사용한다.

⑹ 체리(Cherry)

체리는 벚나무에서 열리는 열매인 버찌를 말한다. 주생산 지역은 미국과 유럽이며, 이 버찌를 가공하여 병에 넣어 장식용으로 많이 사용한다. 레드 체리와 그린 체리 두 가지 형태로 만들어지며, 두 제품 모두 단맛의 칵테일에 장식한다.

⑺ 올리브(Olive)

원산지는 지중해 연안으로 올리브나무에서 열리는 열매를 말한다. 칵테일용으로 사용되는 올리브는 익지 않은 녹색 열매의 씨를 빼고 그 안에 빨간 피망을 넣은 것을 사용하며, 완전히 익은 올리브는 요리용으로 사용한다.

(8) 어니언(Onion)

우리나라에서는 양파라고 부르며, 칵테일에 사용되는 것은 작은 구슬 크기의 양파로서 드라이한 칵테일의 장식용으로 사용된다.

(9) 넛멕(Nutmeg)

인도네시아가 원산지로 넛멕나무의 열매 안에 있는 씨앗을 가지고 만들며, 칵테일에서는 계란이나 생크림 등의 재료를 사용한 칵테일의 비린내를 제거시키기 위하여 사용한다. 약간은 달고, 우유나 생크림 냄새가 난다.

(10) 시나몬(Cinnamon)

중국이나 인도네시아 등이 원산지이며, 우리나라에서는 계피라고 부른다. 칵테일에서는 주로 뜨거운 칵테일에 향을 내기 위해 사용된다.

(11) 박하(Mint)

박하에는 멘톨이라는 성분이 있어 입안을 상쾌하게 해주므로 여름에 시원하게 마시는 칵테일의 장식용으로 많이 사용하며, 박하향의 리큐어를 만들 때도 많이 사용한다.

(12) 클로브(Clove)

인도네시아가 원산지이며, 우리나라에서는 정향이라고 부른다. 뜨거운 칵테일을 만들 때 사용하며, 분말도 있다.

2 얼음, 시럽 및 기타

(1) 얼 음

양질의 얼음을 사용하지 않으면 칵테일의 맛에도 많은 영향을 준다. 잘 녹지 않는 얼음이 아니면 칵테일이 너무 싱거워진다. 수돗물은 칼크(석회) 냄새가 남아 있기 때문에 가정에서 만들어 사용할 때는 미네랄 워터를 사용하거나 시판되는 생수를 사용하면 편리하다.

- 큐브드 아이스(Cubed Ice)는 한 변이 3cm 정도의 정육면체의 얼음으로서 냉장고나 제빙기에서 만드는 일반적인 얼음이다.
- 크래크트 아이스(Cracked Ice)는 큰 덩어리 얼음을 아이스 픽으로 깨서 만든다. 직경이 3cm 정도의 크기로서 쉐이커나 스티어에 사용하기 때문에 둥근 것이 이상적이다.
- 크러시드 아이스(Crushed Ice)는 작게 깬 알갱이 모양의 얼음으로서 대량으로 만들려면 얼음분쇄기가 편리하다. 소량이라면 먼저 얼음을 마른 큰 타월 주머니에 넣은 다음에 아이스 픽의 머리 부분으로 전체를 골고루 두드려서 만든다.
- 쉐이브드 아이스(Shaved Ice)는 크러시드 아이스보다 더욱더 입자가 작다. 빙수용으로 쓰이는 얼음과 같이 눈처럼 곱게 빻는 것이다.
- 블록 오브 아이스(Block of Ice)는 1kg 이상의 큰 얼음덩어리로서 아이스 픽으로서 깨어서 사용한다. 파티 때 펀치볼에 넣어 화려함을 즐긴다.
- 럼프 오브 아이스(Lump of Ice)는 일반적으로 언더락에 가장 적당하며, 너무 올록볼록하지 않는 것이 잘 녹지 않기 때문에 좋다.

칵테일에 얼음을 사용하는 이유는 칵테일을 차갑게 함과 동시에 잘 섞이게 하기 위함이다. 얼음은 여러 가지 종류가 만들어지고 있지만 칵테일용으로 적당한 얼음은 공기가 들어가 있지 않고 투명한 크래크트 아이스이다. 이것은 단단하게 얼어 있기 때문에 쉐이커나 스티어법으로 만들 때 얼음이 잘 녹지 않고 칵테일을 차게 할 수 있기 때문이다.

일반적으로 업소에서 많이 사용하는 각 얼음(Cubed Ice)은 주스나 콜라를 마실 때 사용하는 얼음이다. 여름에 즐겨 마시는 트로피컬 칵테일의 시원함을 더하기 위하여 크러시드 아이스나 쉐이브드 아이스도 칵테일을 만들 때 사용하는 얼음이다.

이외에 펀치 · 컵 등 대용량의 칵테일을 만들 때 사용하는 블록 오브 아이스 등 많은 얼음이 칵테일을 만드는 데 사용되고 있다.

[그림 8-1]은 얼음의 종류이다.

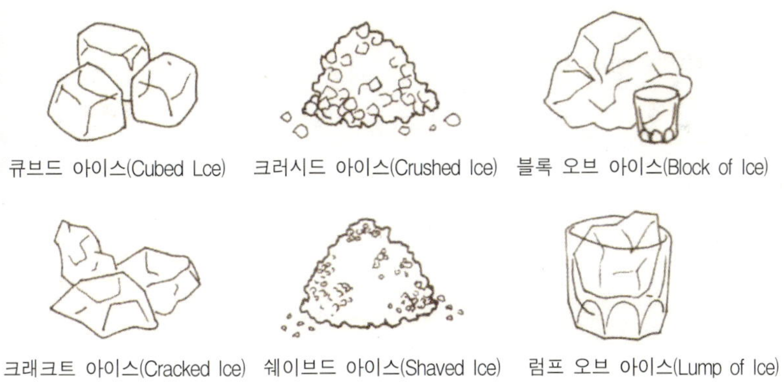

[그림 8-1] 얼음의 종류

(2) 시럽(Syrup)

프랑스어로는 시롭(sirop), 영어로 시럽(syrup)이라고 한다. 사탕과 물을 넣어 끓인 시럽이나 당밀 등에 여러 가지 과즙을 넣어 맛을 내게 한 것이며, 칵테일에는 주로 다음과 같은 종류를 사용한다.

1) 플레인 시럽(Plain Syrup)

백설탕을 물에 넣어 끓인 것이며, 심플 시럽 또는 슈거 시럽이라고 한다. 과거에 칵테일을 만들 때는 가루설탕을 사용했으나 좀더 잘 섞이게 하기 위하여 지금의 바에서는 거의 대부분이 플레인 시럽을 사용한다.

2) 검 시럽(Gum Syrup)

플레인 시럽을 오래 방치해두면 사탕이 밑으로 가라앉아 결정체를 이루게 된다. 이것을 방지하기 위하여 플레인 시럽에 아라비아의 검 분말을 가하여 만든 설탕 시럽이다.

3) 그레나딘 시럽(Grenadine Syrup)

당밀에 석류의 풍미를 가한 적색의 시럽이다. 과실향을 넣은 시럽으로 칵테일에 가장 많이 사용되는 시럽이다.

4) 라즈베리 시럽

당밀에 나무딸기의 풍미를 가한 시럽이다. 이와 비슷한 블랙베리 시럽도 있다.

5) 메이플 시럽(Maple Syrup)

미국·캐나다 등지에서 재배되고 있는 사탕단풍나무의 수액을 짜서 만든 것으로 독특한 풍미가 있다. 칵테일에는 사용되지 않으며, 빵이나 케이크를 먹을 때 사용하는 시럽이다.

(3) 설 탕

설탕은 사탕수수로부터 만들어지는 천연 감미료를 말한다. 설탕의 결정이 큰 그래뉼 설탕, 각설탕, 가루설탕 등 많은 종류가 생산되고 있지만, 칵테일을 만들 때는 차가운 물에도 잘 녹는 가루설탕을 사용한다.

(4) 계란(Egg)

계란의 크기는 여러 가지가 있지만 칵테일에 사용하는 계란은 중란을 사용하는 것이 좋다. 칵테일을 만들 때는 계란에 들어 있는 알끈은 반드시 제거시켜야 한다.

제3절 바 기구와 글라스

1 바 기구

(1) 쉐이커(Shaker)

잘 섞이지 않는 칵테일 재료를 얼음과 함께 잘 섞이도록 하는 기구로서 칵테일을 만드는 데 필요한 대표적인 기구이다. 주로 스테인리스로 된 것을 많이 사용하며, 유리 등의 다른 제품도 사용하고 있다. 일반적으로 사용하는 스탠더드 쉐이커와 보스턴 쉐이커의 두 종류가 있으며, 스탠더드 쉐이커는 캡(Cap), 스트레이너(Strainer), 바디(Body)의 3부분으로 되어 있다.

(2) 믹싱 글라스(Mixing Glass)

쉐이커에 넣고 섞으면 맛이 없어지거나 색깔이 탁해지는 재료를 가지고 칵테일을 만들 때 사용하는 기구이다. 주로 유리로 된 것이 많으며, 스테인리스로 된 것을 사용하기도 한다.

(3) 바 스푼(Bar Spoon)

칵테일을 만들 때 재료를 혼합하기 위하여 사용하는 손잡이로서 모양이 긴 스푼이다. 한쪽은 스푼으로 되어 있고, 다른 한쪽은 포크로 되어 있는 것을 많이 사용한다.

(4) 스퀴저(Squeezer)

레몬이나 라임 등의 과즙을 짤 때 사용하는 기구이다.

(5) 메저 컵(Measure Cup)

카테일을 만들 때 주재료와 부재료인 모든 술과 주스, 크림 등의 분량을 측정하는 금속성 기구로서 윗부분을 포니(Pony), 아랫부분을 지거(Jigger)라고 부른다.

(6) 아이스 픽(Ice Pick)

칵테일에 사용되는 얼음을 깨는 데 필요한 송곳을 말한다. 얼음은 칵테일에서 절대적인 것이므로 바에서는 없어서는 안 될 기구이다.

⑺ 코르크스크루(Corkscrew)

와인 웨이터(Sommelier)들이 와인의 코르크 마개를 딸 때 사용하는 기구이다. 전문가용과 일반용 등 여러 종류가 시판되고 있다.

⑻ 바 스트레이너(Bar Strainer)

믹싱 글라스에서 만든 칵테일을 글라스에 따를 때 얼음조각을 걸러주는 역할을 하는 기구이다.

⑼ 비터 바틀(Bitter Bottle)

비터를 사용하기 위한 작은 병이다. 아로마틱 비터를 사용할 때는 소량을 사용하므로 따로 비터 바틀에 넣어 사용한다. 비터 바틀은 끝이 스포이드처럼 생겨 한 방울씩 떨어뜨려 사용할 수 있다.

⑽ 스토퍼(Stopper)

왕관마개를 사용하는 탄산음료의 쓰고 남은 것을 보관하기 위하여 병 입구를 막아주는 보조 병마개이다.

⑾ 코스터(Coaster)

글라스에 흘러내리는 물을 흡수하기 위한 받침대로서 안정성 유지 및 품위를 높이기 위해서도 사용된다. 물을 잘 흡수할 수 있는 두꺼운 종이나 헝겊으로 만들어져 있는 것이 좋다.

⑿ 칵테일 핀(Cocktail Pin)

칵테일에 장식되는 과실 등에 모양을 주기 위하여 사용하는 칵테일 장식용 꽂이이다. 우산 · 피에로 · 학 등 여러 가지가 시판되고 있다.

⒀ 머들러(Muddler)

반제품의 칵테일에 제공하여 고객이 직접 설탕이나 레몬 등을 짜서 저어 마실 때 사용하는 긴 막대기이다. 진토닉 등의 탄산음료가 들어 있는 칵테일에는 사용하지 않는 것이 좋다.

⒁ 스트로(Straw)

원칙적으로 모든 음료에는 스트로를 사용하지 않지만 칵테일을 마시기 불편할 때 종종 사용된다. 여러 가지 종류가 시판되고 있으며, 사용할 때는 주의를 해야 된다. 마시는 음료에 직접 닿기 때문에 손으로 잡을 때는 음료에 닿지 않는 부분을 잡아야 된다.

⒂ 포러(Pourer)

비중이 가벼운 증류주의 양을 잘 조절하기 위해서 병 입구에 부착시키는 보조 병마개이다. 당분을 함유하고 있어 비중이 무거운 리큐어 종류에는 사용하지 않는 것이 좋다.

이외에도 사용되는 기구로서 장식용 과일을 자를 때 사용하는 프티 나이프(Petit Knife)와 도마, 와인을 냉각시킬 때 사용하는 와인 쿨러, 바 카운터에서 칵테일을 만들 때 사용하는 위생수건인 바 타월 등이 있다.

1. 얼음통과 집게
2. 샴페인/스파클링 와인 병마개
3. 감귤류 리머/즙 압착기
4. 칵테일 우산
5. 사과씨 과도
6. 멜론국자
7. 표준 3단 칵테일 쉐이커
8. 소금 뿌리개
9. 도마
10. 숟가락형 여과기
11. 칵테일 빨대
12. 캐늘레이팅 칼
13. 감귤류 즙 압착기
14. 바 스푼
15. 스트레이너
16. 야채칼
17. 제스터
18. 페어링 나이프
19. 믹싱 글라스와 유리 혼합막대
20. 보스턴 쉐이커
21. 컵 계량기
22. 유리음료막대 /머들러
23. 플라스틱 음료막대(머들러)
24. 전기믹서기
25. 스피리트 계량기
26. 코르크 마개따개/병따개
27. 넛멕 강판

[그림 8-2] 바 기구 종류

2 글라스

칵테일이란 맛·색깔·장식 등 모든 것이 조화를 이루어야 하는 하나의 예술 작품이다. 그래서 이러한 작품을 담는 글라스(Glass)의 선택은 작품이 갖는 내용이나 이미지에 영향을 미치기 때문에 세심한 배려가 필요하며, 아주 중요한 일이기도 하다. 그리고 글라스의 모양에 따라 작품 이름이 바뀌는 칵테일도 있다. 그러므로 각각의 글라스의 특징이나 용량 등을 잘 알고 있어야 한다.

칵테일에 사용되는 글라스에는 크게 나누어 밑이 평평한 글라스와 스템(Stem)이 있는 글라스의 2종류가 있다. 기본적으로 밑이 평평한 글라스는 캐주얼한 분위기, 스템이 있는 글라스는 페마루한 분위기를 가지며, 같은 칵테일이라도 올드패션 글라스에 따른다.

칵테일의 경우 긴 역사 속에서 칵테일의 스타일과 이미지에 어울리는 기술을 연마해왔지만 현재에 와서는 그러한 형식에 얽매이지 않고 만드는 사람이나 마시는 사람의 자유로운 감성으로서 글라스를 선택하는 경향이 눈에 두드러진다. 또 일반적으로 알코올 도수가 높은 술이나 짙은 맛의 술은 작은 글라스를, 가벼운 술이나 롱 드링크는 큰 글라스를 사용한다. 어느 것이나 글라스에 가득 채우지 않고 마시기 쉽도록 윗부분을 조금 남겨두면 좋다.

(1) 밑바닥이 평평한 글라스

1) 위스키 글라스(Whisky Glass)

위스키 등을 스트레이트로 마시기 위한 글라스, 스트레이트 글라스 혹은 건배를 의미하는 샷(Shot)을 붙여서 샷 글라스(Shot Glass)라고도 한다. 용량이 30㎖인 싱글, 60㎖인 더블이 있다.

2) 올드패션 글라스(old Fashioned Glass)

현재 텀블러의 원형이 된 고풍스러운 글라스, 위스키나 칵테일을 언더락 스타일로 마실 때 사용한다. 미국이나 일본에서는 락 글라스(Rocks Glass)라고 하는 명칭이 대중적이다. 근래에 와서 다양한 쇼트 드링크를 캐주얼한 락 스타일로 마시게 되었다. 용량은 180~300㎖이 있다.

3) 텀블러(Tumbler)

하이볼 글라스(Highball Glass)라고도 하며, 하이볼·진토닉 등 롱 드링크와 소프트 드링크에 폭넓게 사용되고 있다. 용량은 180~300㎖이며, 더욱 큰 것도 있다. 우리나라에서는 240㎖의 것(8oz 텀블러)이 가장 대중적이지만 국제바텐더협회에서는 10oz 텀블러를 기준 글라스로 지정하고 있다.

4) 콜린스 글라스(Collins Glass)

Tall Glass, Chimney Glass라고도 한다. 텀블러에 비교해서 키가 크고, 입구의 직경이 작기 때문에 탄산가스를 보유하기가 쉽다. 콜린스(Collins) 스타일의 칵테일을 비롯한 탄산음료, 발포성 와인 등이 들어 있는 칵테일에 적당하다. 용량은 300~360㎖가 있다.

5) 저그(Jug)

손잡이가 달려 있는 글라스의 영어 발음은 Jug이지만 일본에서는 '조키'라고 불려진다. 비어 저그(Beer Jug)와 같은 대형의 것에서부터 소형의 와인 저그(Jug)까지 다양하다. 소형의 저그(Jug)는 펀치 칵테일로서도 사용된다.

6) 펀치 컵(Punch Cup)

펀치 볼(Punch Bowl)로서 만든 펀치를 나누어 따른 손잡이가 있는 평지 글라스, 볼(Bowl)과 세트로 되어 있는 것도 많다. 용량은 200㎖ 정도이며, 스템이 있는 글라스이다.

(2) 스템(Stem)이 있는 글라스

1) 리큐어 글라스(Liqueur Glass)

리큐어를 스트레이트로 마시기 위한 글라스 위스키나 스피리트를 스트레이트로 마실 경우에도 사용된다. 볼(Bowl)이 단형인 푸스카페에 맞는 디자인의 리큐어 글라스도 있다. 용량은 30~45㎖의 것이 일반적이다.

2) 쉐리 글라스(Sherry Glass)

쉐리를 마시기 위한 글라스이지만 근래에 와서는 위스키나 스피리트를 스트레이트로 향미(香味)를 천천히 즐기면서 마시는 경우에도 사용된다. 와인 글라스보다 조금 작고, 슬림(Slim)한 디자인으로서 용량은 60~75㎖가 있다.

3) 사우어 글라스(Sour Glass)

사우어 스타일의 칵테일을 마시는 글라스로서 용량 120㎖ 정도의 중간 크기의 글라스이다. 우리나라에서는 스템이 있는 글라스가 거의 대부분이지만, 외국에서는 평평한 글라스가 사용되고 있다.

4) 칵테일 글라스(Cocktail Glass)

쇼트 드링크 칵테일을 위한 글라스는 글라스를 너무 기울이지 않아도 마실 수 있는 삼각형의 볼을 가진 것과 우아한 곡선의 것 등 디자인도 다양하다. 용량은 90㎖가 표준이지만 60㎖, 75㎖의 칵테일 글라스도 있다. 용량 120~150㎖의 대형 칵테일 글라스(large cocktail glass)는 계란을 사용하는 칵테일에 사용된다.

5) 샴페인 글라스(Champage Glass)

입구 부분이 넓은 소서형 샴페인 글라스와 입구가 좁고 글라스의 길이가 긴 플루트형 샴페인 글라스가 있다. 소서형은 건배용으로 사용되는 경우가 많으며, 탄산가스가 빨리 빠져나가기 쉽다. 오히려 계란을 사용한 양이 많은 칵테일이나 파르페, 프로즌 스타일의 칵테일 등에 편리한 글라스이다.

플루트형은 탄산가스가 날아가기 어렵기 때문에 식사와 함께 샴페인을 즐길 수가 있다. 샴페인의 발포성을 살린 칵테일에 어울리는 글라스이기도 하다. 용량은 어느 것이나 120㎖가 표준이다.

6) 와인 글라스(Wine Glass)

와인의 전통이 넘쳐나는 유럽의 여러 나라를 비롯한 각국에서 그 나라의 특색을 느낄 수 있는 다양한 디자인의 와인 글라스가 생겨나고 있다. 또 레드 와인용, 화이트 와인용 등 와인의 종류에 따라서도 디자인이나 크기도 다르다.

일반적으로 와인의 색·향기·맛을 보존하고 즐기기 위하여 무색투명, 글라스의 테두리가 얇고 스템이 있는 것, 글라스의 테두리가 안쪽으로 굽어서 향기를 글라스 내에 가두어두는 디자인이며, 구경이 6.5㎝ 이상(마실 때에 코가 글라스 내에 들어감)이 이상적이다. 용량은 150~200㎖ 이상이 필요하다.

7) 고블릿(Goblet)

얼음을 넣은 롱 드링크나 소프트 드링크, 비어(Beer) 등에 사용된다. 용량 300㎖가 표준이지만, 대형의 고블릿도 많이 있다.

8) 브랜디 글라스(Brandy Glass)

튤립형의 대형 글라스로서 윗부분이 오므라진 부분에 향기가 모이도록 만들어져 있다. 스니프터(Snifter : 향기를 맡는 곳)라고도 하며, 브랜디의 향미를 스트레이트로 맛보는 글라스이다. 용량은 240~300㎖가 표준이다.

참고적으로 국제바텐더협회에서 개최하는 칵테일 대회에서 사용하는 기준 글라스의 용량은 다음과 같다.

- Cocktail Glass : 3oz=90㎖
- Double Cocktail Glass : 4~5oz=120~150㎖
- Brandy Snifter : 8oz=240㎖
- Tumbler : 10oz=300㎖
- Old-Fashioned Glass : 9oz=270㎖
- Champagne Glass Flute : 5oz=150㎖

(3) 글라스의 종류

트로피컬
샴페인
올드 패션드
하이 볼
비어 머그
화이트 와인
레드 와인
사우어
탐 콜린스
샷
브랜디
쉐리 와인
마르가리타

▸ 화이트 와인
▸ 사우어
▸ 트로피컬
▸ 리큐어

▸ 칵테일 필스터
▸ 비어 필스너
▸ 탑 콜린스
▸ 쉐리 와인

▸ 글라스 머그
▸ 하이 볼
▸ 비어 머그

제4절 칵테일의 제조방법

칵테일을 만들 때 가장 중요한 것은 각각의 칵테일이 갖는 특성을 잘 이해하여 만드는 것이며, 본래 칵테일 그 자체의 맛을 변화시켜서는 안 된다. 항상 그 칵테일의 목적에 맞는 맛, 색깔, 장식, 알코올 도수 등을 생각하여 만들어야 하며, 고객의 입맛에 맞도록 임의적으로 만들어서는 안 된다. 예를 들어 신맛이 생명인 칵테일을 고객이 단맛을 좋아한다고 하여 단맛이 나는 칵테일로 만들어서는 안 된다는 것이다. 차라리 단맛이 나는 다른 칵테일을 추천하는 것이 옳은 방법이다.

이렇게 제대로 된 칵테일을 만들기 위해서는 다음과 같이 칵테일을 만드는 방법을 정확하게 알고 있어야 한다.

1 빌드법

칵테일을 만드는 방법 중 가장 쉬우면서도 맛을 내기가 가장 까다로운 것이 바로 빌드법으로 만드는 것이다. 쉐이커나 믹싱 글라스 등의 기구를 사용하지 않고, 글라스에 직접 재료를 넣고 만드는 방법을 말한다.

대표적인 것으로는 진토닉, 블랙 러시안 등이 있으며, 글라스에 얼음과 주재료, 부재료의 순서대로 넣고 바 스푼으로 저어서 만든다. 주의할 것은 리큐어·주스·우유 등 잘 섞이지 않는 것은 바 스푼으로 여러 번 저어야 되지만 탄산가스를 함유하고 있는 콜라나 토닉 워터 등은 탄산가스가 빠지지 않게 조심히 저어서 만들어야 한다.

빌드법은 다음과 같다

- 글라스에 잘 냉각된 재료를 붓는다.
- 바로 얼음을 넣는다. 얼음은 크래크트 아이스 3~4개를 글라스 8부 정도까지 넣는다. 글라스에 가득 채우면 마지막에 빌드가 잘 되지 않기 때문에 주의한다.
- 가볍게 빌드한다. 보통 2~3회 하지만 발포성이라면 1~2회가 좋다.

2 쉐이커법

쉐이커법(Shake)은 칵테일을 만드는 방법 중에서 가장 기본이 되는 것이다. 계란이나 리큐어·시럽·크림 등의 잘 섞이지 않는 재료들을 전부 쉐이커라는 기구에 넣어 쉐이커법으로 만든다.

쉐이커는 세 부분(Cap, Strainer, Body)으로 나누어져 있으므로 얼음과 재료를 넣고 흔들기 전에 먼저 이 세 부분이 정확히 결합되어 있는가를 확인하여야 한다.

그리고 고객을 중심으로 30° 정도 좌측으로 비스듬히 하여 쉐이커해야 한다.

항상 두 손을 사용하여 쉐이커를 해야 하며, 가슴에서 곧 바로 전·후진을 하여 흔드는 것이 좋다. 처음에는 '흔든다'는 개념으로 하지만 프로가 되기 위해서는 '섞는다'라는 개념으로 해야 된다.

쉐이커의 기술은 다음과 같다.

- 쉐이커에 재료를 넣는다.
- 얼음을 쉐이커에 7~8부까지 넣는다.
- 스트레이너를 닫은 다음 컵을 조용히 닫는다.

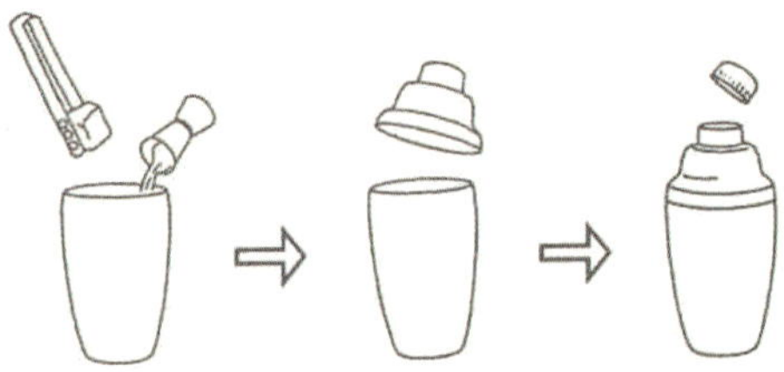

순서를 반대로 하면 안 되는 이유는 쉐이커 부분의 공기가 압축되어 바디가 튀어 분리되기 때문이다.

- 컵은 손 앞으로 해서 왼손 엄지손가락으로 스트레이너를 누르고, 중지와 약지는 바디의 바닥 또는 가장자리에 댄다.

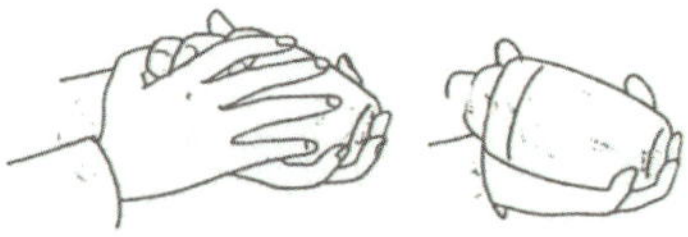

- 오른손 엄지손가락 끝은 컵을 누르고 양손으로 쉐이커를 껴안듯이 잡는다. 등쪽의 힘을 빼고, 양쪽 겨드랑이는 죈다.

• 쉐이커한다.

45° 상　　→　　정면　　→ 45° 하 순으로 흔든다.

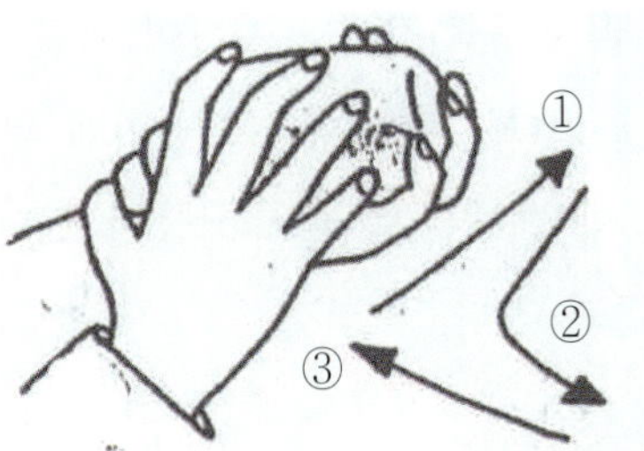

횟수는 15~16회로 기준으로 하고, 계란 · 생크림 등 섞이기 어려운 재료는 20~25회를 눈대중으로 한다.

- 쉐이커 중 얼음이 강하게 부딪치지 않도록 직선적으로 흔들지 않아야 한다. 얼음이 깨어져 너무 싱겁게 되지 않도록 한다.
- 재료에 공기가 녹아 들어간 것 같은 기분으로 흔든다. 공기가 많이 포함된 음료는 맛이 좋다.
- 손목의 스냅을 주어 리드미컬하게 쉐이커한다.
- 쉐이커가 끝나면 오른손으로 스트레이너와 바디를 누르고, 왼손으로 컵을 열어 재빠르게 오른손으로 글라스에 붓는다.

3 스티어법

순도가 높고 투명도가 좋은 재료를 쉐이커하여 만들면 색깔이 탁해지거나 깔끔한 맛이 없어진다. 이러한 재료를 사용하여 칵테일을 만들 때는 믹싱 글라스에 얼음과 재료를 넣고, 바 스푼으로 가볍게 젓는 스티어(Stir)법으로 만들어야 한다.

믹싱 글라스에 먼저 얼음과 주재료, 부재료의 순서로 넣고, 바 스푼을 사용하여 천천히 저어서 만든다. 글라스에 따를 때는 스트레이너를 사용하여 얼음을 걸러주어야 한다.

이때에 주의할 것은 너무 오래 휘젓거나 시간이 걸릴 경우 칵테일이 너무 희석되어 제 맛을 내지 못하게 된다는 점이다. 이 방법에 의하여 조주되는 대표적인 칵테일로는 마티니(Martini)와 맨해튼(Manhattan) 등이 있다.

스티어법의 기술은 다음과 같다.

- 믹싱 글라스에 재료를 넣는다.

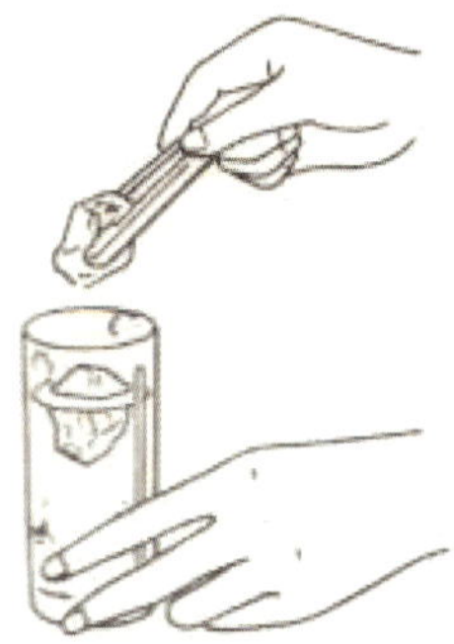

- 계속해서 쉐이커 때보다 더 큰 얼음을 재료보다 높게 얼음의 머리 부분이 조금 나올 정도로 넣는다. 재료에 닿지 않는 여분의 얼음이 있다면 물 같고, 맛없는 칵테일이 되어버린다.
- 믹싱 글라스를 따를 때 입구는 좌측으로 하고, 왼손으로 아래쪽을 눌러서 고정시킨다. 이 방향으로 해두면 완성된 칵테일을 빠르게 글라스 부분에 따를 수가 있다. 바 스푼은 중지와 약지로서 나선상으로 된 부분을 사이에 키우고, 엄지손가락과 검지손가락을 가볍게 잡는다. 스푼의 등은 믹싱 글라스 안쪽에 닿는 상태, 스푼의 끝은 믹싱 글라스의 바닥에 붙은 상태로서 끌듯이 돌린다. 정확히 스티어하면 바 스푼 자체가 회전한다. 얼음도 전부

함께 돌리며, 얼음과 얼음은 부딪치지는 않게 한다.

• 프로 바텐더는 얼음의 소리가 나지 않고 어루만지듯이 스티어한다. 또 글라스를 조금 기울이면 잘 섞인다. 회전시키는 횟수는 15~17회 정도이지만 양에 따라서 다르기 때문에 왼손 엄지손가락으로 적당한 온도를 판단한다.

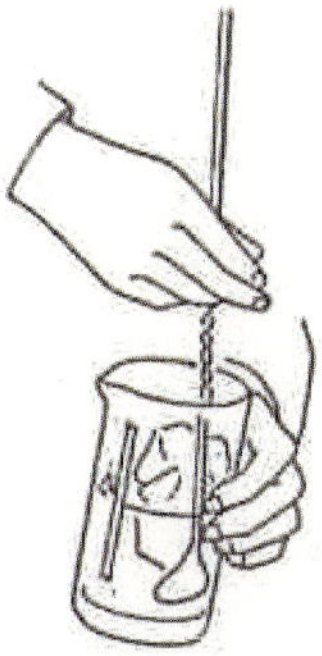

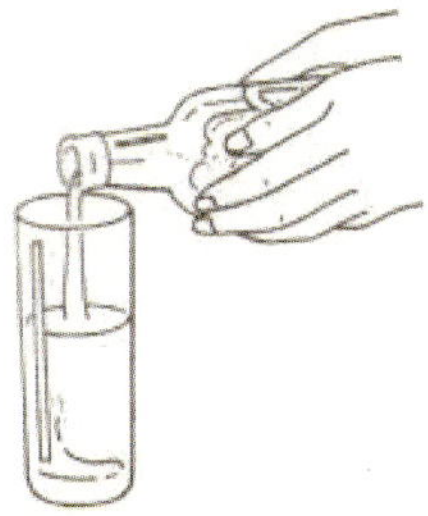

• 재료가 충분히 냉각되면 스푼을 얼음의 회전에 맞추어서 재빠르게 뺀다. 얼음의 회전을 갑자기 정지시키면 얼음에 재료가 닿아 물같이 싱겁게 되어버린다.

• 믹싱 글라스에 스트레이너를 덮는다.
• 검지손가락으로 스트레이너의 중앙을 누르고, 다른 네 개 손가락으로 믹싱 글라스를 잡고 칵테일 글라스에 따른다.
• 처음에는 조금 천천히 나머지는 빠르게 붓는다.

•7~8회 돌린다. 등이 항상 바깥쪽을 향하도록 빼낼 때도 등을 위로 향해서 뺀다.

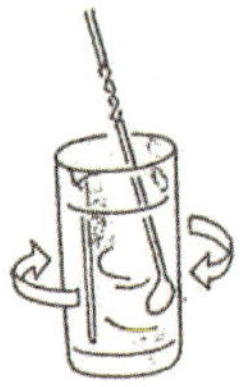

4 블렌드법

블렌드(Blend)란 '혼합하다'란 뜻으로 여러 가지 재료를 전기 믹서기에 넣어 고속 회전시켜 만드는 방법을 말한다. 우리나라에서는 전기 믹서기라고 부르고 있지만, 미국에서는 블렌더(Blender)라고 부르고 있다. 주로 프로즌 스타일을 만들 때 사용하며, 만들어진 칵테일은 셔벗식으로 제공된다. 과일이 들어가는 것은 과일을 먼저 넣고 가루얼음, 주재료 등의 순서대로 넣는다.

블렌드의 방법은 다음과 같다.

- •블렌드는 술, 과일, 주스류, 크러시드 아이스 등의 재료를 정해진 분량만큼 넣는다.
- •도중에 튀어나가지 않도록 확실히 뚜껑을 닿고 스위치를 넣는다.
- •중간상태에 점검하면서 적당히 되었을 때 스위치를 끈다.
- •글라스에 붓는다. 프로즌 스타일인 것은 바 스푼으로 긁어내지만 글라스에 깨끗하게 담도록 주의한다.

크러시드 아이스

뚜껑을 확실히 닫는다.

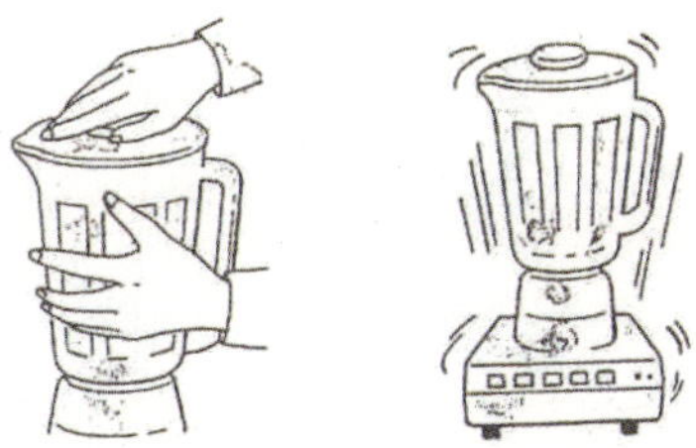

프로즌 타입의 것 등은 바 스푼으로 사용해서 긁는다.

깨끗하게 담는다.

5 플로트

플로트(Float)란 비중이 서로 다른 술을 색깔별로 층층이 쌓아서 만드는 것을 말한다. 주로 푸스 카페 글라스나 리큐어 글라스를 많이 사용하며, 이렇게 층층이 쌓아서 만드는 칵테일을 푸스 카페 스타일이라고 한다. 플로트할 때는 바 스푼의 뒷부분을 이용하여 밑의 재료와 서로 섞이지 않게 천천히 조심해서 쌓아야 한다.

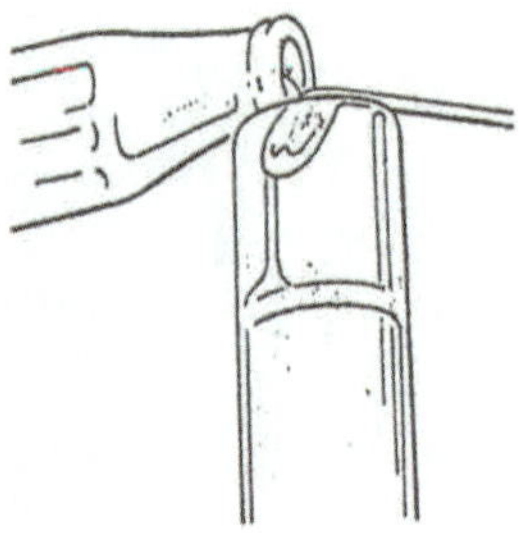

6 프로스트

프로스트(Frost)란 글라스 가장자리에 레몬즙이나 라임즙을 바르고, 설탕이나 소금으로 장식을 하는 것을 말한다. 일명 스노 스타일(Snow Style)이라고도 부르는데 이것은 네덜란드식 영어 표기이다.

먼저 글라스 가장자리에 레몬즙이나 라임즙을 바르고, 접시에 담겨 있는 설탕이나 소금을 묻히면 된다. 스노 스타일은 소금이나 설탕을 글라스 가장자리에 묻히는 것이며, 솔티독이나 마가리타와 같이 소금을 사용하는 것을 솔트 스타일(Salt Style)이라고도 하지만 암염을 사용하는 것이 정통이라고 한다.

스노 스타일을 한 글라스에 칵테일을 8부까지 따른다. 설탕이나 소금의 부분이 조금이라도 젖으면 그 부위가 넓어져 더러워지기 때문에 주의한다.

- 글라스 테두리에 반으로 자른 레몬을 맞추어 1회전시켜서 즙으로 바른다.
- 평평한 접시에 설탕이나 소금을 전면에 갈아서 반대로 한 글라스에 누른다.

- 글라스를 조금 돌려서 들어올린다.
- 여분의 설탕이나 소금은 글라스를 손으로 튀겨서 털어낸다. 설탕은 그래뉴당, 소금은 가정용 정제염을 사용한다.

7 계량컵 사용법

칵테일을 만들 때의 모든 재료는 계량컵을 사용하는 것을 원칙으로 한다. 계량컵을 손으로 잡을 때는 엄지와 검지를 사용하여 계량컵의 허리 부분을 잡고, 나머지 손가락은 자연스럽게 붙인다. 그리고 양을 계량할 때는 윗부분인 포니만 사용하고, 아랫부분인 지거 부분은 사용하지 않는다.

술을 따를 때는 계량컵의 가장자리에 병목이 닿지 않도록 주의해야 하고, 가장자리로부터 위로 약 1㎝ 정도 띄워서 따른다.

8 병 사용법

칵테일을 만들기 위하여 술병을 잡을 때는 주의를 해야 된다. 그것은 정확한 양과 고객에 대한 서비스이기도 하다. 병을 잡을 때는 무게의 중심을 잡을 수 있도록 병의 중간 부분을 잡아야 하며, 병목을 잡으면 안 된다. 또 고객에게 상표가 보이도록 항상 상표 뒷부분을 잡아야 된다.

9 칵테일 장식법

칵테일은 맛이 있어야 할 뿐만 아니라 보기에도 아름다워야 하므로 장식은 칵테일에 있어서 매우 중요하다. 칵테일을 장식하는 데코레이션(Decoration)은 액세서리라고도 하며, 그것은 칵테일의 색채 변화와 향기를 조화시키는 역할을 한다.

정통적인 칵테일에서는 데코레이션의 유무가 결정되어 있는 일이 많다. 그러나 칵테일은 재료의 배합비율이 같은 것이라도 데코레이션에 따라 그 명칭이 달라진다.

장식에 사용되는 재료는 과실류들이며, 장식하는 요령은 바텐더의 창의성과 기술에 의해서 신선한 재료를 청결한 칼로 예쁘게 썰어 칵테일이 분위기를 살려야 한다.

칵테일 장식에 있어서 유의사항은 다음과 같다.

- 과일은 잘 씻어 청결해야 하며, 신선해야 한다.
- 장식은 색이나 맛에서 칵테일과 어울려야 한다. 즉 체리는 감미 타입의 칵테일에, 올리브는 쌉쌀한 칵테일에, 오렌지는 오렌지 주스가 가미된 칵테일에 장식하는 것이 좋다.
- 장식이 조잡하거나 많은 손질이 가미된 장식은 피해야 한다.
- 글라스 크기 및 칵테일의 양에 어울리는 장식의 크기·두께 등을 선택해

야 한다.

- 짜거나 달거나, 신맛 등의 인공미를 가하지 않은 원상태의 과일을 사용한다.
- 과일장식 외에 잡맛이 배어서는 안 된다.
- 지나친 장식이 있는 칵테일 핀은 가급적 피한다.
- 지나친 장식이 있는 스트로는 가급적 피하며, 칵테일에 어울리는 스트로의 색상을 선택한다.
- 과일장식을 할 경우 지나친 칼집으로 과일장식이 떨어지거나 흐트러져서는 안 된다.
- 칵테일에 전체적인 아름다움이 있어야 한다.

10 칵테일 조주시의 유의사항

칵테일은 바텐더가 조주기법에 의해 술을 혼합하여 만드는 것으로서 각각의 성분들이 조화롭게 이루어져야 한다. 전세계적으로 헤아릴 수 없을 만큼의 칵테일에 있어 실로 무제한적이라 할 수 있다.

칵테일 조주시 바텐더가 지켜야 할 기본적인 사항은 다음과 같다.

칵테일 조주 기구는 항상 청결하며, 정리정돈이 잘 되어 있어야 한다. 각종 기물은 사용 후 즉시 세척하여야 한다.

칵테일 조주시 표준 레시피의 용량을 지켜 칵테일의 양이 모자라거나 남아서는 안 된다. 칵테일의 재료 및 부재료는 항상 신선함을 유지해야 한다. 각종 기물 및 음료는 조심성 있게 취급해야 한다. 조주시 잡담 혹은 장난을 쳐서는 안 된다.

표준재료와 부재료를 사용해야 한다. 칵테일에 맞는 글라스를 사용해야 하며, 글라스를 올바르게 잡아야 한다. 칵테일의 장식은 조잡스럽지 않아야 하며, 가급적 손으로 만지지 않도록 해야 한다.

조주시 떨거나, 우물쭈물함 없이 자신 있게 신속히 조주해야 한다. 혼합되는 재료와 부재료의 성분과 특성을 충분히 고려하여 그에 맞는 조주의 강도 및 시간 등을 배려해야 한다.

바른 자세로 조주해야 하며, 올바른 조주기법(순서)을 지켜야 한다. 음료를 흘리거나, 튀기거나 하여 바 카운터가 지저분하지 않도록 해야 한다. 음료의 위치를 칵테일의 조주에 용이하도록 진열하여 칵테일 조주시 음료의 위치를 몰라 찾아다녀서는 안 된다.

공손하며, 밝은 표정으로 올바르게 서브해야 한다. 청량음료나 과즙음료의 제공시 얼음을 과다하게 넣어 음료의 맛을 떨어뜨려서는 안 되며, 탄산가스가 주입된 음료는 쉐이커해서는 안 된다.

각각 다른 칵테일의 조주시 온도변화가 적은 칵테일을 조주하고, 온도변화에 민감한 칵테일은 마지막에 조주한다.

진열된 글라스와 기물 및 각종 양주의 청결에 유의해야 한다.

글라스의 파손에 유의해야 하며, 글라스의 이상 유무를 확인한다. 고객의 기호에 부흥하는 조주를 해야 한다. 고객이 바텐더를 항상 지켜보고 있음을 인식하고 예의바른 몸가짐과 위생청결에 유의하여 업무를 수행해야 한다.

제5절 바텐더의 기술과 경영

1 바의 구조와 경영

(1) 바(Bar)의 구조

'바(Bar)'는 프랑스어의 'Bariere'에서 온 말로 고객과 바맨(Bar Man) 사이에 가로질러진 널판을 바(Bar)라고 하던 개념이 지금에 와서는 술을 파는 식당을 총칭하는 의미로 사용되고 있다. 즉 바란 아늑한 분위기로 된 장소에서 바텐더(Bartender)에 의해 고객에게 술(Alcoholic Beverage)을 팔거나 제공하는 장소를 말한다.

바의 종류는 다음과 같다.

1) 메인 바(Main Bar)

호텔의 대표적인 주장으로서 다양한 메뉴를 확보하고, 대고객 서비스에 기여함과 동시에 각 주장의 원활한 음료의 공급과 분배를 조정·통제하는 주장이기도 하다.

2) 멤버십 클럽 바(Membership Club Bar)

회원제 바이다. 회원의 입회비와 연회비로 운영되므로 회원이나 회원과의 동행인만이 출입할 수 있는 고급주장으로서 회원에게 제공되는 여러 가지 부가적 특전이 있다. 또한 입회비와 연회비는 호텔 주장마다 차이가 있으나 지역에 따라 특1등급 관광호텔의 경우 입회비가 1,500~2,500만 원 정도이다.

3) 라운지 바(Lounge Bar)

라운지의 위치와 성격에 따라 스카이 라운지, 로비 라운지 혹은 칵테일 라운지라고도 한다. 라운지 바는 커피숍과 같이 비알코올성 음료도 판매하기도 하지만 식사는 제공하지 않으며, 주로 스페셜 음료와 알코올성 음료를 갖추고, 고객의 만남의 장, 혹은 휴식의 장으로 많이 활용된다.

4) 레스토랑 바(Restaurant Bar)

주로 양식당의 일정부분을 분할하여 주장시설을 갖추고 양식당의 각종 음료를 원활히 공급함과 동시에 주장고객을 확보하고, 주방의 효율성을 갖기 위해 식당 내부에 주장을 함께 운영하는 주장이다. 그리고 이와 유사한 팝(Pub) 레스토랑 바는 회원제의 고급주장이 아닌 대중식당 바, 즉 선술집을 의미한다.

5) 나이트클럽 바(Night Club Bar)

나이트클럽은 호텔 직영과 임대로 구별되며, 호텔의 내・외 고객을 대상으로 영업을 한다. 특수조명과 무대를 설치하고, 무도장을 확보하여 술과 음악 그리고 춤을 상품의 구성요소로 한다. 성인용 나이트클럽에서는 여성 접대부를 고용하는 곳도 있다.

6) 웨스턴 바(Western Bar)

서구풍의 현란한 음악과 함께 주로 스툴 체어를 설치하여 가볍게 술을 즐기는 주장으로서 젊은 층을 겨냥하고 있으며, 놀이시설(포켓볼・다트 등)을 설치하고 있어 스포츠 바와의 영역 구별이 쉽지 않다.

7) 스포츠 바(Sports Bar)

주장에 다트나 포켓볼·당구대·오락게임기 등의 스포츠성 기기를 설치하고 이를 무료로 이용하도록 하며, 동시에 음료와 식료를 판매하는 공간으로서, 간이무도장을 설치한 영업 콘셉트의 주장도 있다. 주로 젊은 층의 고객을 대상으로 영업을 하고 있으며, 일명 엔터테인먼트 센터라고도 한다.

8) 이동식 바(Movement Bar)

각종 연회행사에 지원되는 임시주장과 각 주장 혹은 식당·객실 등에 각종 음료를 조주할 수 있고, 고객 앞에서 각종 음료를 제공할 수 있는 이동식 바이다.

9) 재즈 바(Jazz Bar)

근래에 등장한 영업 콘셉트로 젊은 층을 겨냥하여 재즈음악을 즐겨 들려주거나 재즈 연주를 하고, 재즈풍의 장식으로 설비된 선술집이다.

10) 노천 카페(Out Door Cafe)

호텔 밖, 즉 광장·가든·수영장 등지에 간이주장을 설치하여 운영하는 주장으로서 가격이 저렴하다는 장점이 있으며, 여름이나 가을 한철 개장하는 계절성 주장이다.

11) 가라오케 바(Karaoke Bar)

고객이 음악 반주에 맞추어 노래를 부를 수 있는 유흥적 요소를 제공함과 동시에 음료를 판매하는 영업 콘셉트이다. 그리고 오늘날 객실을 마련하여 동행인들만이 가무를 즐기도록 별도의 시설을 갖추고 있는 경우도 있다.

이외에 주로 임대주장에서 운영하는 룸살롱 · 단란주점 · 가요주점 · 카바레 등도 있다.

특히 호텔 바에는 시설 분위기에 있어서 호텔의 성격에 알맞은 도구와 디자인이 필요하고, 조명과 음악의 특징이 있어야 함은 물론 조주의 기술과 서비스가 뛰어나야 한다.

조주사(Bartender)는 고객과 마주서서 같이 환담을 즐기며 서비스를 제공해야 한다. 바에는 헤드 바텐더(Head Bartender)를 위시해 바텐더(Bartender), 바 포터(Bar Porters), 셀러맨(Cellar Man : 술관리자), 바 보이(Bar Boy : 술의 주문과 서비스를 담당) 및 엑스트라(Extras : 집기 세척 및 준비) 등으로 인원이 구성되어 있다.

바의 카운터 · 테이블의 모형으로는 가족적인 분위기를 조성할 수 있는 클래식형과 공간을 경제적으로 이용할 수 있는 엘(L)자형으로 나눌 수 있고, 그 카운터 테이블의 폭은 일반적으로 40㎝, 높이는 120㎝를 기준으로 설치하면 가장 이상적이다.

(2) 주장 종사자의 직무분석

주장경영에서 미래지향적이며 경영성과를 극대화하기 위해서 전문성을 가진 유능한 종사자의 확보가 무엇보다 중요하며, 이는 곧 경쟁력이다. 따라서 주장에 근무하는 각 종사자들은 각종 음료에 관한 전문적인 지식의 습득은 물론 오랜 경험을 동시에 필요로 한다.

그러므로 개개인의 업무수행은 팀워크가 맞아야 작업이 형성될 수 있으며, 대고객 서비스에 만전을 기할 수 있다.

주장 부문 종사자의 직무를 살펴보면 다음과 같다.

1) 음료과장 또는 음료부장(팀장)

주장 부문의 최고책임자로서 각 주장의 운영상태 파악 및 적절한 인원 배치, 서비스 교육, 각종 음료의 적정재고 수준유지를 위한 구매관리 · 메뉴관리 · 원가관리 · 판매관리 등의 운영 전반에 책임을 지며, 타 부문과의 유기적인 조정자 역할을 한다.

2) 주장지배인

주장지배인(Bar Manager)은 주장운영의 실질적인 책임자로서 고객관리 및 인사관리, 근태관리, 서비스 교육뿐만 아니라 영업관리의 책임을 진다. 구체적인 사항은 다음과 같다.

- 캡틴, 웨이터, 웨이트리스, 버스 보이, 바텐더 등에 대한 교육훈련과 감독을 한다.
- 영업 및 서비스에 관한 제반사항을 지휘 · 통제하며, 종사자에 대한 업무와 영업준비를 지시한다.
- 예약접수 현황과 준비사항을 점검하고, 각 담당자의 임무에 대한 세부적인 사항을 지시한다.
- 종사자들의 근무시간표를 작성한다.
- 영업 준비물들이 적절한 수준에 있는지를 확인 · 점검한다.
- 호텔기업의 각 부문별 조직에 필요한 상황이 발생했을 때 필요사항을 전달하고, 상호 협조하고 조정을 한다.
- 고객에게 영업안내를 하며, 각 서비스 스테이션의 균형 유지에 힘쓴다.
- 고객들의 불평처리와 서비스에 대한 총괄적인 책임을 진다.
- 마감작업이 완전히 이루어졌는지, 또 모든 기기와 장비가 잘 정비

되어 있는지를 확인 · 점검한다.

- 주장의 모든 서비스에 대한 지휘 · 통솔과 동시에 주방 종사자와의 협력과 조화를 이루도록 조정한다.
- 영업장의 영업 활성화를 위한 특별행사 등을 계획 · 실시한다.
- 표준 레시피를 만들어 각 바텐더에게 배포 · 비치하도록 하며, 교육을 담당한다.
- 음료의 재고관리를 감독하며, 영업종료 후 영업일지 및 재고조사표를 검토 · 확인한다.

3) 부지배인

부지배인(Assistant Manager)은 평상시 지배인을 보좌하며, 영업장 운영관리, 특히 대고객 서비스 관리를 주업무로 하고, 지배인의 부재시 업무를 대행한다.

4) 캡 틴

캡틴(Bar Captain)은 헤드 웨이터(Head Waiter)라고 불리기도 하는데, 중·소 주장에서는 부지배인이 없고, 캡틴이 그 역할을 대신하기도 한다. 캡틴은 접객책임을 맡고 있는 책임자로서 웨이터나 실습생을 관리 · 감독하며, 식음료 서비스에 있어서 주문과 서비스를 담당한다.

캡틴의 직무를 구체적으로 살펴보면 다음과 같다.

- 영업시작 전에 담당구역의 서비스에 대한 교육훈련을 실시한다.
- 웨이터에 대한 작업지시 및 감독을 한다.
- 고객을 영접하며, 주문을 받는다.
- 웨이터 및 실습생에 대한 음료 및 서비스에 대한 교육훈련을 실시

한다.

- 각종 집기 및 리넨류를 관리한다.
- 고객을 전송하며, 그 다음 테이블을 재정비하도록 지시한다.
- 신입사원 및 실습생의 교육을 담당하며, 영업장 내의 행정 및 관리 업무를 수행한다.

5) 상급 조주사

상급 조주사(Senior Bartender)는 고객과의 환담은 물론 바 카운터의 서비스를 책임진다. 고객의 기호를 파악하여 적절히 제공하며, 고객 양주의 보관・관리를 책임진다.

바텐더의 교육 및 음료의 적정재고 여부를 점검함과 동시에 각종 음료의 전문적인 지식과 경험을 바탕으로 술의 제조는 물론, 음료의 메뉴를 개발하여야 한다. 즉 음료의 생산자이자 판매자이며, 바 카운터의 서비스 제공의 책임을 진다.

상급 조주사의 직무를 구체적으로 살펴보면 다음과 같다.

- 음료 및 부재료에 대한 적정재고를 파악하고, 보급 및 관리업무를 한다.
- 바 카운터 내 청결과 정리정돈 상태 등을 수시로 점검하며, 각종 장비 및 기물을 관리한다.
- 칵테일은 제조명세서(Recipe)에 의해서 제조되어야 하며, 지정된 계량기와 글라스를 사용하여야 한다.
- 영업종료 후 음료 재고조사를 실시하여 재고조사서를 작성・보고한다.
- 음료에 대한 충분한 지식을 숙지하여 바텐더나 보조 바텐더의 교육훈련을 담당한다.

- 음료에 대한 지식과 경험을 바탕으로 하여 음료상품을 개발한다.
- 바 카운터의 판매촉진을 향상시키도록 함과 동시에, 품목별 판매집계를 낸다.
- 바 카운터의 고객을 관리한다.
- 고객의 귀중품 보관 책임을 진다.
- 음료의 무전취식이나, 손실방지를 관리 · 감독한다.

6) 조주사

조주사(Bartender)는 상급 조주사를 도와서 바 카운터의 고객서비스를 담당함과 동시에 상급 조주사의 부재시 업무를 대행하며, 음료의 생산 · 판매를 담당한다. 각종 음료의 적정재고의 확보 및 바 카운터의 영업준비와 마무리를 책임진다.

칵테일 레시피는 규정된 처방에 준하여 만들어야 한다. 항상 명랑 쾌활해야 하며, 대고객 서비스에 만전을 기해야 한다. 음료를 규정보다 적게, 혹은 많게 주어서는 안 되며, 고객이 보는 앞에서 만들어 제공해야 한다.

또한 요금의 영수관계를 명확히 해야 한다. 주장의 기물관리를 담당하며, 소모품 등을 절약해야 한다. 모든 기물을 정리정돈하며, 냉장고 · 제빙기 등의 작동 유무를 확인하고, 청결을 유지한다. 고객의 음료를 보관할 경우 날짜 · 양 등을 고객 앞에서 명확히 표기하여 보관한다. 조주수의 업무지시 및 교육을 담당한다.

7) 조주수

조주수(Bar Boy)는 조주사를 도와 바 카운터 내 영업의 준비, 기물의 관리 및 세척, 정리정돈, 청소 등을 책임진다.

8) 주장 접객종사자

고객의 주문을 받아 조주사에게 음료를 주문하고, 주방에서 만든 음료를 가져다가 고객에게 제공한다. 고객의 서비스를 담당하며, 주장 내의 서비스 기물·장비 등의 관리·보관·정리·정돈상태를 책임진다.

먼저 영업시간 전에 영업에 필요한 사항을 준비한다. 메뉴, 할당된 구역, 부수적인 업무와 테이블 번호 등을 숙지하여야 한다.

담당 케이블의 영접, 음료의 주문, 그리고 서비스를 담당한다. 고객이 테이블에 있는 경우에는 항시 주시하여 고객의 부름에 즉시 응한다. 고객의 요구에 따라 계산서를 제공하고, 이상 유무를 확인한다. 고객이 이용한 테이블은 다음 고객을 접대하기 위해 테이블을 즉시 재정비한다. 지배인 및 담당 캡틴의 지시에 따르고, 동료직원과 협조하여야 한다. 보조 웨이터, 웨이트리스에게 지시나 감독을 하며, 도와주어야 한다. 서비스 스테이션의 청결 및 준비물품의 적정재고를 확보한다. 고객으로부터 주문을 받아 생산 담당자에게 인수하며, 상품을 고객에게 제공한다.

담당 테이블의 영접·주문과 올바른 순서와 제공되는 기물·소스 등을 제공한다. 고객으로부터 주문을 받을 경우 영업장의 상황을 고려하여 권유판매의 종류를 달리하는 감각성과 융통성을 발휘하여야 한다. 즉 고객의 주문에 의해 주방과 바 카운터에서의 상품생산이 지연될 경우 빠르고 쉽게 생산되는 품목을 권유하는 등의 상황판단과 융통성을 말한다.

이상에서 주장 종사자의 직무를 살펴보았으나, 이는 일반적인 내용으로서 각 주장의 특성과 돌발상황 등에 따라 융통성 있는 직무자세를 갖도록 해야 한다. 왜냐하면 주장은 타 부문에 비해 업무수행의 변화가 많으며, 음주의 고객을 상대로 영업을 하는 공간으로서 타 부문의 영업장보다 갑작스런 상황 변화가 빈번하기 때문이다.

그러므로 성격에 맞는 구조와 디자인, 조명과 음악, 다양한 음료, 주조를 위한 재료 및 용구, 주조의 기술과 뛰어난 서비스, 청결과 효과적인 주류 전시 등이다.

⑶ 바의 경영

1) 조주자로서의 책임

① 조주자로서의 기술

헤드 바텐더는 먼저 칵테일(Cocktail) 제법의 기술을 몸에 익혀야만 한다. 물론 많은 경험도 필요하지만, 이에 관한 전문적인 지식을 습득하여 이론과 실제가 균형 있게 유지되어야 한다. 경험만을 쌓은 바텐더는 기술자로서의 자격은 있어도 헤드 바텐더로서는 자격을 다 갖추고 있다고는 할 수 없다.

이와 같이 조주기술은 많은 경험과 깊은 지식을 필요로 하는 것이므로 기술을 경시하거나 또는 지식을 경시하여서는 절대 안 된다. 그러나 일단 영업적인 측면에서는 바텐더의 기술이 개개인의 동작보다는 팀워크로서 작업이 형성되므로 팀 전원의 조화와 평균수준 이상의 기술과 지식이 배합되어야 한다.

② 칵테일의 표준 메뉴

세계에서 애용되고 있는 칵테일의 수를 헤아리기는 어렵다. 더욱이 때에 따라서는 점점 새로운 칵테일이 만들어지고 있다. 이 모두를 알기에는 한계가 있고, 또 다 알 필요도 없다. 상당한 경험과 지식을 쌓은 바텐더는 일상생활의 것 이외는 전문서적을 이용하여 수시로 그 칵테일의 제법을 쉽게 찾아 응용할 수가 있기 때문이다. 비록 동일한 칵테일이 실수로 인해 용량 측정을 달리하여 만들어졌다 하여도 손님에게는 동일한 내용의 상품으로 제공되어야 한다.

그러나 칵테일의 표준 처방으로 표준 원가를 계산하여 과학적인 방법으로 칵테일을 제조하지 않으면 안 된다. 일반적으로 칵테일 기술은 바텐더 전원이 같은 레벨로서 사용 원료와 종류, 그리고 분량과 원가 계산에 대한 공통의 표준 지식을 알고 있어야 한다.

③ 칵테일의 처방

칵테일의 처방 표준 메뉴가 주어지는 대로 제조법이 확정된다. 즉 조주자는 주어진 처방에 따라서 칵테일을 만들어야 되며, 자기 임의로 과거의 경험으로 인한 기술로 만들어서는 안 된다.

칵테일은 원료비에 의해서 그 메뉴가 결정되지만, 가능한 표준 원료비와 실제 원료비와의 차이가 심하지 않아야 한다. 표준 원료비란 표준 메뉴로 결정된 원료비를 말하며, 실제 원료비란 실제로 제공된 비용을 말한다.

2) 접객자로서의 책임

① 바텐더는 곧 접객자

바(Bar)라는 영업 형식은 바 카운터(Bar Counter)가 있어 그곳에서 고객이 자리를 잡고 술을 마시는 경우가 많다. 따라서 바텐더는 고객과 직접 대화를 할 수 있는 카운터에서 접객자로서의 역할을 다해야 한다. 그렇지 않더라도 웨이터 또는 웨이트리스로서 간접적인 접객 역할을 망각해서는 안 된다.

고객은 모두 일정하지 않으며, 천차만별의 차이가 있어 그들의 기분에 모두 만족스럽게 봉사한다는 것은 심히 어려운 일이다. 여하튼 성심성의껏 고객과 밀착하여 생산적인 판매기술을 발휘한다.

② 서비스의 이원성

서비스가 고객을 만족시켜주는 것이라면 일방적으로 고객의 편의만 제공해주는 봉사성일까? 그러나 영업적인 측면에서의 서비스란 곧 고객에게 만족을 줄 수 있는 행위로서, 또한 영업자로서도 이익을 보장해줄 수 있는 복합적인 의미를 갖고 있다고 말할 수 있겠다.

즉 고객에게 일정한 상품을 팔고 일정한 요금을 지불받을 수 있도록 고객을 만족시켜줄 수 있는 일체의 행위를 우리는 완전한 서비스라고 말할 수 있는 것이다.

③ 고객에게 구매의욕을 부여

고객에게 만족을 주는 것이 서비스라고 하였지만, 고객이 무엇을 원하고 있는지 그 구매동기를 충족시켜주는 것이 더욱 중요하다.

바에서 고객은 어떤 칵테일을 마실까, 또는 어떤 것이 맛이 좋을까 고민하다가 비싸거나 또는 칵테일에 대한 지식이 부족하여 우물쭈물하다 가벼운 맥주 정도로 끝내는 고객이 종종 있다. 이러한 고객에게 적당한 칵테일을 선택하여 권할 수 있는 기교가 필요하다.

따라서 찬 것을 찾는 고객에게는 시원한 칵테일을 조주하여 충분한 설명과 함께 제공할 수 있어야 한다. 고객의 구매의욕을 감지하여 적극적으로 권하는 행동이 영업적인 측면에서 바람직한 서비스가 되는 것이다.

또한 이러한 고객에게 술로 취하는 것보다 분위기에 취할 수 있도록 무드를 조성해주는 것이 중요하다. 고객에게 알맞는 대화, 음악, 실내장식, 조명, 칵테일의 장식 등으로 한 잔 두 잔 그 이상 구매할 수 있는 구매의욕을 계속적으로 충족시켜주도록 바텐더는 노력해야 한다.

3) 관리자로서의 책임

① 부하 통솔

지금까지의 책임은 바텐더로서의 필요한 책임사항들이지만, 여기서 생각할 문제는 기업의 조직 구성상 관리자로서의 헤드 바텐더의 책임을 말하고 싶은 것이다.

헤드(Head)란 조직상에 몇 명의 부하들을 통솔할 수 있는 직위인 것이다. 그러나 그는 기업의 최고 책임자는 아니다. 자기도 상관의 직접 명령을 받고 이를 수행하는 입장으로 부하의 교육 및 감독에 책임을 져야 한다.

그리하여 기업은 각기 권한과 책임의 한계를 규정하고 업무의 분담을 위해 일정한 조직도가 필요하며, 조직의 원칙은 반드시 명령의 수직화 또는 일원화에 따라 1인의 명령에 복종할 수 있는 한계가 분명해야 한다.

② 권한과 책임

조직상의 각 구성원의 직무가 확정되더라도 각 직무 사이의 상호관계가 정해지지 않으면 각 구성원의 활동을 조정할 수 없다. 어느 사람은 그 권한을 남용하거나 책임을 회피하는 경우가 생기므로 직위간의 책임·권한관계를 명확하게 해야 하는데, 이것이 바로 원칙이 책임과 권한의 원칙(Principle of Responsibility and Authority)이다.

수직적인 권한관계 또는 수평적인 권한관계가 명확하게 되어야 비로소 각 직무의 상호관계가 정해지고, 일체적인 조직구조가 형성되는 것이다.

③ 경영자적 입장

헤드 바텐더가 관리자로서 일정한 권한을 갖고 있다고 하는 것은 경영자의 경영권의 일부를 책임진다는 의미이다. 즉 직무상 기업의 운영을 일부 맡고 있다는 것이다. 따라서 기업의 이윤추구에 적극 노력하지 않으면 안 된다.

전에는 다만 주어진 업무만 수행하면 되었지만, 책임자가 되면 달라진다. 경영의 합리화를 위한 연구·창안·실천에 즈음하여 원가의식을 갖고 제반 경비지출의 통제와 구매방법의 합리화에 적극 노력하지 않으면 안 된다.

2 주조의 기본기법

(1) 재료의 선택과 저장

세계의 명주라고 일컬어지는 술들을 제조하는 사람들의 기술과 방법도 중요하지만, 그것보다는 재료가 되는 곡식이나 과일, 그 지역의 수질과 풍토가 좋아야 한다. 또한 어떤 음식이든 그 맛은 만드는 조리사의 손재주보다는 그것을 만들기 위해서 사용되는 자료들의 질에 따라 결정된다.

이와 마찬가지로 우수한 칵테일을 조주하기 위해서는 좋은 재료를 선택하는 것이 무엇보다 중요하다. 훌륭한 조주원이 되려면 좋은 재료를 선택할 수 있는 안목과 미세한 맛도 구분할 수 있는 음미가 가능해야 하며, 아울러 술과 조주에 대한 풍부한 지식을 갖추어야 한다. 그러기 위해서는 풍부한 경험과 끊임없는 노력과 연구가 필요하다.

1) 기주의 선택

기주(Base Liqueur)는 칵테일의 주가 되는 재료이므로 주류의 선택에 유의하여야 한다. 대개의 경우 유명 회사 제품을 선택하는 것이 무난하다. 그러나 특히, 바 브랜드(Bar Brands)로 사용할 기주를 선택할 때는 무조건 원가가 싼 것만을 고를 것이 아니라 그 바의 품위를 고려하여 가격과 질을 다 생각하며 선택하여야 한다. 고객이 기주를 지적하지 않는 한 바 브랜드를 사용하기 때문이다.

2) 얼음의 선택

칵테일과 얼음은 실과 바늘처럼 뗄레야 뗄 수 없는 밀접한 관계이다. 칵테일에 제일 많이 사용되는 얼음의 종류는 각얼음(Cubed Ice)이며, 얼음

속에 공기가 들어가 있지 않고, 투명하고 단단한 얼음이어야 한다.

얼음은 충분히 준비하여야 하며, 어떠한 경우일지라도 칵테일 조주시 재사용해서는 안 된다. 주장에서 사용되는 얼음의 종류는 각얼음 외에 가루얼음(Shaved Ice or Flaked Ice)과 잔얼음(Cracked Ice)을 사용해야 하며, 가능한 한 덩어리얼음(Lump Ice)은 사용하지 않는다.

3) 탄산음료의 선택과 보관

하이볼 등에 희석용으로 주로 사용되는 탄산음료는 유명상품을 신용 있는 공급처로부터 구입한다. 구입시에는 병의 마개가 녹이 슬어 있지 않은지 확인하고, 보관장소를 살펴보고 구입하여야 한다. 사용하다 남은 탄산음료는 가스가 빠져나오지 않는 마개(스토퍼)를 사용하여 막고 냉장고에 보관한다.

4) 과실과 과즙의 선택과 보관

과실은 잘 익고 신선하고 모양이 좋은 것을 선택하고, 신선도를 유지하기 위해서는 냉장고에 넣어 보관한다. 과실을 잘라서 과즙을 낼 때에는 칼을 잘 닦아 사용하지 않으면 과실의 본래의 맛을 버리는 경우가 있으니 각별히 주의하여야 한다.

통조림이나 병에 넣은 과실은 뚜껑을 열었으면 오래 보관하지 않는 것이 좋다. 특히 캔(Can)에 오래 보관하면 캔의 특유한 비린내가 풍겨 칵테일을 못 쓰게 할 경우가 빈번하다.

5) 계란의 선택과 보관

칵테일 주조에 사용되는 계란은 선택에 각별히 주의하여야 한다. 껍질이 단단하고 신선한 것으로 너무 큰 것을 피하고, 개당 50g 내외의 것이 적당하다.

계란을 사용할 때는 주조되는 재료들 속에 직접 깨어 넣지 말고 다른 용기에 깨어 넣어 신선도를 확인하고, 이물질과 알끈도 제거한 후에 쉐이커에 넣는다. 계란 보관은 필히 냉장고에 넣어 보관한다.

3 음료서비스의 기본

(1) 와인과 스파클링 와인

서빙시 일반적으로 레드 와인은 5~6부 1인분 큰 글라스를 사용하고, 화이트 와인은 작은 글라스를 사용한다. 레드 와인은 병을 오픈시킨 후(30분~1시간) 호흡시켜 서빙된다. 와인은 오랫동안 병 속에서 숙성되어야 하며, 특히 레드 와인은 공기와 접촉시키면 그 맛이 좋아진다.

와인 글라스는 절대로 차갑게 해서는 안 된다(와인 특유의 증발을 억제한다). 와인 글라스에는 와인을 반 이상 채우지 않는 것이 좋다. 와인 서빙의 적절한 온도는 화이트 와인 8~12℃, 스파클링 와인 8℃ 이하, 레드 와인 14~18℃이다. 와인 저장에 적당한 온도는 실내 13℃이다.

와인병과 코르크가 수평상태로 저장하여 코르크가 마르는 것을 방지하여야 한다. 화이트 와인과 로제는 서빙하기 한 시간 전에 미리 차갑게 하는 것이 바람직하다. 와인은 2주간 이상 차갑게 저장해서는 안 된다(오랫동안 지속되면 그 와인의 특성을 파괴시킬 우려가 있다).

화이트 와인과 로제 와인은 테이블 옆의 와인 바스켓에 담아 서빙해야 하고, 레드 와인은 테이블 위에 세우거나 테이블 뒤 서비스 테이블에 세워두고 서빙한다.

숙성기간이 짧은 와인은 약간만 차갑게 해야 한다. 고객이 레드 와인을 차갑게 서빙되길 원하면 약 10분 가량 와인 바스켓에 담아두었다 서빙한다. 그 나라의 음식은 그 나라의 와인과 함께 하면 더욱 일품이다.

(2) 음료와 드링크 서비스의 기본

접객원은 판매하고 있는 음료의 레시피(제조법)를 항상 숙지하여야 한다. 접객원은 고객이 주문한 음료를 재확인하기 위하여 재차 묻고 특정한 품목을 메모링한다. 모든 음료는 고객의 오른쪽에서 서빙한다. 글라스류는 항상 깨지고 금이 가 있는지를 확인해야 하고, 입술자국과 손자국 등이 없도록 하여야 한다.

모든 글라스류를 잡을 때에는 밑부분을 잡아야 한다(사용되었던 글라스도 내부에 손을 넣어서는 안 된다). 항상 숙녀 우선의 원칙 아래 서빙되어야 한다. 테이블에서 음료를 따를 때는 글라스가 테이블로부터 떨어져서는 안 된다. 음료를 글라스에 담을 때는 8/10 정도를 채워야 이상적이다(와인의 종류는 1/2 정도가 이상적).

주문이 잘못되어 서빙된 음료는 즉시 교체해주어야 하며, 따로 계산받아서는 안 된다. 고객의 글라스에 한 모금 정도가 남아 있거나 빈 글라스를 치우기 직전에 고객에게 두번째 음료를 권해주어야 한다. 호텔에서는 캔음료나 맥주는 캔 그대로 서빙하면 안 된다. 병은 서빙이 가능하다.

4 사전 서비스의 간결한 지시기준

(1) 전반적인 사항

사전 서비스의 간결한 지시는 15분이 넘지 않도록 식당의 식사 이전이나 근무조가 변경되기 직전에 매일 경영점검표를 사용하여 실시된다.

(2) 목 적

- 접객원 개개인의 전반적인 업무를 기준에 맞게 확인함에 있다.
- 효과적인 영업을 위해서 각 스테이션에 인원을 배치한다.
- 접객원 상호간에 식음료에 대한 정보전달을 용이하게 한다.
- 떨어진 기물이나 운용기물의 보충을 원하고 상호간에 정보전달이 이루어진다.
- 오늘의 VIP나 행사에 대한 상호전달
- 전일 발생된 사고나 잘못된 사항에 대한 재차 재고, 환기
- 지속적으로 양호한 서비스가 이루어지기 위한 방편이다.

5 음료와 드링크류의 서비스 기본

접객원은 판매할 칵테일의 제조법을 숙지하고 있어야 한다. 모든 주문절차는 제안적인 판매방법으로 진행되어야 한다. 모든 주문은 고객이 원하는 것에 대한 확인방법으로 반복하여 고객에게 말해주어야 한다. 모든 음료는 코스터 위에 서빙되어야 한다(와인은 제외). 모든 음료가 서빙될 때에는 그 품목을 말해주어야 한다.

모든 음료의 서빙은 정해인 서비스 절차에 따라 진행된다. 모든 음료의 주문은 무료로 제공되는 안주와 함께 서빙된다. 캔으로 된 음료는 캔 자체 그대로 서빙될 수는 없고, 글라스에 옮겨 서빙된다. 칵테일의 믹스용 음료는 디캔터로 서빙하고, 따로 주문한 음료는 그냥 글라스에 서빙할 수 있으나 미네랄 워터는 고객이 제품을 확인할 수 있도록 병째 서빙한다. 병맥주를 고객에게 따를 때는 대략 2/10 정도의 거품이 생기도록 서빙하는 것이 좋다.

모든 글라스류를 잡을 때는 밑부분을 잡아야 하며, 더러운 글라스일지라도 손가락을 글라스 내부에 넣어서는 안 된다.

글라스에 음료를 채울 때는 약 80% 정도, 와인은 1/2 정도가 좋다. 음료를 테이블에서 따를 때는 글라스를 테이블에서 들어올려 따라서는 안 되며, 항상 테이블에 놓은 채 따른다. 숙녀 우선 원칙으로 서빙해야 하며, 잘못 가져온 음료는 즉시 주문한 음료로 교환해서 서빙하여야 하고, 따로 추가요금을 받거나 고객에게 따져서는 절대 안 된다.

모든 고객의 음료가 한 모금 정도 남았거나 빈 잔을 치우기 바로 직전에 고객에게 추가하겠느냐고 물어보아야 한다.

6 서비스의 순서

음료업장에서 행해지는 서비스의 순서는 다음과 같다.

- 항상 웃음 띤 표정으로 고객의 호칭이나 존칭어를 사용한다(선생님, 사모님, Sir, Madam).
- 테이블 안내(Follow me, please)
- 고객에게 테이블 선택의 의향을 묻는다(Will this table be alight).
- 고객이 다른 테이블을 원할 경우 가능한 한 고객이 원하는 테이블로 안내한다.

- 고객이 특별 메뉴나 음료 메뉴를 원하면 보여주어야 한다.
- 코스터는 고객 바로 앞에다 깔아놓는다.
- 주문받는 요령은 보다 나은 판매방식을 이용하여 권한다.
- 항상 메뉴를 보여주고, 주문을 받아야 한다.
- 정해진 표준약자를 이용해서 직접 계산서에 적는다.
- 주문을 반복해서 말한 뒤 "주문해주셔서 감사합니다"라고 이야기한다.
- 주문받은 순서대로 트레이에 옮겨담는다.
- 기준음료 서비스 진행절차에 따라서 음료를 서빙한다.
- 고객의 제의에 따라 음악신청서에 대해서 언급한다.
- 테이블 위의 계산서 받침에 계산서를 꽂아놓는다.
- 음료판매의 증진을 위하여 더 마실 것인가를 확인하고, 재떨이도 교체한다.
- 고객이 떠날 때는 확실히 계산을 확인한다.
- 따뜻한 웃음과 함께 "감사합니다. 즐거운 하루가 되시길 바랍니다"라고 이야기한다.
- 테이블 정리의 진행절차에 따라서 자동적으로 다음 영업 준비를 한다.

7 칵테일 서비스 진행절차

- 서비스 트레이 위에 술과 믹스를 각각 용기에 담고서 집게, 아이스박스, 글라스, 롱 스푼, 냅킨 등을 준비한다.
- 먼저 코스터(글라스 받침) 위에 장식물과 함께 글라스를 놓는다.
- 고객에게 음료수에 "몇 조각의 얼음을 넣을까요?"라고 묻는다.
- 얼음집게를 이용해서 고객이 요구대로 글라스에 얼음을 넣는다.
- 얼음 위에 술을 붓는다.
- 정확하게 장식물을 원하는 부분에 위치하고 있는지 확인한다.

- 고객에게 믹스(혼합물)는 얼마나 부어야 하는지를 확인한 뒤 원하는 만큼을 붓는다. 디캔더는 트레이 위에 놓는다.
- 칵테일용 냅킨을 고객의 글라스 오른쪽에 놓고 젓는 막대를 그 위에 놓는다.
- 인사를 한다. "맛있게 드십시오."

8 바의 영업장 서비스

바텐더나 바 종사원의 역할은 주장영업에 있어서 매상과 직접적인 관련이 있기 때문에 몸가짐 관리가 특히 중요하다.

바 종사원이 올바른 몸가짐을 갖기 위해서는 우선 영업장 내 동료들과 좋은 인간관계를 유지하고, 서로 협동해야 하며, 다음과 같은 사항을 명심하여 업무에 임해야 한다.

- 복장은 항상 깨끗하고 단정해야 한다.
- 머리는 짧게 깎고, 손질을 자주 해야 한다.
- 단골고객의 기호와 성격 등을 기억해야 한다.
- 고객과 대화시에는 정치문제, 타인에 대한 가십(Gossip), 개인적인 인신공격 등을 해서는 안 된다.
- 항상 예의바르고 분명한 언어와 태도로 고객을 유도해나간다.
- 고객에게 지나친 주문을 요구하지 않는다.

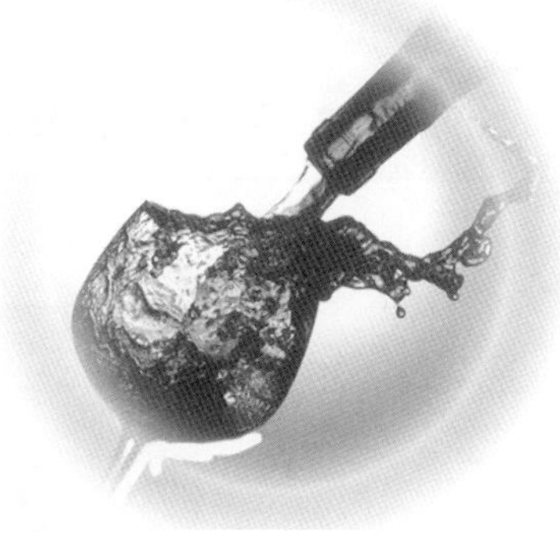

제9장 칵테일 레시피

제1절 위스키 베이스 칵테일
제2절 브랜디 베이스 칵테일
제3절 진 베이스 칵테일
제4절 보드카 베이스 칵테일
제5절 럼 베이스 칵테일
제6절 테킬라 베이스 칵테일
제7절 기타 베이스 칵테일
제8절 트로피컬 칵테일
제9절 프로즌 스타일 칵테일

제1절 위스키 베이스 칵테일

뉴 욕
New York

블렌디드 위스키	1 1/2oz
라임 주스	1/2oz
그레나딘 시럽	1/2tsp
설탕	1tsp

- Shake법
- Cocktail Glass
- Orange Peel

쉐이커에 얼음과 함께 위의 재료를 넣고 잘 섞은 후 차가워진 칵테일 글라스에 따르고, 그 위에 오일의 쓴맛과 향을 내기 위하여 오렌지 필을 한다.

러스티 네일
Rusty Nail

스카치 위스키	1 1/3oz
드람브이	2/3oz

- Build법
- Old Fashioned Glass

올드패션 글라스에 얼음과 함께 위 재료를 넣고, 바 스푼으로 잘 젓는다.

로브 로이
Rob Roy

스카치 위스키	1 1/3oz
스위트 베르무스	2/3oz
앙고스트라 비터스	1dash

- Stir법
- Cocktail Glass
- Red Cherry

믹싱 글라스에 얼음과 함께 위의 재료를 넣고, 바 스푼으로 천천히 저은 후 스트레이너를 사용하여 차가워진 칵테일 글라스에 따르고, 빨간 체리로 장식한다.

맨해튼

Manhattan

버번 위스키	1 1/3oz
스위트 베르무스	2/3oz
앙고스트라 비터스	1dash

- Stir법
- Cocktail Glass
- Red Cherry

믹싱 글라스에 얼음과 함께 위의 재료를 넣고, 바 스푼으로 천천히 저은 후 스트레이너를 사용하여 차가워진 칵테일 글라스에 따르고, 빨간 체리로 장식한다.

블랙 호크

Black Hawk

버번 위스키	1oz
슬로 진	1oz

- Stir법
- Cocktail Glass
- Red Cherry

믹싱 글라스에 얼음과 함께 위의 재료를 넣고, 바 스푼으로 천천히 저은 후 스트레이너를 사용하여 차가워진 칵테일 글라스에 따르고, 빨간 체리로 장식한다.

아이리시 커피

Irish Coffee

아이리시 위스키	1oz
뜨거운 커피	적당량
설탕	1tsp
휘핑 크림	적당량

- Build법
- Goblet Glass/Coffee Glass
- Float

아이리시 커피 글라스나 작은 고블릿, 또는 커피컵에 설탕과 커피를 7부 정도 채운 후 위스키를 넣고 가볍게 저은 후, 휘핑된 크림을 그 위에 조심해서 쌓는다.

올드 패션

Old Fashioned

버번 위스키	1 1/2oz
각설탕	1ea
앙고스트라 비터스	1dash
소다 워터	1/4oz

- Build법
- Old Fashioned Glass
- Lemon Peel / Orange, Red Cherry

올드패션 글라스에 각설탕, 비터스, 소다 워터를 넣고 잘 저은 후 얼음과 위스키를 넣고 또 한 번 젓는다. 레몬 필을 하고 오렌지 슬라이스와 빨간 체리로 장식한다.

올드 팰

Old Pal

라이 위스키	2/3oz
드라이 베르무스	2/3oz
캄파리 비터	2/3oz

- Stir법
- Cocktail Glass

믹싱 글라스에 얼음과 함께 위의 재료를 넣고 바 스푼으로 천천히 저은 후 스트레이너를 사용하여 차가워진 칵테일 글라스에 따른다.

위스키 사우어
Whisky Sour

버번 위스키	1 1/2oz
레몬 주스	1/2oz
설탕	1tsp

- Shake법
- Sour Glass
- Lemon, Red Cherry

쉐이커에 얼음과 함께 위의 재료를 넣고 잘 섞은 후 차가워진 사우어 글라스에 따르고, 레몬 슬라이스와 빨간 체리로 장식한다.

존 콜리스

John Collins

라이 위스키	1 1/2oz
레몬 주스	1/2oz
설탕	2tsp
소다 워터	잔 채움

- Shake법
- Collins Glass
- Cubed ice 3ea
- Lemon, Red Cherry

쉐이커에 얼음과 함께 위스키, 레몬 주스, 설탕을 넣고 잘 섞은 후 얼음이 담긴 콜린스 글라스에 따른다. 차가운 소다 워터를 잔에 8부 정도 채운 후 바 스푼으로 가볍게 젓는다. 레몬 슬라이스와 빨간 체리로 장식한다.

헌 터

Hunter

라이 위스키	1 1/2oz
체리 브랜디	1/2oz

- Stir법
- Cocktail Glass

믹싱 글라스에 얼음과 함께 위의 재료를 넣고, 바 스푼으로 천천히 저은 후 스트레이너를 사용하여 차가워진 칵테일 글라스에 따른다.

호세스 넥

Horse's Neck

블렌디드 위스키	1 1/2oz
진저 에일	적당량
레몬 껍질	1ea

- Build법
- Collins Glass
- Lemon

콜린스 글라스에 레몬 껍질로 장식한 후 얼음과 위스키, 진저 에일을 순서대로 넣고 바 스푼으로 가볍게 젓는다.

홀 인 원

Hole in One

스카치 위스키	1 1/3oz
드라이 베르무스	2/3oz
레몬 주스	2dash
오렌지 주스	1dash

- Shake법
- Cocktail Glass

쉐이커에 얼음과 함께 위의 재료를 넣고 잘 섞은 후 차가워진 칵테일 글라스에 따른다.

제2절 브랜디 베이스 칵테일

니콜라쉬카
Nikolaschika

브랜디	1oz
레몬 슬라이스	1ea
설탕	1tsp

• Float
• Liqueur Glass
• Lemon

리큐어 글라스에 브랜디를 따르고 글라스 윗부분에 레몬 슬라이스 한 개를 올려놓고 레몬 슬라이스 위 중간 부분에 설탕을 1tsp 올려놓는다.

더티 마더

Dirty Mother

브랜디	1 1/3oz
커피 리큐어	2/3oz

- Build법
- Old Fashioned Glass

올드패션 글라스에 얼음과 함께 위의 재료를 넣고 바 스푼으로 잘 젓는다.

데 블

Devil

브랜디	1 1/2oz
크렘 드 멘트(그린)	1/2oz

- Shake법
- Cocktail Glass

쉐이커에 얼음과 함께 위의 재료를 넣고 잘 섞은 후 차가워진 칵테일 글라스에 따른다.

브랜디 사우어

Brandy Sour

브랜디	1 1/2oz
레몬 주스	1/2oz
설탕	1tsp

- Shake법
- Sour Glass
- Lemon, Red Cherry

쉐이커에 얼음과 함께 위 재료를 넣고 잘 섞은 후 차가워진 사우어 글라스에 따른 후 레몬 슬라이스와 빨간 체리로 장식한다.

브랜디 에그녁

Brandy Egg Nog

브랜디	1oz
라이트 럼	1/2oz
설탕	2tsp
계란	1ea
우유	full

- Shake법
- Tumbler Glass
- Cubed ice 2ea
- Nutmeg

쉐이커에 얼음과 함께 우유를 제외한 위의 재료를 넣고 잘 섞은 후 얼음이 담긴 텀블러에 따른다. 차가운 우유를 잔에 8부 정도 채운 후 바 스푼으로 잘 젓는다. 기호에 따라 넛멕을 사용해도 좋다.

비트윈 더 시츠

Between the Sheets

브랜디	2/3oz
라이트 럼	2/3oz
화이트 큐라소	2/3oz
레몬 주스	1tsp

- Shaker법
- Cocktail Glass

쉐이커에 얼음과 함께 위 재료를 넣고 잘 섞은 후 차가워진 칵테일 글라스에 따른다.

사이드카

Sidecar

브랜디	1oz
화이트 큐라소	1/2oz
레몬 주스	1/2oz

- Shaker법
- Cocktail Glass

쉐이커에 얼음과 함께 위 재료를 넣고 잘 섞은 후 차가워진 칵테일 글라스에 따른다.

스팅어

Stinger

브랜디	1 1/2oz
크렘 드 멘트(화이트)	1/2oz

- Shaker법
- Cocktail Glass

쉐이커에 얼음과 함께 위의 재료를 넣고 잘 섞은 후 차가워진 칵테일 글라스에 따른다.

아메리칸 뷰티

American Beauty

브랜디	1/2oz
드라이 베르무스	1/2oz
오렌지 주스	1/2oz
그레나딘 시럽	1/4oz
크렘 드 멘트(화이트)	1tsp
포트 와인	float

- Shaker법
- Cocktail Glass

쉐이커에 얼음과 함께 포트 와인을 제외한 위의 재료를 넣고 잘 섞은 후 차가워진 칵테일 글라스에 따르고, 그 위에 포트 와인 1/4온스를 바 스푼을 사용하여 칵테일 위에 살짝 쌓는다. 먼저 만든 칵테일과 섞이지 않게 조심해서 쌓아야 한다.

알렉산더

Alexander

브랜디	2/3oz
크렘 드 카카오(브라운)	2/3oz
생크림	2/3oz

- Shaker법
- Cocktail Glass
- Nutmeg

쉐이커에 얼음과 함께 위의 재료를 넣고 잘 섞은 후 차가워진 칵테일 글라스에 따르고 마시는 사람의 기호에 따라 그 위에 넛멕을 살짝 뿌린다. 넛멕은 동물성 지방질의 비린내를 제거시키기 위하여 사용하지만 근래에 들어와서는 사용하지 않는 경향이 있다.

올림픽

Olympic

브랜디	2/3oz
오렌지 큐라소	2/3oz
오렌지 주스	2/3oz

- Shaker법
- Cocktail Glass

쉐이커에 얼음과 함께 위의 재료를 넣고 잘 섞은 후 차가워진 칵테일 글라스에 따른다.

체리 블러섬

Cherry Blossom

브랜디	1oz
체리 브랜디	1oz
오렌지 큐라소	2dash
레몬 주스	2dash
그레나딘 시럽	2dash

- Shaker법
- Cocktail Glass

쉐이커에 얼음과 함께 위의 재료를 넣고 잘 섞은 후 차가워진 칵테일 글라스에 따른다.

허니문

Honeymoon

애플 브랜디	3/4oz
베네딕틴	3/4oz
레몬 주스	1/2oz
오렌지 큐라소	1tsp

- Shaker법
- Cocktail Glass

쉐이커에 얼음과 함께 위 재료를 넣고 잘 섞은 후 차가워진 칵테일 글라스에 따른다.

제3절 진 베이스 칵테일

김렛
Gimlet

드라이 진	1 1/2oz
라임 주스(프레시)	1/2oz

- Shaker법
- Cocktail Glass

쉐이커에 얼음과 함께 위의 재료를 넣고 잘 섞은 후 차가워진 칵테일 글라스에 따른다.

깁 슨

Gibson

드라이 진	1 1/2oz
드라이 베르무스	1/2oz

- Stir법
- Cocktail Glass
- Onion

믹싱 글라스에 얼음과 함께 위의 재료를 넣고 바 스푼으로 천천히 저은 후 스트레이너를 사용하여 차가워진 칵테일 글라스에 따르고, 펄 어니언으로 장식한다.

네그로니
Negroni

드라이 진	2/3oz
캄파리 비터	2/3oz
스위트 베르무스	2/3oz

- Build법
- Old Fashioned Glass
- Orange

올드패션 글라스에 얼음과 함께 위의 재료를 넣고 바 스푼으로 잘 저은 후 오렌지 슬라이스로 장식한다.

레드 라이온

Red Lion

드라이 진	2/3oz
오렌지 리큐어	2/3oz
레몬 주스	1/3oz
오렌지 주스	1/3oz
그레나딘 시럽	1/2tsp

- Shaker법
- Cocktail Glass
- Frost(Sugar)

쉐이커에 얼음과 함께 위의 재료를 넣고 잘 섞은 후 설탕으로 프로스트하여 차가워진 칵테일 글라스에 따른다.

마티니

Martini

드라이 진	1 1/2oz
드라이 베르무스	1/2oz

- Stir법
- Cocktail Glass
- Olive

믹싱 글라스에 얼음과 함께 위의 재료를 넣고, 바 스푼으로 천천히 저은 후 스트레이너를 사용하여 차가워진 칵테일 글라스에 따르고, 올리브로 장식한다.

브롱스

Bronx

드라이 진	1oz
드라이 베르무스	1/3oz
스위트 베르무스	1/3oz
오렌지 주스	1/3oz

- Shaker법
- Cocktail Glass

쉐이커에 얼음과 함께 위의 재료를 넣고 잘 섞은 후 차가워진 칵테일 글라스에 따른다.

블루 코럴 리프

Blue Coral Reef

드라이 진	1 1/3oz
크렘 드 멘트(그린)	2/3oz

- Shaker법
- Cocktail Glass
- Lemon, Red Cherry

쉐이커에 얼음과 함께 위의 재료를 넣고 잘 섞은 후 가장자리에 레몬즙을 바른다. 차가워진 칵테일 글라스에 따르고, 빨간 체리로 장식한다.

싱가포르 슬링
Singapore Sling

드라이 진	1 1/2oz
체리 브랜디	1/2oz
레몬 주스	1/2oz
소다 워터	Full

- Shaker법
- Tumbler Glass
- Lemon, Red Cherry

쉐이커에 얼음과 함께 드라이 진, 체리 브랜디, 레몬 주스를 넣고 잘 섞은 후 얼음이 담긴 텀블러에 따른다. 차가운 소다 워터를 잔에 8부 정도 채운 후 바 스푼으로 가볍게 젓는다. 그 계절의 과일을 장식해야 되지만 보통 레몬 슬라이스와 빨간 체리로 장식한다.

알래스카

Alaska

드라이 진	1 1/2oz
샤르트뢰즈(옐로)	1/2oz

- Shaker법
- Cocktail Glass

쉐이커에 얼음과 함께 위의 재료를 넣고 잘 섞은 후 차가워진 칵테일 글라스에 따른다.

엔젤 페이스

Angel Face

드라이 진	2/3oz
애플 브랜디	2/3oz
애프리코트 브랜디	2/3oz

- Shaker법
- Cocktail Glass

쉐이커에 얼음과 함께 위의 재료를 넣고 잘 섞은 후 차가워진 칵테일 글라스에 따른다.

오렌지 블러섬

Orange Blossom

드라이 진	1 1/3oz
오렌지 주스	2/3oz

- Shaker법
- Cocktail Glass

쉐이커에 얼음과 함께 위 재료를 넣고 잘 섞은 후 차가워진 칵테일 글라스에 따른다.

진 & 토닉

Gin Tonic

드라이 진	1 1/2oz
토닉 워터	Full

- Build법
- Tumbler Glass
- Lemon

얼음이 담긴 텀블러에 드라이 진을 넣고 토닉 워터를 잔에 8부 정도 채운 후 바 스푼으로 가볍게 젓고, 레몬 슬라이스로 장식한다.

진 릭키

Gin Rickey

드라이 진	1 1/2oz
라임 주스	1/2oz
소다 워터	Full

- Build법
- Tumbler Glass

얼음이 담긴 텀블러에 진과 라임 주스를 넣고, 차가워진 소다 워터를 잔에 8부 정도 채운 후 바 스푼으로 가볍게 젓는다.

진 피즈

Gin Fizz

드라이 진	1 1/2oz
레몬 주스	1/2oz
설탕	1tsp
소다 워터	Full

- Shake법
- Tumbler Glass
- Lemon
- Cubed ice 3ea

쉐이커에 얼음과 함께 진, 레몬 주스, 설탕을 넣고 잘 섞은 후 얼음이 담긴 텀블러에 따른다. 차가워진 소다 워터를 잔에 8부 정도 채운 후 바 스푼으로 가볍게 젓는다.

카지노

Casino

드라이 진	2oz
마라스키노	1/2tsp
레몬 주스	1/2tsp
오렌지 주스	1/2tsp

- Shake법
- Cocktail Glass
- Red Cherry

쉐이커에 얼음과 함께 위의 재료를 넣고 잘 섞은 후 차가워진 칵테일 글라스에 따르고, 빨간 체리로 장식한다.

탐 콜린스
Tom Collins

드라이 진	1 1/2oz
레몬 주스	1/2oz
설탕	1tsp
소다 워터	Full

- Shake법
- Collins Glass
- Lemon, Red Cherry
- Cubed ice 3ea

쉐이커에 얼음과 함께 진, 레몬 주스, 설탕을 넣고 잘 섞은 후 얼음이 담긴 콜린스 글라스에 따른다. 차가운 소다 워터를 잔에 8부 정도 채운 후 바 스푼으로 가볍게 젓는다. 레몬 슬라이스와 빨간 체리로 장식한다.

핑크 레이디

Pink Lady

드라이 진	1 1/3oz
그레나딘 시럽	2/3oz
계란 흰자	1ea

- Shake법
- Champagne Glass

쉐이커에 얼음과 함께 위의 재료를 넣고 잘 섞은 후 차가워진 샴페인 글라스에 따른다.

제4절 보드카 베이스 칵테일

러시안
Russian

보드카	2/3oz
드라이 진	2/3oz
크렘 드 카카오(화이트)	2/3oz

- Shake법
- Cocktail Glass

쉐이커에 얼음과 함께 위 재료를 넣고 잘 섞은 후 차가워진 칵테일 글라스에 따른다.

멜론 볼

Melon Ball

보드카	1oz
멜론 리큐어	1oz
파인애플 주스	3oz

- Build법
- Tumbler Glass

얼음이 담긴 텀블러에 보드카와 멜론 리큐어를 넣고 차가워진 파인애플 주스를 잔에 8부 정도 채운 후 바 스푼으로 잘 젓는다.

모스코 뮬

Moscow Mule

보드카	1 1/2oz
라임 주스	1/2oz
진저 에일	Full

- Build법
- Tumbler Glass

얼음이 담긴 텀블러에 보드카와 라임 주스를 넣고, 차가워진 진저 에일을 잔에 8부 정도 채운 후 바 스푼으로 가볍게 젓는다.

블러디 메리
Bloody Mary

보드카	1oz
토마토 주스	4oz
레몬 주스	1/4oz
타바스코 소스	2dash
우스터 소스	2dash
소금	2핀치
후추	2핀치

- Build법
- Tumbler Glass
- Muddler

얼음이 담긴 텀블러에 보드카, 토마토 주스, 레몬 주스를 넣고, 바 스푼으로 잘 저은 후 고객의 기호에 따라 향신료를 뿌리고, 머들러와 함께 제공한다.

블랙 러시안

Black Russion

보드카	1 1/3oz
칼루아	2/3oz

- Build법
- Old Fashioned Glass

올드패션 글라스에 얼음과 함께 위의 재료를 넣고, 바 스푼으로 잘 젓는다.

블루 먼데이

Blue Monday

보드카	1 1/2oz
화이트 큐라소	1/2oz
블루 큐라소	1tsp

- Stir법
- Cocktail Glass

믹싱 글라스에 얼음과 함께 위의 재료를 넣고, 바 스푼으로 천천히 저은 후 스트레이너를 사용하여 차가워진 칵테일 글라스에 따른다.

빅 애플

Big Apple

보드카	1 1/2oz
사과 주스	Full

- Build법
- Old Fashioned Glass
- Apple

얼음이 담긴 텀블러에 보드카를 넣고 차가운 사과 주스를 잔에 8부 정도 채운 후 바 스푼으로 잘 젓고, 사과로 장식한다.

솔티 독
Salty Dog

보드카	1 1/2oz
그레이프프루트 주스	Full

- Build법
- Tumbler Glass
- Lemon
- Frost(Salt)

먼저 텀블러 가장자리에 레몬즙을 바르고, 소금을 묻힌 후 얼음과 보드카를 넣고, 차가워진 그레이프프루트 주스를 잔에 8부 정도 채운 후 바 스푼으로 잘 젓는다.

스크리밍 오르가즘
Screaming Orgasme

보드카	1/2oz
칼루아	1/2oz
아마레토	1/2oz
아이리시 크림	1/2oz

- Shake법
- Cocktail Glass

쉐이커에 얼음과 함께 위의 재료를 넣고 잘 섞은 후 차가워진 칵테일 글라스에 따른다.

스크루 드라이버

Screw driver

보드카	1 1/2oz
오렌지 주스	Full

- Build법
- Tumbler Glass

얼음이 담긴 텀블러에 보드카를 넣고 차가운 오렌지 주스를 잔에 8부 정도 채운 후 바 스푼으로 잘 젓는다.

유키구니

Yukiguni

보드카	1oz
화이트 큐라소	1/2oz
라임 주스	1/2oz

- Shake법
- Cocktail Glass
- Frost(Sugar)
- Red Cherry

쉐이커에 얼음과 함께 위의 재료를 넣고 잘 섞은 후 설탕으로 프로스트한 차가워진 칵테일 글라스에 따르고, 빨간 체리로 장식한다.

키스 오브 파이어

Kiss of Fire

보드카	2/3oz
슬로 진	2/3oz
드라이 베르무스	2/3oz
레몬 주스	2dash

- Shake법
- Cocktail Glass
- Frost(Sugar)

쉐이커에 얼음과 함께 위의 재료를 넣고 잘 섞은 후 설탕으로 프로스트한, 차가워진 칵테일 글라스에 따른다.

하베이 월뱅어

Harvey Wallbanger

보드카	1 1/2oz
오렌지 주스	Full
갈리아노	1/4oz

- Build법
- Tumbler Glass
- Float

얼음이 담긴 텀블러에 보드카를 넣고, 차가워진 오렌지 주스를 잔에 8부 정도 채운 후 바 스푼으로 잘 젓는다. 그 위에 갈리아노를 살짝 뿌린다.

제5절 럼 베이스 칵테일

네이키드 레이디
Naked Lady

라이트 럼	2/3oz
스위트 베르무스	2/3oz
애프리코트 브랜디	1/3oz
레몬 주스	1/3oz
그레나딘 시럽	1tsp

- Shake법
- Cocktail Glass

쉐이커에 얼음과 함께 위의 재료를 넣고, 잘 섞은 후 차가워진 칵테일 글라스에 따른다.

다이퀴리

Daiquiri

라이트 럼	1 1/2oz
라임 주스	1/2oz
설탕	1tsp

- Shake법
- Cocktail Glass

쉐이커에 얼음과 함께 위의 재료를 넣고, 잘 섞은 후 차가워진 칵테일 글라스에 따른다.

마이 타이

Mai-Tai

라이트 럼	1 1/2oz
화이트 큐라소	1tsp
오렌지 주스	1tsp
파인애플 주스	1tsp
레몬 주스	1tsp
다크 럼	2tsp

- Shake법
- Old Fashion Glass
- Crushed ice
- Lemon, Pineapple, Red Cherry
- Straw 2ea

쉐이커에 얼음과 함께 다크 럼을 제외한 위의 재료를 넣고, 잘 섞은 후 크러시드 아이스가 담긴 올드패션 글라스에 따른다. 그 위에 다크 럼 2tsp을 살짝 뿌린다. 레몬과 파인애플, 빨간 체리 장식하고, 빨대 2개를 제공한다.

마이애미

Miami

라이트 럼	1 1/3oz
화이트 큐라소	2/3oz
레몬 주스	1tsp

- Shake법
- Cocktail Glass

쉐이커에 얼음과 함께 위의 재료를 넣고, 잘 섞은 후 차가워진 칵테일 글라스에 따른다.

바카디 칵테일

Bacardi Cocktail

바카디 럼	1 1/2oz
라임 주스	1/2oz
그레나딘 시럽	1tsp

- Shake법
- Cocktail Glass

쉐이커에 얼음과 함께 위의 재료를 넣고, 잘 섞은 후 차가워진 칵테일 글라스에 따른다.

바하마
Bahamas

라이트 럼	2/3oz
서선 컴포트	1/2oz
레몬 주스	2/3oz
바나나 리큐어	1tsp

- Shake법
- Cocktail Glass

쉐이커에 얼음과 함께 위의 재료를 넣고, 잘 섞은 후 차가워진 칵테일 글라스에 따른다.

블루 마운틴

Blue Mountain

라이트 럼	1oz
보드카	1/2oz
칼루아	1/2oz
오렌지 주스	2oz

- Shake법
- Old Fashion Glass

쉐이커에 얼음과 함께 위의 재료를 넣고, 잘 섞은 후 얼음이 담긴 올드패션 글라스에 따른다.

삼 바

Zamba

라이트 럼	1 1/2oz
레몬 주스	1/2oz
스위트 베르무스	1dash
앙고스트라 비터스	1dash

- Shake법
- Cocktail Glass

쉐이커에 얼음과 함께 위의 재료를 넣고, 잘 섞은 후 차가워진 칵테일 글라스에 따른다.

샌디에고

Santiago

라이트 럼	2oz
그레나딘 시럽	1tsp
레몬 주스	1tsp

- Shake법
- Cocktail Glass

쉐이커에 얼음과 함께 위의 재료를 넣고, 잘 섞은 후 차가워진 칵테일 글라스에 따른다.

엑스 와이 지

X Y Z

라이트 럼	1oz
화이트 큐라소	1/2oz
레몬 주스	1/2oz

- Shake법
- Cocktail Glass

쉐이커에 얼음과 함께 위의 재료를 넣고 잘 섞은 후 차가워진 칵테일 글라스에 따른다.

엘 프레지던트
El Presidente

라이트 럼	2oz
오렌지 주스	2/3oz
레몬 주스	1tsp
그레나딘 시럽	1tsp

- Shake법
- Champagne Glass

쉐이커에 얼음과 함께 위의 재료를 넣고, 잘 섞은 후 차가워진 샴페인 글라스에 따른다.

오 텀

Autumn

라이트 럼	1oz
크렘 드 카시스	1/2oz
라임 주스	1/2oz

- Shake법
- Cocktail Glass

쉐이커에 얼음을 함께 위의 재료를 넣고, 잘 섞은 후 차가워진 칵테일 글라스에 따른다.

쿠바 리브레

Cuba Libre

라이트 럼	1 1/2oz
라임 주스	1/2oz
콜라	Full

- Build법
- Tumbler Glass

얼음이 담긴 텀블러에 럼과 라임 주스를 넣고, 차가워진 콜라를 잔에 8부 정도 채운 후 바 스푼으로 가볍게 젓는다.

제6절 테킬라 베이스 칵테일

태 구

Taegu

쿠엘보 이스페셜 테킬라	2oz
라임 주스	1/4oz

- Build법
- Old Fashioned Glass
- Salt, Lemon

올드패션 글라스에 얼음과 함께 위 재료를 넣고, 바 스푼으로 잘 젓는다. 소금과 레몬 슬라이스 2~3개를 함께 제공한다.

마가리타

Margarita

테킬라	1oz
화이트 큐라소	1/2oz
레몬 주스	1/2oz

- Shake법
- Cocktail Glass
- Frost(Salt)

쉐이커에 얼음과 함께 위의 재료를 넣고, 잘 섞은 후 소금으로 프로스트한, 차가워진 칵테일 글라스에 따른다.

멕시칸 엘 디아블로

Mexican El Diablo

테킬라	1 1/2oz
크렘 드 카시스	1/2oz
라임 주스	1/4oz
진저 에일	Full

- Shake법
- Tumbler Glass
- Cubed ice법

쉐이커에 얼음과 함께 진저 에일을 제외한 위의 재료를 넣고, 잘 섞은 후 얼음이 담긴 텀블러에 따른다. 진저 에일을 8부 정도 채운 후 바 스푼으로 가볍게 젓는다.

멕시코 로즈

Mexico Rose

테킬라	1 1/3oz
크렘 드 카시스	1/3oz
레몬 주스	1/3oz

- Shake법
- Cocktail Glass

쉐이커에 얼음을 함께 위의 재료를 넣고, 잘 섞은 후 차가워진 칵테일 글라스에 따른다.

멕시콜라

Mexicola

테킬라	1 1/2oz
콜라	Full

- Build법
- Tumbler Glass

얼음이 담긴 텀블러에 테킬라를 넣고, 차가워진 콜라를 잔에 8부 정도 채운 후 바 스푼으로 가볍게 젓는다.

목킹 버드
Mocking-Bird

테킬라	1oz
크렘 드 멘트(그린)	1/2oz
라임 주스	1/2oz

- Shake법
- Cocktail Glass

쉐이커에 얼음과 함께 위의 재료를 넣고, 잘 섞은 후 차가워진 칵테일 글라스에 따른다.

브레이브 불

Brave Bull

테킬라	1 1/3oz
칼루아	2/3oz

- Build법
- Old Fashioned Glass

올드패션 글라스에 얼음과 함께 위의 재료를 넣고, 바 스푼으로 잘 젓는다.

슬로 테킬라

Sloe Tequila

테킬라	1oz
슬로 진	1/2oz
레몬 주스	1/2oz

- Shake법
- Old Fashioned Glass
- Crushed ice
- Cocktail Pin, Straw 2ea

쉐이커에 얼음과 함께 위의 재료를 넣고, 잘 섞은 후 가루얼음이 담긴 올드패션 글라스에 따른다. 오이 스틱으로 장식하고, 빨대 2개를 함께 제공한다.

엑소시스트

Exorcist

테킬라	1oz
블루 큐라소	1/2oz
레몬 주스	1/2oz

- Shake법
- Cocktail Glass

쉐이커에 얼음과 함께 위의 재료를 넣고, 잘 섞은 후 차가워진 칵테일 글라스에 따른다.

엑스 세대
X-Generation

테킬라	2/3oz
칼루아	2/3oz
라임 주스	1/3oz
콜라	Full

- Shake법
- Tumbler Glass
- Cubed ice 2ea
- Cocktail Glass

쉐이커에 얼음과 함께 콜라를 제외한 위의 재료를 넣고, 잘 섞은 후 얼음이 담긴 텀블러에 따른다. 콜라를 8부 정도 채운 후 바 스푼으로 가볍게 젓는다.

엘 도라도

El Dorado

테킬라	1 1/2oz
레몬 주스	1oz
꿀	1/2oz

- Shake법
- Old Fashioned Glass

쉐이커에 얼음과 함께 위의 재료를 넣고, 잘 섞은 후 얼음이 담긴 올드패션 글라스에 따른다.

이구아나

Iguana

테킬라	2/3oz
보드카	2/3oz
칼루아	2/3oz

- Build법
- Old Fashioned Glass
- Lime

얼음이 담긴 올드패션 글라스에 위의 재료를 넣고, 바 스푼으로 잘 저은 후 라임 슬라이스로 장식한다.

테퀴니

Tequini

테킬라	1 1/2oz
드라이 베르무스	1/2oz

- Stir법
- Cocktail Glass
- Olive

믹싱 글라스에 얼음과 함께 위의 재료를 넣고, 바 스푼으로 천천히 저은 후 스트레이너를 사용하여 차가워진 칵테일 글라스에 따르고, 올리브로 장식한다.

테킬라 & 토닉

Tequila & Tonic

테킬라	1 1/2oz
토닉 워터	Full

- Build법
- Tumbler Glass
- Lemon

얼음이 담긴 텀블러에 테킬라를 넣고, 토닉 워터를 잔에 8부 정도 채운 후 바 스푼으로 가볍게 젓고, 레몬 슬라이스로 장식한다.

테킬라 선라이즈

Tequila Sunrise

테킬라	1 1/2oz
오렌지 주스	Full
그레나딘 시럽	1/4oz

- Build법
- Tumbler Glass
- Float(Grenadine Syrup)

얼음이 담긴 텀블러에 테킬라를 넣고, 차가워진 오렌지 주스를 잔에 8부 정도 채운 후 바 스푼으로 잘 젓는다. 그 위에 그레나딘 시럽을 살짝 뿌린다.

제7절 기타 칵테일

그래스호퍼
Grasshopper

크렘 드 멘트(그린)	2/3oz
크렘 드 카카오(화이트)	2/3oz
생크림	2/3oz

- Shake법
- Cocktail Glass

쉐이커에 얼음과 함께 위의 재료를 넣고, 잘 섞은 후 차가워진 칵테일 글라스에 따른다.

레드 아이

Red Eye

라거 비어	4oz
토마토 주스	4oz

- Build법
- Pilsner Glass
- (Egg Yellow)

필스너 글라스에 토마토 주스를 넣고, 라거 비어를 잔에 8부 정도 채운 후 바스푼으로 가볍게 젓는다. 기호에 따라 계란 노른자를 첨가해도 좋다.

스칼렛 오하라

Scarlett O'hara

서선 컴포트	1oz
크렌베리 주스	1oz
라임 주스	1tsp

- Shake법
- Cocktail Glass

쉐이커에 얼음과 함께 위의 재료를 넣고, 잘 섞은 후 차가워진 칵테일 글라스에 따른다.

아도니스

Adonis

드라이 쉐리	1 1/3oz
스위트 베르무스	2/3oz
오렌지 비터스	1dash

- Stir법
- Cocktail Glass

믹싱글라스에 얼음과 함께 위의 재료를 넣고, 바 스푼으로 천천히 저은 후 스트레이너를 사용하여 차가워진 칵테일 글라스에 따른다.

아메리카노

Americano

캄파리 비터	1oz
스위트 베르무스	1oz
소다 워터	Full

- Build법
- Tumbler Glass
- Lemon

얼음이 담긴 텀블러에 캄파리와 베르무스를 넣고, 차가워진 소다 워터를 잔에 8부 정도 채운 후 바 스푼으로 가볍게 젓는다. 레몬 필을 한다.

엔젤스 팁

Angel's Tip

크렘 드 카카오(브라운)	3/4oz
생크림	1/4oz

- Float법
- Liqueur Glass
- Cream
- Red Cherry

물기가 없는 리큐어 글라스에 카카오를 넣고, 그 위에 바 스푼의 뒷면을 이용하여 생크림을 살짝 쌓은 후 빨간 체리로 장식한다.

오르가즘

Orgasme

칼루아	2/3oz
아마레토	2/3oz
아이리시 크림	2/3oz

- Shake법
- Cocktail Glass

쉐이커에 얼음과 함께 위의 재료를 넣고, 잘 섞은 후 차가워진 칵테일 글라스에 따른다.

와인 쿨러

Wine Cooler

드라이 와인	1 1/2oz
그레나딘 시럽	1/4oz
진저 에일	Full

- Build법
- Tumbler Glass

얼음이 담긴 텀블러에 와인과 시럽을 넣고, 차가워진 진저 에일을 잔에 8부 정도 채운 후 바 스푼으로 가볍게 젓는다.

위도우스 드림

Widow's Dream

베네딕틴	1 1/2oz
계란	1ea
생크림	Float

- Shake법
- Champagne Glass

쉐이커에 얼음과 함께 베네딕틴과 계란을 넣고, 잘 섞은 후 차가워진 샴페인 글라스에 따른다. 그 위에 생크림 2/3온스를 바 스푼을 사용하여 살짝 쌓는다.

카카오 피즈

Cacao Fizz

크렘 드 카카오(브라운)	1 1/2oz
레몬 주스	1/2oz
설탕	1tsp
소다 워터	Full

- Shake법
- Tumbler Glass
- Cubed ice 2ea

쉐이커에 얼음과 함께 카카오, 레몬 주스, 설탕을 넣고, 잘 섞은 후 얼음이 담긴 텀블러에 따른다. 차가워진 소다 워터를 잔에 8부 정도 채운 후 바 스푼으로 가볍게 젓는다.

캄파리 소다

Campari & Soda

캄파리 비터	1 1/2oz
소다 워터	Full

- Build법
- Tumbler Glass

얼음이 담긴 텀블러에 캄파리 비터를 넣고, 차가워진 소다 워터를 잔에 8부 정도 채운 후 바 스푼으로 가볍게 젓는다.

크렘 드 멘트 프라페

Crème de Menthe Frappé

크렘 드 멘트(그린)	1oz

- Float법
- Shaved ice
- Straw 2ea

쉐이브드 아이스가 가득 담긴 칵테일 글라스에 멘트를 8부 정도 채운 후 빨대 2개를 함께 제공한다.

핑크 스쿼럴

Pink Squirrel

크렘 드 카카오(화이트)	1oz
아마레토	1oz
생크림	2/3oz
그레나딘 시럽	1tsp

- Shake법
- Champagne Glass
- Frost(Sugar)
- Red Cherry, 아몬드 플레이크

쉐이커에 얼음과 함께 위의 재료를 넣고, 잘 섞은 후 설탕으로 프로스트한 차가워진 샴페인 글라스에 따른다. 빨간 체리와 아몬드 플레이크로 장식한다.

제8절 트로피컬 칵테일

마루루

Maruru

보드카	1oz
멜론 리큐어	1 1/2oz
파인애플 주스	2oz
레몬 주스	1/2oz
코코넛 크림	1/2oz

- Shake법
- Goblet Glass
- Shaved ice
- Melon, Lime Straw 2ea

보스턴 쉐이커에 얼음과 함께 위의 재료를 넣고, 잘 섞은 후 스트레이너를 사용하여 가루얼음이 가득 담긴 고블릿에 따른다. 멜론과 라임 등 계절 과일로 장식하고, 빨대 2개를 함께 제공한다.

마이 타이

Mai-Tai

다크 럼	1oz
라이트 럼	1oz
오렌지 큐라소	1/2oz
라임 주스	1/2oz
아몬드 시럽	1/4oz
그레나딘 시럽	1tsp

- Shake법
- Goblet Glass
- Shaved ice
- Orange, Pineapple, Red Cherry, Straw 2ea

보스턴 쉐이커에 얼음과 함께 위의 재료를 넣고, 잘 섞은 후 스트레이너를 사용하여 가루얼음이 가득 담긴 고블릿에 따른다. 오렌지, 파인애플, 빨간 체리로 장식하고, 빨대 2개를 함께 제공한다.

버뮤다 트라이앵글

Bermuda Triangle

라이트 럼	1oz
크렘 드 바나나	1oz
파인애플 주스	3oz

- Shake법
- Goblet Glass
- Banana, Red Cherry

보스턴 쉐이커에 얼음과 함께 위의 재료를 넣고, 잘 섞은 후 차가워진 고블릿에 스트레이너를 사용하지 않고 얼음과 재료를 그대로 따른다. 바나나, 빨간 체리 등 계절과일로 장식한다.

블루 하와이

Blue Hawaii

라이트 럼	1oz
블루 큐라소	1/2oz
파인애플 주스	1oz
레몬 주스	1/2oz

- Shake법
- Old Fashioned Glass
- Shaved ice
- Pineapple, Red Cherry, Straw 2ea

쉐이커에 얼음과 함께 위의 재료를 넣고 잘 섞은 후 가루얼음이 가득 담긴 올드패션 글라스에 따른다. 파인애플과 빨간 체리로 장식하고, 빨대 2개를 함께 제공한다.

섹스 온 더 비치

Sex on the Beach

보드카	1oz
크렘 드 카시스	2/3oz
피치 리큐어	2/3oz
파인애플 주스	1 1/2oz
크렌베리 주스	1 1/2oz

- Shake법
- Goblet Glass
- Pineapple, Red Cherry

보스턴 쉐이커에 얼음과 함께 위의 재료를 넣고, 잘 섞은 후 차가워진 고블릿에 스트레이너를 사용하지 않고 얼음과 재료를 그대로 따른다. 파인애플, 빨간체리 등 계절과일로 장식한다.

스콜피온

Scorpion

라이트 럼	1 1/2oz
코냑	1oz
오렌지 주스	2/3oz
레몬 주스	2/3oz
라임 주스	1/2oz

- Shake법
- Tumbler Glass
- Shaved ice
- Orange, Red Cherry, Straw 2ea

보스턴 쉐이커에 얼음과 함께 위 재료를 넣고, 잘 섞은 후 스트레이너를 사용하여 가루얼음이 가득 담긴 텀블러에 따른다. 오렌지 슬라이스, 빨간 체리 등 계절과일로 장식하고, 빨대 2개를 함께 제공한다.

준 벅

June Bug

멜론 리큐어	1oz
라이트 럼	1/2oz
크렘 드 바나나	1/2oz
코코넛 크림	1/2oz
스위트 & 사우어 믹스	1/2oz
파인애플 주스	2oz

- Shake법
- Goblet Glass
- Banana, Melon

보스턴 쉐이커에 얼음과 함께 위의 재료를 넣고, 잘 섞은 후 차가워진 고블릿에 스트레이너를 사용하지 않고 얼음과 재료를 그대로 따른다. 멜론 · 바나나 등 계절과일로 장식한다.

치 치

Chi-Chi

보드카	1oz
파인애플 주스	4oz
코코넛 크림	2/3oz

- Shake법
- Goblet Glass
- Shaved Ice
- Pineapple, Red Cherry, Straw 2ea

보스턴 쉐이커에 얼음과 함께 위의 재료를 넣고, 잘 섞은 후 스트레이너를 사용하여 가루얼음이 가득 담긴 고블릿에 따른다. 파인애플과 빨간 체리 등 계절과일로 장식하고, 빨대 2개를 함께 제공한다.

쿠비나

Cubina

피치 리큐어	1oz
크렘 드 바나나	1oz
오렌지 주스	3oz

- Shake법
- Goblet Glass
- Orange, Red Cherry

보스턴 쉐이커에 얼음과 함께 위의 재료를 넣고, 잘 섞은 후 차가워진 고블릿에 스트레이너를 사용하지 않고 얼음과 재료를 그대로 따른다. 오렌지, 빨간 체리 등 계절과일로 장식한다.

트로피컬 블랜드

Tropical Bland

크렘 드 바나나	1oz
코코넛 크림	1/2oz
레몬 주스	1/2oz
파인애플 주스	3oz

- Shake법
- Goblet Glass
- Pineapple, Red Cherry

보스턴 쉐이커에 얼음과 함께 위의 재료를 넣고, 잘 섞은 후 차가워진 고블릿에 스트레이너를 사용하지 않고 얼음과 재료를 그대로 따른다. 파인애플, 빨간 체리 등 계절과일로 장식한다.

트로피컬 섹시
Tropical Sexy

멜론 리큐어	1oz
크렘 드 바나나	1/2oz
코코넛 크림	1/2oz
우유	3oz

- Shake법
- Goblet Glass
- Melon, Red Cherry

보스턴 쉐이커에 얼음과 함께 위의 재료를 넣고, 잘 섞은 후 차가워진 고블릿에 스트레이너를 사용하지 않고 얼음과 재료를 그대로 따른다. 멜론, 빨간 체리 등 계절과일로 장식한다.

플라밍고

Flamingo

슬로 진	1oz
코코넛 크림	1oz
파인애플 주스	4oz

- Shake법
- Goblet Glass
- Pineapple, Red Cherry

보스턴 쉐이커에 얼음과 함께 위의 재료를 넣고, 잘 섞은 후 차가워진 고블릿에 스트레이너를 사용하지 않고 얼음과 재료를 그대로 따른다. 파인애플, 빨간 체리 등 계절과일로 장식한다.

피나 콜라다

Pina Colada

라이트 럼	1oz
파인애플 주스	4oz
코코넛 크림	2/3oz

- Shake법
- Goblet Glass
- Pineapple, Red Cherry, Straw 2ea

보스턴 쉐이커에 얼음과 함께 위의 재료를 넣고, 잘 섞은 후 스트레이너를 사용하여 가루얼음이 가득 담긴 고블릿에 따른다. 파인애플, 빨간 체리 등 계절과일로 장식하고, 빨대 2개를 함께 제공한다.

제9절 프로즌 스타일 칵테일

라스베이거스

Las Vegas

골드 테킬라	1oz
코코넛 크림	1oz
오렌지 주스	2oz
파인애플 주스	2oz
생크림	1oz
가루 얼음	2/3cup

- Mixer
- Goblet Glass
- Pineapple, Straw 2ea

위 재료를 전기 믹서기에 넣고 고속 회전시킨 후 차가워진 고블릿에 따른다. 파인애플을 장식하고 빨대 2개를 함께 제공한다.

러브 포션 넘버 9

Love Potion No.9

서선 컴포트	1oz
크렘 드 바나나	1/2oz
아마레토	1/2oz
오렌지 주스	2oz
그레나딘 시럽	1/3oz
가루얼음	2/3cup

- Mixer
- Goblet Glass
- Lemon, Red Cherry, Straw 2ea

위 재료를 전기 믹서기에 넣고, 고속 회전시킨 후 차가워진 고블릿에 따른다. 레몬과 빨간 체리로 장식하고, 빨대 2개를 함께 제공한다.

정글 제임스

Jungle James

보드카	1oz
크렘 드 바나나	1oz
우유	1oz
가루얼음	2/3cup

- Mixer
- Old Fashioned Glass
- Straw 2ea

위 재료를 전기 믹서기에 넣고, 고속 회전시킨 후 차가워진 올드패션 글라스에 따르고, 빨대 2개를 함께 제공한다.

블루 하와이언

Blue Hawaiian

라이트 럼	1oz
블루 큐라소	1oz
코코넛 크림	1oz
파인애플 주스	2oz
가루얼음	1cup

- Mixer
- Tumber Glass
- Pineapple, Red Cherry, Straw 2ea

위 재료를 전기 믹서기에 넣고, 고속 회전시킨 후 차가워진 텀블러에 따른다. 파인애플과 빨간 체리로 장식하고, 빨대 2개를 함께 제공한다.

에비타

Evita

보드카	1oz
멜론 리큐어	1oz
오렌지 주스	1 1/2oz
레몬 주스	1/2oz
설탕시럽	1tsp
가루얼음	1cup

- Mixer
- Goblet Glass
- Mint, Straw 2ea

위 재료를 전기 믹서기에 넣고, 고속 회전시킨 후 차가워진 고블릿에 따른다. 박하잎으로 장식하고, 빨대 2개를 함께 제공한다.

줄리아

Julia

라이트 럼	1oz
아마레토	1oz
생크림	1oz
딸기	5~6ea
가루얼음	1cup

- Mixer
- Champagne Glass
- Strawberry, Straw 2ea

위 재료를 전기 믹서기에 넣고, 고속 회전시킨 후 차가워진 샴페인 글라스에 따른다. 딸기로 장식하고, 빨대 2개를 함께 제공한다.

카사블랑카

Casablanca

라이트 럼	1oz
말리부	1/3oz
파인애플 주스	2oz
코코넛 크림	1/2oz
가루 얼음	1cup
그레나딘 시럽	1tsp

- Mixer
- Goblet Glass
- Pineapple, Red Cherry, Straw 2ea

그레나딘 시럽을 제외한 위의 재료를 전기 믹서기에 넣고, 고속 회전시킨 후 차가워진 고블릿에 따르고, 그레나딘 시럽을 살짝 뿌린다. 파인애플과 빨간 체리로 장식하고, 빨대 2개를 함께 제공한다.

콩고 칵테일

Congo Cocktial

라이트 럼	1 1/2oz
설탕	2tsp
코코넛 크림	2tsp
가루 얼음	1cup

- Mixer
- Champagne Glass
- Nutmet, Straw 2ea

위 재료를 전기 믹서기에 넣고, 고속 회전시킨 후 차가워진 샴페인 글라스에 따른다. 빨대 2개를 함께 제공하고, 기호에 따라 넛멕을 뿌려준다.

프로즌 마타도르

Frozen Matador

테킬라	1oz
파인애플 주스	2oz
라임 주스	2tsp
가루얼음	1cup

- Mixer
- Champagne Glass
- Pineapple, Straw 2ea

위 재료를 전기 믹서기에 넣고, 고속 회전시킨 후 차가워진 샴페인 글라스에 따른다. 파인애플로 장식하고, 빨대 2개를 함께 제공한다.

프로즌 민트 다이키리
Frozen Mint Daiquiri

라이트 럼	1 1/2oz
크렘 드 멘트(화이트)	2/3oz
라임 주스	2/3oz
가루얼음	2/3cup

- Mixer
- Champagne Glass
- Straw 2ea

위 재료를 전기 믹서기에 넣고, 고속 회전시킨 후 차가워진 샴페인 글라스에 따르고, 빨대 2개를 함께 제공한다.

프로즌 블루 마가리타
Frozen Blue Margarita

테킬라	1oz
블루 큐라소	1/2oz
레몬 주스	1/2oz
설탕	1tsp
가루얼음	2/3cup

- Mixer
- Champagne Glass
- Frost(Salt), Straw 2ea

위 재료를 전기 믹서기에 넣고, 고속 회전시킨 후 소금으로 프로스트한 차가워진 샴페인 글라스에 따르고, 빨대 2개를 함께 제공한다.

프로즌 스트로베리 다이키리
Frozen Strawberry Daiquiri

라이트 럼	1oz
화이트 큐라소	1tsp
레몬 주스	1tsp
설탕	1tsp
딸기	2ea
가루얼음	1cup

- Mixer
- Champagne Glass
- Strawberry, Straw 2ea

위 재료를 전기 믹서기에 넣고, 고속 회전시킨 후 차가워진 샴페인 글라스에 따른다. 딸기로 장식하고, 빨대 2개를 함께 제공한다.

핑크 다이키리

Pink Daiquiri

라이트 럼	1 1/2oz
라임 주스	1/2oz
설탕	1tsp
그레나딘 시럽	1/4oz
가루얼음	2/3cup

- Mixer
- Champagne Glass
- Straw 2ea

위 재료를 전기 믹서기에 넣고, 고속 회전시킨 후 차가워진 샴페인 글라스에 따르고, 빨대 2개를 함께 제공한다.

제Ⅲ편

부 록

1. 커피 레시피
2. 음료관계 용어
3. 조주사 자격시험
4. 조주기능사 실기 예상문제
5. 술을 맛있게 마시는 법

1 커피 레시피

(1) Espresso Coffee

Espresso Machine에 Coffee Flour 6g 정도를 넣고 Machine에 끼운 후 스위치를 작동시킨다. 컵에 3/5 정도의 양을 채운 후 서빙한다. Espresso 컵을 사용한다.

(2) Capuchino Coffee

Espresso Machine을 이용하여 만드는데 농도는 Espresso와 Reqular Coffee의 중간 정도로 한다. 서빙 직전에 Whipped Cream을 얹고 Chocolate Powder를 친다. Chocolate 컵을 사용한다.

(3) Nero Coffee

Espresso Coffee와 동일하게 만든 후 양을 늘려서 생크림 1/3oz, 설탕 9g 정도를 넣어 Regular Coffee 컵에 서빙한다. Regular Coffee 컵을 사용한다.

(4) Latte Coffee

Espresso Machine을 이용하여 만든 후 커피와 우유를 동일한 양으로 동시에 부어서 서빙한다. 이때 사용되는 우유는 뜨거운 우유를 사용한다. Regular Large 컵을 사용한다.

(5) Russian Coffee

Espresso Machine을 이용하여 진한 커피를 추출한 후 Hot Chocolate와 같이 서빙한다(고객이 마실 때 섞는다). Regular Large 컵을 사용한다.

(6) Mocha Forsty

Sugar Syrup(20cc), Coffee(50cc), Chocolate Syrup(15cc), Vanilla Ice Cream을 쉐이커 또는 블렌더를 이용하여 잘 섞이도록 만든다. Rocks Glass를 사용한다.

(7) Hawaian Forsty

Chilled Strong Coffee(50cc), Pineapple Juice(30cc), Vanilla Ice Cream(1scoop), Pineapple(1ea), Fresh Cream(10cc)을 블렌더를 이용해서 섞은 후 Pineapple Wedge로 Garnish를 한다. Viva Grande를 사용한다.

(8) Ice Coffee

얼음을 먼저 글라스에 넣고 찬 커피를 부은 다음 Sugar Syrup 및 생크림과 같이 서빙한다. Pilsner, straw를 사용한다.

(9) Coffee Froth

Chilled Strong Coffee(4oz), Whipped Cream 또는 Fresh Cream(30cc), Vanilla Ice Cream(1scoop), 얼음을 넣은 글라스에 커피와 설탕 시럽(Sugar Syrup)을 넣는다. 그 위에 아이스크림과 프레시 크림(Fresh Cream)을 얹는다. pilsner를 사용한다.

(10) Vienna Coffee

Espresso Machine을 이용해서 진한 커피를 추출한 후 설탕를 넣고 Whipped Cream을 얹어준다. 초콜릿 컵을 사용한다.

(11) Cona Corree

Coffee flour(16g)을 Syphon(통)에 적당량의 물과 같이 넣어 알코올 램프에 불을 붙인다. 2분 정도 지난 후 커피가 완전히 추출된 후 램프를 끈다. 설탕과 생크림을 곁들여 서빙한다. 에스프레소 컵(Espresso Cup)을 사용한다.

(12) Irish Coffee

Irish Whisky(1oz), Hot Coffee(4oz), 설탕(9g), Whipped Cream(2pz), Lemon Wedge(1EA), Irish Coffee Glass를 사용한다.

(13) Spanish Coffee

Kahlua(1oz), Hot Coffee(4oz), Sugar(9g), Whipped Cream(2oz), Lemon Wedge(1ea), Irish Coffee Glass를 사용한다.

(14) French Coffee

Grand Marnier(1oz), Hot Coffee(4ox), 설탕(9g), Whipped Cream(2oz), Lemon Wedge(1ea), Irish Coffee Glass를 사용한다.

(15) Turkish Coffee

Creme de Menthe(White, 1oz), Hot Coffee(4oz), 설탕(9g) Whipped Cream(2oz), Lemon wedge(1ea), Irish Coffee Glass를 사용한다.

(16) Coffee Royale

Brandy(1oz), Hot Coffee(4oz), 설탕(9g), Whipped Cream(2oz), Lemon Wedge(1ea), Irish Coffee Glass를 사용한다.

(17) Coffee Baerenfang

Vodka(1oz), Creme de Cacao(Brown, 1/2oz), Hot Coffee(4oz), Honey(1/2oz), Whipped Cream(2 1/2oz), Irish Coffee Cup을 사용한다.

(18) Coffee Deluxe

Brandy(1oz), Port Wine(1/3oz), Egg Yolk(1ea), Sugar(9g), Chilled Strong Coffee(4oz), Shaker 또는 Blender를 사용해서 Frost될 때까지 흔든다. Rocks Glass를 사용한다.

(19) Coffee Conqust

Rum(1oz), Grand Marnier(1/2oz), Orange Peel(1ea), Brown Sugar(9g), Hot Coffee(4oz), Fry Pan에 커피를 붓고 끓이면서 국자에 럼을 부어 알코올 램프에

충분히 데운 후 불을 붙여 Orange Peel을 타고 불꽃이 흘러내리게 한다(2인 이상 주문시 판매 가능).

(20) Coffee Diasle

Brandy(1oz), Grand Marnier(1/2oz), Orange Peel(1ea), Brown Sugar(9g), Hot Coffee(4oz)(2인 이상 주문시 판매 가능).

2 음료관계 용어

(1) 제 조

1) 침지법(Infusion)

증류주에 원료를 첨가하여 맛과 향이 우러나와 술에 스며들게 하는 방법이다. 생산과정에서 오랜 시간이 걸리며, 맛과 향이 알코올에 침투되면 여과시켜서 병에 담는다.

2) 추출법(Extraction)

싱싱한 원료를 압착(Pressure)시켜서 원액을 뽑아내어 당분과 함께 알코올에 배합하여 만드는 방법이다.

3) 증류법(Distilling)

증류주에 원료를 배합하여 단식증류법으로 증류시키게 되며, 증류과정에서 소멸된 맛과 향을 보충해준다.

4) Blended

한 가지 이상의 스트레이트(Straight) 주류에 중화곡주(Neutral Grain Spirits)를 혼합한 것을 말한다.

5) Straight

아무것도 혼합하지 않은 순수한 주류이다.

6) Age

증류주의 숙성과정에서 술통 속에서 저장된 기간을 말하며, 포도주의 빈티지(Vintage)와 비슷하다.

7) Plain

본래의 것만을 의미하며, 마시거나 먹기에 순한 것이다.

8) Dry

술 자체의 맛을 의미하는 것이며, 당분이 없는 독한 맛을 표현하는 말이다.

9) Drop

칵테일 등을 조주할 때 강한 향료를 한 방울씩 떨어뜨린다는 말이다.

10) Dash

Bitter병에 넣어서 정해진 양을 칵테일에 뿌리는 것이다(Drop보다 작은 양).

11) Double

칵테일에서 2oz를 의미한다.

12) Single

칵테일에서 1oz를 의미한다.

13) Float

본래의 의미는 '띄우다' '떠오르다'라는 말이다. 술의 비중을 이용하여 한 가지의 술에 다른 술을 혼합하지 않고 위에 붓거나, 만들어진 칵테일에 아이스크림 등을 띄울 때 사용하는 말이다.

14) Recipe

요리나 음료의 양 목표를 뜻한다. 기준이 되는 처방으로 이것은 곧 표준이다.

(2) 기 구

1) Bottle Trolley 혹은 Bar Trolley

병을 운반하거나 음료를 판매할 때 사용되는 Cart이다.

2) Pewter

사용하기 위하여 준비되어 있는 기물류(Glass Ware)이다.

3) Pressure

CO_2 System(생맥주기 등)이다.

4) Cave

Cellar 혹은 Wine을 숙성할 수 있는 선반이다.

5) Chai

통에 들어 있는 포도주를 저장하는 지상에 있는 저장실로, 병에 담은 포도주를 저장하는 곳과는 다르다.

6) Cradle

적포도주를 제공할 때 철로 된 바구니를 말한다.

(3) 용 기

1) Pilsener

길고 좁은 형태의 글라스(Pilsener Beer)이다.

2) Tug & Mug

손잡이가 있는 큰 글라스이다.

3) Vat

포도를 숙성시키는 양조용 큰 통이다.

(4) Wine

1) Dessert Wine

대체로 알코올 농도가 높다. 스위트 와인(Sweet Wine)이 적합하다. 포르투갈산 · 에스파냐산 · 이탈리아산 와인에 주로 애용된다.

2) Sweet Wine

감미 포도주이다(Vin Doux). 완전히 발효하지 못하고 당분이 남아 있는 상태에서 발효를 중지시켜 가당을 한 것이다.

3) Sherry

에스파냐의 지명인 Xeres에서 유래되었다. 지금은 Jerez라는 도시로 불리어지고 있으며, Santa Maria와 Barrameda 사이가 삼각형을 이루고 있다. 처음에 오스트레일리아 사람들이 와인을 Gherry라고 발음한 데서 불리어지게 되었고, 지금은 등록상표가 되어 고유명사가 되었다. 강화주로서 맛이 Dry하며, 수년간 오크통 속에서 숙성시킨다.

4) Port

포르투갈산 포도주를 일컫는다. 포르투갈에 있는 Oporto 시의 이름이다. 16세기경 Porto란 말이 프랑스어로 표기되면서 알려지기 시작했다. 디저트 와인으로 널리 알려졌다.

5) Dry Wine

산미 포도주이다(Vin Sec). 완전히 발효되어서 당분이 거의 없는 상태이다.

6) Fortified Wine

주정강화 포도주이다. 알코올 도수를 높이기 위하여 발효과정이나 발효 후에 알코올 도수가 높은 증류주를 배합한 것이다. 대표적인 것으로는 Sherry와 Port Wine이 있다.

7) Unfortified Wine

비주정 강화 포도주이다. 다른 주정을 배합하지 않은 순수한 포도만을 발효시켜서 만든 것이다.

8) Sparkling Wine

발포성 포도주이다. 2차 발효중 탄산가스가 자연적으로 생기게 하는 경우와 인위적으로 주입시킨 것이 있다. 탄산가스가 자연적으로 생기는 것이 질이 더 좋다. 대표적인 것이 샴페인(Champagne)이다.

9) Still Wine

비발포성 포도주이다. 탄산가스가 없는 모든 와인이 이에 해당된다.

10) Vintage

포르투갈에서 유래된 말이다. 포도의 수확한 연도를 표시한 말로서 그해에 수확한 포도로 만든 와인이라는 것을 나타낸 것이다. 와인의 좋고 나쁨은 그해의 포도 품질로 좌우된다. 가뭄이 심한 해의 포도로 만든 와인은 산미나 타닌이 많고, 주정도가 높아서 오래 저장할 수 있는 와인이 된다. Vintage가 나쁜 해의 와인은 빨리 변질되는 와인으로서 조숙한 와인이다(7~8년까지 저장하는 것이 좋다). Vintage의 좋고 나쁨을 알 수 있는 방법은 'Vintage Chart'라는 표에 의해서 알 수 있다.

Vintage Chart는 와인 전문가나 양조가들이 결정하는 것으로 새로 나온 와인을 테스트하여 그해의 포도 품질로 등급을 결정하는 것이 보통이다. Vintage Chart가 중요한 의미를 가지고 있는 것은 프랑스와 독일 와인이다. 다른 나라에서는 기후의 변화가 별로 없으므로 중요하지 않다. Vintage의 표시는 포도 결실의 좋고 나쁨을 알기 위한 것뿐만 아니라 와인의 좋고 나쁨을 알기 위한 중요한 지표가 된다.

11) Non Vintage Wine

수확연도가 표시되어 있지 않은 와인이다. Vintage Wine보다 일반적으로 질이 떨어진다.

12) AOC

"Appellation d'Origine Controled"의 약어로 "원산지 관리증명법" 혹은 "원산지 통제명칭"이라고 한다. AOC가 표기된 와인은 양질의 와인으로 원산지에서 검사를 받게 된다. AOC법은 최초의 행정단위 구역(작은 마을 : Commune)에까지 적용된다.

13) VDQS

"Vin Delimete de Qualite Superieure"의 약어로 "우량 지정 포도주"라고 한다. 인정된 포도주를 엄중히 선별한 포도원의 제품이다. 전통적인 양조방법을 수행한 것으로, 공인 시험소가 분석한 결과 기준에 합격된 것이다. 와인은 주 위원회의 전문가에게 제출되며, 우량품으로서 표기와 일치되어야 한다.

프랑스 농무장관에 의하여 선정된 것으로 상기 기준의 수행여부를 감시하는 기관으로서 거짓방지협회에 원산지 호칭규제국(INAO)이 있다.

14) Wine Cellar

와인을 서브하기 전까지 저장되는 와인창고를 말한다. 실내 적정온도는

10~13℃가 적당하다(저장실의 온도가 낮으면 와인숙성이 중단된다. 저장실의 온도가 높으면 숙성과정이 빨리 촉진된다). 습도는 약 75%가 적당하다(습도가 낮으면 코르크에 틈이 생겨서 와인은 향을 잃게 된다. 습도가 높으면 상표가 손상된다). 빛이 많으면 안 된다(전깃불은 꺼놓는 것이 좋다. 전깃불과 햇빛이 백포도주에 있어서는 매우 좋지 않으며, 와인이 갈색으로 변한다). 와인과 그 밖의 술만을 저장해야 하며, 와인은 외부의 냄새, 즉 페인트·가스·기름·식초·야채 등의 냄새를 접하면 손상을 입게 된다. 진동이 있는 곳으로부터 멀리 있어야 한다. 또한 중앙난방에서 분리되어야 한다.

15) Wine Taste

와인의 시음을 말하며, 이때 색·향기·맛 등의 여부를 알아본다.

16) Tawny

오래된 와인으로 색깔이 희미하고, 짙은 호박색으로 포트 와인(Port Wine)의 경우를 말한다.

17) Aroma

미성숙된 와인의 단순한 포도 냄새이다.

18) Bouquet

향기가 있는 것으로서 과일 또는 꽃 종류에서 나타나는 향의 여러 가지 다른 유사점을 암시한 것이다.

19) Corky

아주 드문 경우로서 코르크에 곰팡이 냄새가 나는 병이다.

20) Sulphury

방부제로서 유황성분이 있는 값싼 포도주에서 흔히 나타나는 뜨겁고 새콤한 와인이다. 공기와 접촉하면 이러한 성분이 없어진다.

21) Yeasty

병 속에서 약간 발효가 되어 불안정(변하기 쉬운)하지만, 효모의 냄새는 미성숙 와인에 있어서는 아주 매력적인 것일 수도 있다.

22) Finish

마신 후에도 입안에 냄새가 남는 와인이다.

23) Fruity

포도의 익은 냄새가 남는 와인이다.

24) Hard

Young Red Wine을 강하게 하는 타닌(Tannin)이 들어 있는 와인이다.

25) Long

Finish한 맛이 되어야 하는 와인이다.

26) Nervy

전형적이고 훌륭한 와인이다.

27) Noble

Breed, Body, Maturity의 혼합어로 사용시에 주의하여야 할 와인이다.

28) 초산성 유충

와인에 가끔 발생하는 나쁜 병균이다. 초산으로 인하여 알코올을 변화시키는 박테리아에 의해서 발생한다. 이 병균은 저질품의 와인, 창고의 불결, 높은 온도가 원인이 있다.

29) 변 질

세균이 포도주의 주석산을 침해함으로써 와인이 탁해지고, 산미를 띤 맛이 된다. 원인은 일반적으로 불합리한 와인의 양조법에 있다.

30) 채색균열

포도주가 공기와 접하면 생기는 이물질이다. 처음 발생 후에 속으로 퍼진다. 원인은 포도알의 회색 부패에서 온다.

31) 백색균열

포도주가 철분과 접촉하여 발생한다. 포도주가 우윳빛으로 탁해진다.

32) 썩은 맛

포도주에서 부패한 계란과 같은 악취가 난다. 유황의 분해에서 오는 탄산가스의 발생이 원인이 된다.

33) 침전물

병에 들어 있는 와인에서 주석산의 결정으로 침전물의 발생하는 변질을 말한다.

34) Sommelier

와인의 전문적인 지식을 갖추고, 관리 및 서빙을 담당하는 종사원이다.

35) Brut

맛이 매우 드라이한 것을 말하며, 영국의 엑스트라 드라이(Extra Dry)보다는 드라이하지 않다.

36) Claret

색이 맑고, 해묵지 않은 레드 와인의 호칭이다.

37) Clean Wine

신선하며, 냄새나 맛이 변하지 않는 와인을 말한다.

38) Decant

포도주의 침전물을 거르기 위하여 병에서부터 다른 용기(Decanter)에 옮기는 일이다. Decant는 다음과 같은 것을 사용하여 제공한다. Carafe는 Bottle(Decanting하지 않은 상태), Decanter이다.

39) Delicate

Wine Taste를 하는 사람들의 용어로서 연한 포도주에 적용시키는 용어이다.

40) Fermentation

포도주의 즙이 포도주로 변하는 과정이다.

42) Riltering

포도주를 맑게 거르기 위해 필터(Filter : 여과채)를 통과시키는 과정이며, 백포도주를 만들 때 주로 사용한다.

43) Fortification

Brandy나 Spirit를 첨가시켜 Port Wine gudxo로 알코올 성분을 높인 와인이다.

44) Mou

프랑스의 애주가들이 부르는 "부드럽고 깔끔하다"라는 말이다.

45) Moulin-A-Ven

Beaujolais의 가장 좋은 와인으로 값이 고가이다.

46) Punt

샴페인이나 와인병의 밑부분에 찌꺼기가 고이도록 Kick-up(위로 솟음)을 의미한다.

47) Rehoboam

병이 서 있는 그대로 고정시킬 수 있는 틀이다.

(5) Beer

1) Draft Beer(Draught Beer)

제조과정에서 발효균을 살균하지 않은 생맥주를 말한다.

2) Flat Beer

거품이 없는 맥주

3) Over Spill

화주로서 독한 술을 뜻하며, 모든 증류주가 이에 속한다.

4) Proof

미국과 영국의 알코올 함유량 단위이며, 퍼센트의 배가 되는 숫자이다 (예 : 43°=86Proof).

5) Cordial

2.5% 이상의 당분이 함유된 유색음료로서 유럽에서는 리큐어(Liqueur)라고 불리어진다.

6) Liqueur

17세기 이전부터 발달되어왔으며, 열매 · 식물잎 · 에센스꽃 · 뿌리 · 줄기 · 껍질 등의 양초와 향료 및 당분을 배합하여 풍부한 감미에 맛과 향이 짙은 술이다. 두 가지로 구분되며 다음과 같은 특징이 있다. 초록색은 일반적으로 강한 알코올을 함유하고 있으며, 노란색은 알코올 함유량이 초록색보다 약하다.

7) Brandy

포도나 그밖의 과일주를 주재료로 하여 만든 술이다.

8) Calvados

프랑스의 노르망디 지방에서 생산되는 사과 브랜디이다.

9) Apple Jack

사과 주스 술이다.

10) DOM

Deo Optimo Maximo의 약어로 "최고의 정성으로 빚어서 최고의 신에게 바친다"는 뜻이다.

11) Triple-Sec

White Curacao 리큐어에 오렌지 리큐어를 혼합한 것이다.

12) Kirsh

독일어로 체리(Cherry)란 뜻이며, 프랑스의 알사스, 독일, 스위스에서 대부분 생산되는 술이다.

13) Geneber

'네덜란드의 국주'라고 불릴 만큼 네덜란드를 대표하는 술이며, Grain Juniper 등 여러 가지 약초가 배합된 술로 오늘날 진(Gin)의 아버지라고 할 수 있다.

14) Grain Whisky

중화곡주이다.

(6) 기타 음료

1) Punch

큰 볼에 얼음을 넣고 두 가지 이상의 주스나 청량음료를 넣는다. 두 종류 이상의 술을 함께 첨가한다. 상황에 따라 과일을 잘게 썰어서 띄운다.

2) Carbonated

탄산음료의 총칭이다.

3) Taste Beverage

Coffee, Tea, Cocoa, Chocolate 등의 기호음료이다.

4) 유산음료

Lactic Acid라고 하며, 칼피스 · 요구르트 등이다.

5) Apéritif

식욕을 증진시키는 술이다. 영어로는 애피타이저(Appetizer)라고 한다.

6) Rickey

1/2oz의 라임 주스, 1oz의 원하는 술을 하이볼 글라스에 얼음과 함께 소다수를 채운 후 레몬 조각을 넣는다. 설탕이 들어가지 않아 체중조절이나 당뇨병 환자에게 좋은 음료이다.

7) Sangrree

1/2ts(Tea Spoon)의 가루설탕, 1/2oz의 소다수, 1oz의 원하는 술을 준비한다. 올드패션 글라스에 설탕과 소다수를 먼저 넣어 용해시킨다. 부스러기 얼음으로 잔을 채우고 위에 술을 따른 후 3~4번 저어준다. 위에 넛멕(Nutmeg : 육두구)을 뿌려 장식한다.

8) Sling

1tsp의 가루설탕, 1/2oz의 레몬 주스를 준비한다. 올드패션 글라스나 하

이볼 글라스에 먼저 설탕과 소다수를 넣고 용해시킨다. 얼음 · 술 · 주스를 차례로 넣고 몇 번 젓는다. 레몬 조각을 위에 장식으로 넣는다. Hot Sling은 얼음 대신 뜨거운 물을 넣고 넛멕을 장식으로 뿌린다.

9) Sour

"신맛이 나다"는 의미이다. 1/2oz의 레몬 주스, 1ts의 가루설탕, 1oz의 원하는 술(증류수)을 준비한다. 쉐이커에 얼음과 함께 넣어 잘 흔든 후 글라스에 여과한다. 레몬 조각과 체리를 장식으로 넣는다.

10) Toddy

1/2tsp이 가루설탕, 1/2oz의 소다수, 1oz의 원하는 술을 준비한다. 올드 패션 글라스에 설탕과 소다수를 먼저 넣고 용해한다. 얼음과 술을 넣고 몇 번 젓는다. 레몬 조각을 위에 장식으로 넣는다. Hot Toddy는 얼음 대신 뜨거운 물을 넣어 만들며, 넛멕을 장식으로 뿌린다.

11) Grog

럼(Rum)에 설탕, 레몬, 더운 물 등을 섞은 음료이다.

12) Bucks

진저 에일과 레몬 트위스트(Lemon Twist)나 조각 및 주스를 섞어 만든 음료이다.

13) On the Rocks

술을 얼음에 부어서 마시는 형태로서 글라스에 먼저 얼음을 넣고 다음에 술을 붓는 형식이다.

14) Crusta

글라스 테두리에 레몬즙을 적시고 분말설탕이나 소금을 테두리에 묻힌다.

15) Smash

민트를 향미의 재료로 사용하는 음료이다. 글라스에 얼음을 넣어 박하의 향미와 차가운 맛으로 시원하게 마시는 칵테일이다.

16) Daisy

2oz의 술에 그레나딘 시럽, 얼음, 레몬 주스 등을 혼합하여 만든 음료이다.

17) Coke

미국이나 유럽에서 흔히 부르는 콜라(Cola)의 명칭이다.

18) Collins

바텐더가 발명하였으며, 그의 이름 탐 콜린스(Tom Collins)를 따서 콜린스(Collins)라 부르게 되었다. 레몬과 설탕이 주원료이며, 신맛이 나면서도 감미가 있는 청량음료이다.

콜린스는 술의 내용에 따라 다음과 같이 칵테일 명칭이 달라진다. 진에

Collins Mixer를 분리하면 Tom Collins, Rum에 Collins Mixer를 첨가하면 Rum Collins, Whisky에 Collins Mixer를 첨가하면 John Collins이다. 콜린스는 Lemonade의 일종이다.

19) Ade

'…류', '…을 이루는'이란 말로서 Lemonade이 경우 순수한 레몬의 맛을 내게 하는 것이다.

20) Fizz

탄산음료를 따를 때 '쉬(Fizz)!' 하는 소리에서 유래된 말로서 주로 진을 사용한다.

21) Squash

과즙재료이다.

22) High Ball

위스키 글라스(Whisky Glass)를 보고 말한 바텐더의 속어에서 유래된 말이다. 원래는 위스키에 냉각된 소다수를 혼합하여 제공하는 음료를 말한다. 요즈음에는 하이볼 글라스(Highball Glass)에 얼음을 넣고 원하는 술 1oz와 청량음료나 물을 혼합하는 것을 말한다.

23) Ale

물트(Malt)와 호프(Hop)로부터 만들어지는 알코올 음료이다. 맥주와 같은 성분이나 알코올 함유량이 더 많이 포함되고 감미가 있다.

24) Tequila

멕시코에서 자라는 용설란(Mescal Plant)의 수액을 발효시켜 증류한 무색 투명한 술이다. 멕시코인들은 스트레이트로 마시기 좋아한다. 여러 가지 칵테일로 만들어지며, 보드카와는 구별된다.

25) Aerated Water Chaser

미네랄 워터를 말한다. 체이스란 '쫓아간다'라는 뜻으로서 '체이서' 본래의 뜻은 '쫓아가는 것'이다. 이는 곧 독한 술을 마신 뒤에 마시는 물을 말하기도 하며, 커피를 마시거나 담배를 피우고 난 직후에 마시는 소량의 독한 술을 말하기도 한다. 일반적으로 전자의 뜻으로 통하고 있으나, 최근에는 후자의 의미로도 널리 통하고 있다.

26) Hop

맥주의 원료로서 쓴맛을 내는 열매이다.

(7) 재 료

1) Yeast

효모

2) Malt

맥아(엿기름)

3) Par Stock

각 바(Bar)에 저장되는 개별 술의 적정 재고량을 말한다. 기준이 되는 적정량은 최소한 2일 동안 사용할 수 있는 양이어야 한다. 최소의 저장 단위는 병을 기준으로 한다. Bottle and Bottle System에 의해서 빈 병은 창고에 수령시 반납되어야 한다. 입고된 술은 창고 Control Stamp의 확인이 된 것이어야 한다. 보관시에는 같은 종류끼리 필요한 온도에서 보관되어야 한다.

4) Frost

글라스의 바깥쪽을 서리가 낀 모양으로 만드는 것으로 레몬으로 글라스의 윗부분과 바깥쪽을 적시고 설탕이나 소금을 뿌린다.

5) Twist

과일의 안쪽 부분을 제거하고 껍데기만 짜넣는 상태로 주로 레몬을 많이 사용한다.

6) Citrus

바에서 레몬이나 오렌지 등을 지칭할 때 사용되는 용어이다.

7) Sugar

가루설탕(Powder Sugar), 각설탕(Lump Sugar), 시럽(Syrup)이 있으며, 시럽은 설탕을 적정량의 물에 녹인 것으로 칵테일에서 가장 효과적이다.

8) Simple Syrup

슈거 시럽(Sugar Syrup)을 말한다.

9) Mixer

모든 음료의 조주에 첨가되는 청량음료를 말한다.

10) Grenadine

알코올 성분이 없다. 풍부한 감미에 방향이 강한 칵테일을 만들 때 향료로 사용한다. 원료는 석류(pomegranate)이며, 프랑스와 미국에서 생산된다.

11) Refresh

Champagen Cooler에 얼음을 넣고 차갑게 냉각시킨 와인이나 음료를 서비스하는 것을 말한다.

12) Angostura Bitter

베네수엘라에서 생산된다. 여러 가지 약초를 특수 처방하여 만든 쓴맛이 향료이다. 칵테일을 만들 때 사용된다.

3 조주사 자격시험

(1) 조주사 자격시험 응시요령

1) 자격기준

조주사 자격시험에 응시는 학력 · 연령은 제한은 없다.

2) 시행처

한국산업인력공단

3) 시험과목

주장관리개론, 양주학개론, 기초영어

4) 실기시험 출제기준

칵테일 조주작업 작품 3가지 만들기

5) 출제기준

① 필기시험

60% 이상이 합격(60문제 출제)

㉠ 주요내용

- 주장관리의 개요, 주장요원의 직무, 저장관리, 위생관리, 주류 취급요령, 재고관리, 영업관리 등

•술에 대한 일반적 이해와 알코올 음료의 이해, 칵테일 조주 기법, 부재료 등
•주장영어 및 기초전문용어

㉡ **준비사항**

신분증, 수험서, 수성사인펜을 지참하고 지정장소에 지정된 시간에 도착해야 한다.

② 실기시험

50개의 공개작품 중 무작위 3작품을 7분 이내 완성해야 합격한다.

㉠ **채점기준**

100점 중 60점 이상이 합격

ⓐ 각종 재료 및 기구 선택법 (33점)

글라스를 작품에 따라 정확하게 선택(9)

주재료를 작품에 따라 정확하게 선택(15)

부재료를 정확하게 선택(9)

ⓑ 주재료의 주입법(9)

상표가 고객에게 보이는 방향으로 술병을 잡는다(3)

술을 따를 때의 숙련도(3)

ⓒ 칵테일 방법(42점)

주재료의 정확한 주입량(12)

각종 재료의 주입순서와 사용방법의 정확성(12)

소다수 사용방법, 슬라이스 숙련도, 얼음 사용법 등

작품에 따른 조주법의 적용(6)

작품의 양(6)

해당 글라스 3/4(8부)이 적당

ⓓ 위생상태(10점)

청결관리 및 수검자 위생상태

ⓔ 서비스자세

글라스 잡는 방법과 서빙방법

㉡ 수검자 유의사항

- 시설은 지정하여준 것만을 사용하며, 지정된 장소를 이탈시는 감독위원의 승인을 받아야 한다.
- 시험장 내에서는 정숙하여야 한다.
- 수검자는 미리 재료를 가지고 시험장에 입실시는 부정행위자로 처리한다.
- 검정이 완료되면 즉시 작품을 지정한 장소에 신속히 제출하여야 한다.
- 모든 시설은 파손되지 않도록 주의하여 취급한다.
- 감독위원이 요구한 3가지 작품을 7분 내에 완료해야 하고, 실기시험이 끝난 수검자는 본인이 사용한 기물을 3분 이내에 세척하여 원위치에 놓고 퇴장해야 한다.
- 주재료(주류)를 작품에 따라 정확하게 선택하지 못하면 미완성 작품으로 채점 대상에서 제외한다.

4 조주기능사 실기 예상문제

1. Angel's Kiss	2. Manhattan Cocktail
3. Dry Martini	4. Gimlet Cocktail
5. Stinger Cocktail	6. Wine Cooler
7. Old Fashioned	8. Brandy Alexander
9. Pink Lady	10. Bloody Mary
11. Brandy Eggnog	12. Singapore Sling
13. Tom Collins	14. Black Russian
15. Margarita Cocktail	16. Irish Coffee
17. Rusty Nail	18. Brandy sour
19. B & B	20. Hawaiian Cocktail
21. Daiquiri	22. Kiss of Fire
23. Sloe Gin Fizz	24. Orange Blossom
25. New York	26. Mai-Tai
27. Bacardi Cocktail	28. Screw Driver
29. Gibson Cocktail	30. Golden Cadillac
31. Cuba Libre	32. Grasshopper
33. Gin Tonic	34. Rob Roy
35. Zoom Cocktail	36. Negroni
37. Gin Rickey	38. Side Car
39. Gin Fizz	40. Apricot Cocktail
41. Between the Sheet	42. Moscow Mule
43. Spritzer	44. Olympic
45. Honeymoon Cocktail	46. Harvey Wallbanger
47. Paradise Cocktail	48. Million Dollar
49. Chi-Chi	50. Tequila Sunrise

1. Angel's Kiss			
★Cordial Glass	Creme De Cacao White or Brown Sloe Gin Brandy Light Cream	1/4oz 1/4oz 1/4oz 1/4oz	★Float ★Cherry

코디알 글라스에 브라운 또는 화이트 크렘 드 카카오 1/4oz를 따르고 난 후, 슬로 진 1/4oz을 바 스푼으로 플로트하고, 브랜디 바 스푼으로 1/4oz 플로트한 후, 크림을 1/4oz을 플로트한 후 빨간 체리를 칵테일 핀을 이용하여 장식한다.

2. Manhattan Cocktail			
★Cocktail Glass	Whisky Sweet Vermouth Bitters(A)	1oz 1/2oz 1ds	★Float ★Cherry

칵테일 글라스에 얼음을 넣은 후에 믹싱 글라스에도 얼음을 넣고, 위스키 1oz, 스위트 베르무스 1/2oz, 앙고스트라 비터스 1ds를 넣고 바 스푼으로 스트어한 후에 칵테일 글라스에 얼음을 제거한 후에 따르고, 체리를 칵테일 핀으로 이용하여 장식하여 제공한다.

3. Dry Martini			
★Cocktail Glass	Dry Gin Dry Vermouth	1 2/3oz 1/3oz	★Stir ★Olive

칵테일 글라스에 얼음을 넣은 후에 믹싱 글라스에도 얼음을 넣고, 드라이진 1 2/3oz, 드라이 베르무스 1/3oz를 넣고, 바 스푼으로 스티어한 후에 칵테일 글라스에 얼음을 제거한 후에 따르고, 체리를 칵테일 핀으로 이용하여 장식하여 제공한다.

4. Gimlet Cocktail			
★Cocktail Glass	Dry Gin	1 oz	★Shake
	Lime Juice	1/2oz	
	Sugar(P)	1ts	

칵테일 글라스에 얼음을 넣은 후에 쉐이커에도 얼음을 넣고, 드라이 진 1oz, 라임 주스 1/2oz, 설탕 1ts을 넣고, 쉐이크한 후에 칵테일 글라스에 얼음을 제거한 후에 따르고 제공한다.

5. Stinger Cocktail			
★Cocktail Glass	Brandy	1 1/2oz	★Shake
	Creme De Menthe White	1/2oz	

칵테일 글라스에 얼음을 넣은 후에 쉐이커에도 얼음을 넣고, 브랜디 1 1/2oz, 화이트크렘 드 멘트 1/2oz를 넣고, 쉐이크한 후에 칵테일 글라스에 얼음을 제거한 후에 따르고 제공한다.

6. Wine Cooler			
★Tumbler Glass	Red or White Wine	1oz	★Build
	Grenadine Syrup	1/4oz	
	Ginger Ale	Fill	

하이볼 글라스에 얼음을 넣은 후에 레드 와인 또는 화이트 와인 1oz를 넣고, 그레나딘 시럽 1/4oz, 진저 에일을 8부 넣고 빌드(Build)한 후에 제공한다.

7. Old Fashioned		
★Old Fashioned Glass	Whisky 1oz Clubed Sugar 1ea Bitter(A) 2ds Soda Water 1/4oz	★Build ★Orange Cherry

언더락 글라스에 각설탕 1개를 넣은 후에 앙고스트라 비터스 2ds, 소다수 1/4oz를 넣고 바 스푼으로 젓고 얼음을 넣고 위스키 1oz를 넣고, 빌드한 후에 오렌지나 체리로 장식한 후 제공한다.

8. Brandy Alexander		
★Cocktail Glass	Brandy 1/2oz Creme De Cacao Dark 1/2oz Fresh Cream 1/2oz Sugar(P) 1tsp	★Shake

칵테일 글라스에 얼음을 넣고 쉐이커에도 얼음을 넣고, 브랜디 1/2oz, 다크 크렘 드 카카오 1/2oz, 크림 1/2oz, 설탕 1tsp를 넣고 쉐이크한 후에 칵테일 글라스에 얼음을 제거한 후에 따르고 제공한다.

9. Pink Lady

★Champagne Glass	Dry Gin	1oz	★Shake
	Grenadine Syrup	1/3oz	
	Egg White	1ea	
	Sweet Cream	1ts	
	Lemon Juice	1/2oz	
	Sugar(P)	1ts	

언더락 글라스에 계란 흰자를 분리해놓고, 샴페인 글라스 또는 칵테일 글라스에 얼음을 넣고 냉각시킨 후에 쉐이커에도 얼음을 넣고, 계란흰자, 드라이 진 1oz, 그레나딘 시럽 1/3oz, 설탕 1ts, 크림 1ts, 레몬 주스 1/2oz를 넣고, 쉐이크한 후 칵테일 글라스에 얼음을 제거하고 따라 제공한다.

10. Bloody Mary

★Tumbler Glass	Vodka	1oz	★Build
	Tomato Juice	3oz	
	Worcestershire Sauce	1ds	★(Spice)
	Tabasco Sauce	2dp	
	Salt, pepper	각각 1ds	

하이볼 글라스에 우스터 소스 1ds, 타바스코 소스 2dp, 소금·후추를 각각 1ds를 넣고 믹싱한 후에 얼음을 넣고 보드카 1oz를 넣고, 토마토 주스 3oz를 넣고 잔을 채운다. 단 스파이스는 고객의 취향에 따라 제공한다.

11. Brandy Eggnog			
★Tumbler Glass	Brandy	1oz	★Shake
	Rum	1/2oz	
	Sugar(P)	2ts	★Nutmeg
	Whole Egg	1ea	
	Milk(Cold)	Fill	

하이볼 글라스에 얼음을 넣고 쉐이커에도 얼음을 넣고 계란, 브랜디 1oz, 럼 1/2oz, 설탕 2ts를 넣고, 쉐이커한 후 하이볼 글라스에 얼음을 제거한 후에 따르고 찬 우유를 8부 정도 채우고 넛멕을 뿌리고 제공한다.

12. Singapore Sling			
★Tumbler Glass	Dry Gin	1oz	★Shake
	Cherry Brandy	1/3oz	
	Lemon Juice	1/3oz	★Orange Cherry
	Soda Water	Fill	
Cubed ice 3ea			

하이볼 글라스에 얼음을 넣고 쉐이커에도 얼음을 넣고 드라이 진 1oz, 체리 브랜디 1/3oz, 레몬 주스 1/3oz를 넣고, 쉐이크 후에 하이볼 글라스에 얼음을 제거한 후에 각 얼음 3개를 넣고 소다수를 8부 정도 채우고 빌드 후에 오렌지나 체리로 장식한 후에 제공한다.

13. Tom Collins			
★Tumbler Glass	Dry Gin	1oz	★Shake
	Lemon Juice	1/2oz	
	Sugar(P)	1ts	★Lemon Cherry
	Soda Water	Fill	
Cubed ice 3ea			

콜린스 글라스에 얼음을 넣고 쉐이커에도 얼음을 넣고 드라이 진 1oz, 레몬 주스 1/2oz, 설탕 1ts를 넣고, 쉐이크 후 콜린스 글라스에 얼음을 제거한 후에 각 얼음 3개를 넣고 소다수를 8부 정도 채우고 빌드 후에 레몬과 체리를 장식한 다음 제공한다.

14. Black Russian			
★Old Fashioned Glass	Vodka	1oz	★Build
	Kahlua	1/2oz	

언더락 글라스에 얼음을 넣고 보드카 1oz, 칼루아 1/2oz를 넣고 빌드 후에 제공한다.

15. Margrita Cocktail			
★Cocktail Glass	Tequila	1oz	★Shake
	Triple Sec	1/3oz	
	Lemon Juice	1/3oz	★Frost(Salt)

칵테일 글라스에 얼음을 넣고 쉐이커에도 얼음을 넣고 테킬라 1oz, 트리플 섹

1/3oz, 레몬 주스 1/3oz를 넣고, 쉐이크 후에 칵테일 글라스에 얼음을 제거한 후에 칵테일 글라스 림에 레몬 슬라이스한 것을 돌린 후에 소금으로 Frost한 다음 제공한다.

16. Irish Coffee			
★Irish Coffee Glass ★(Tumber, Wine)	Irish Whisky Clubed Sugar Hot Coffee Whipped Cream	1oz 2ea Fill	★Build, Float

하이볼 글라스에 각설탕 2ea, 아이리시 위스키 1oz를 넣고, 그 위에 뜨거운 커피를 8부 정도 붓고 설탕이 녹을 때까지 젓고 그 위에 크림을 띄워(Float) 제공한다.

17. Rusty Nail			
★Old Fashioned Glass	Scotch Whisky Drambuie	1oz 1/2oz	★Build ★Lemon Peel

언더락 글라스에 얼음을 넣고 스카치 위스키 1oz 넣고 드람브이 1/2oz 넣고, 빌드 후에 레몬 Peel 이후에 제공한다.

18. Brandy Sour			
★Sour Glass	Brandy Lemon Juice Sugar(P) Soda Water	1oz 1/2oz 1ts Fill	★Shake ★Lemon Cherry

사우어 글라스에 얼음을 넣고 쉐이커에도 얼음을 넣고, 브랜디 1oz, 레몬 주스 1/2oz, 설탕 1ts를 넣고, 쉐이크 후에 사우어 글라스에 얼음을 제거한 후에 소다수를 8부 정도 채우고 빌드 후에 레몬과 체리를 장식한 다음 제공한다.

19. B & B			
★Cordial Glass	Benedictine	1/2oz	★Float
	Brandy	1/2oz	

리큐어 글라스에 베네딕틴 1/2oz 넣고, 브랜디 바 스푼으로 1/2oz로 Float 한 후에 제공한다.

20. Hawaiian Cocktail			
★Cocktail Glass	Dry Gin	1oz	★Shake
	Triple sec	1/2oz	
	Pineapple Juice	1tsp	

칵테일 글라스에 얼음을 넣고 쉐이커에도 얼음을 넣고, 드라이 진 1oz, 트리플 섹 1/2oz, 파인애플 주스 1tsp를 넣고, 쉐이크 후에 칵테일 글라스에 얼음을 제거한 후에 따르고 난 후 제공한다.

21. Daiquiri			
★Cocktail Glass	Rum	1oz	★Shake
	Lime Juice	1/4oz	
	Sugar(P)	1tsp	

칵테일 글라스에 얼음을 넣고 쉐이커에도 얼음을 넣고, 럼 1oz, 라임 주스 1/4oz, 설탕 1tsp를 넣고, 쉐이크 후에 칵테일 글라스에 얼음을 제거한 후에 제공한다.

22. Kiss of Fire			
★Cocktail Glass	Vodka	1/2oz	★Shake
	Sloe Gin	1/2oz	
	Dry Vermouth	1/2oz	★Frost(Sugar)
	Lemon Juice	2ds	

칵테일 글라스에 얼음을 넣고 쉐이커에도 얼음을 넣고, 보드카 1/2oz, 슬로 진 1/2oz, 드라이 베르무스 1/2oz, 레몬 주스 2ds를 넣고, 쉐이크한 후에 칵테일 글라스에 얼음을 제거한 후에 레몬 슬라이스로 칵테일 림에 즙을 묻히고 림에 설탕으로 Frost한 후에 제공한다.

23. Sloe Gin Fizz			
★Tumbler Glass	Sloe Gin	2oz	★Shake
	Lemon Juice	1/2oz	
	Sugar(P)	1tsp	★Lemon
	Soda Water	Fill	
Cubed Ice 3ea			

하이볼 글라스에 얼음을 넣고 쉐이커에도 얼음을 넣고 슬로 진 2oz, 레몬 주스 1/2oz, 설탕 1ts를 넣고, 쉐이크한 후에 하이볼 글라스에 얼음을 제거한 후에 각얼음 3개 넣고, 소다수를 8부 정도 채우고 빌드 후에 레몬 장식 후에 제공한다.

24. Orange Blossom			
★Cocktail Glass	Dry Gin	1oz	★Shake
	Orange Juice	1/2oz	

칵테일 글라스에 얼음을 넣고 쉐이커에도 얼음을 넣고, 드라이 진 1oz, 오렌지 주스 1/2oz를 넣고, 쉐이크한 후에 칵테일 글라스에 얼음을 제거한 후에 따르고 제공한다.

25. New York			
★Cocktail Glass	Whisky	1oz	★Shake
	Lime Juice	1/3oz	
	Grenadine Syrup	1ds	★Orange Peel
	Sugar	1tsp	

칵테일 글라스에 얼음을 넣고 쉐이커에도 얼음을 넣고, 위스키 1oz, 라임 주스 1/3oz, 그레나딘 시럽 1ds, 설탕 1tsp를 넣고, 쉐이크한 후에 칵테일 글라스에 얼음을 제거한 후 잔에 채우고 오렌지 Peel 후에 제공한다.

26. Mai - Tai			
★Old Fashioned Glass	Rum	1oz	★Shake
	Triple Sec	1tsp	
	Orange Juice	1tsp	
	Pineapple Juice	1tsp	★Lemon, Orange, Pine
	Lemon Juice	1tsp	
	Rum(Dark)	2tsp(Float)	
★Straw 2ea, Crushed Ice			

언더락 글라스에 가루얼음을 넣고 쉐이커에도 얼음을 넣고, 럼 1oz 넣고, 트리플 섹 1tsp, 오렌지 주스 1tsp, 파인애플 주스 1tsp, 레몬 주스 1tsp, 설탕 1tsp를 넣고, 쉐이크한 후에 언더락 글라스에 따르고 난 후에 다크 럼으로 Float한 후에 오렌지체리 장식 후에 빨대 2개를 꽂아 제공한다.

27. Bacardi Cocktail		
★Cocktail Glass	Rum(W) 1oz Lime Juice 1/2oz Grenadine Syrup 1ts	★Shake

칵테일 글라스에 얼음을 넣고 쉐이커에도 얼음을 넣고 럼 1oz, 라임 주스 1/2oz, 그레나딘 시럽 1ts를 넣고, 쉐이크한 후에 칵테일 글라스에 얼음을 제거한 후에 제공한다.

28. Screw Driver		
★Tumbler Glass	Vodka 1oz Orange Juice Fill	★Build

하이볼 글라스에 얼음을 넣고, 보드카 1oz 넣고, 오렌지 주스 8부 넣고, 빌드 후에 제공한다.

29. Gibson Cocktail		
★Stir ★Cocktail Glass	Dry Gin 1oz Dry Vermouth 1/2oz	★Stir ★Onion

칵테일 글라스에 얼음을 넣고 믹싱 글라스에 얼음을 넣고, 드라이 진 1oz, 드라이 베르무스 1/2oz를 넣고, 스티어한 후에 칵테일 글라스에 얼음을 제거한 후에 어니언으로 장식한 후에 제공한다.

30. Golden Cadillac			
★Cocktail Glass	Galliano	1/2oz	★Shake
	Creme De Cacao	White 1/2oz	
	Cream	1/2oz	

칵테일 글라스에 얼음을 넣고, 쉐이커에도 얼음을 넣고, 갈리아노 1/2oz, 화이트크렘 드 카카오 1/2oz, 크림 1/2oz를 넣고, 쉐이크한 후에 칵테일 글라스에 얼음을 제거한 후에 제공한다.

31. Cuba Libre			
★Tumbler Glass	Rum	1oz	★Build
	Lime Juice	1/4oz	
	Cola	Fill	

하이볼 글라스에 얼음을 넣고, 럼 1oz, 라임 주스 1/4oz, 콜라 8부를 넣고, 빌드 후에 제공한다.

32. Grasshopper			
★Cocktail Glass	Creme De Menthe Green	1/2oz	★Shake
	Creme De Cacao White	1/2oz	
	Sweet Cream	1/2oz	

칵테일 글라스에 얼음을 넣고 쉐이커에도 얼음을 넣고, 그린 크렘 드 멘트 1/2oz, 화이트 크렘 드 카카오 1/2oz, 크림 1/2oz를 넣고, 쉐이크한 후에 칵테일 글라스에 얼음을 제거한 후에 제공한다.

33. Gin Tonic			
★Tumbler Glass	Dry Gin Tonic Water	1oz Fill	★Build ★Lemon

하이볼 글라스에 얼음을 넣고 드라이 진 1oz, 토닉 워터 8부 넣고, 빌드 후에 레몬으로 장식한 후에 제공한다.

34. Rob Roy			
★Cocktail Glass	Scotch Whisky Sweet Vermouth Biters(A)	1oz 1/2oz 1ds	★Stir ★Cherry

칵테일 글라스에 얼음을 넣고 믹싱 글라스에도 얼음을 넣고, 스카치 위스키 1oz, 스위트 베르무스 1/2oz, 앙고스트라 비터스 1ds를 넣고, 스티어한 후에 스트레이너를 이용하여 따르고 체리로 장식한 후에 제공한다.

35. Zoom Cocktail			
★Cocktail Glass	Brandy Honey Cream	1oz 1tsp 1tsp	★Shake

칵테일 글라스에 얼음을 넣고 쉐이커에도 얼음을 넣고, 브랜디 1oz, 꿀 1tsp, 크림 1tsp를 넣고, 쉐이크한 후에 칵테일 글라스에 얼음을 제거한 후에 제공한다.

36. Negroni		
★Old Fashioned Glass	Dry Gin 1/2oz Sweet Vermouth 1/2oz Campari 1/2oz	★Build ★Orange

언더락 글라스에 얼음을 넣고, 드라이진 1/2oz, 스위트 베르무스 1/2oz, 캄파리 1/2oz를 넣고, 빌드 후에 오렌지 장식을 해서 제공한다.

37. Gin Rickey		
★Tumbler Glass	Dry Gin 1oz Lime Juice 1/2oz Soda Water Fill	★Build ★(Lemon)

하이볼 글라스에 얼음을 넣고, 드라이 진 1oz, 라임 주스 1/2oz, 소다수를 8부 정도 채우고, 빌드 후에 레몬 장식을 해서 제공한다.

38. Sider Car		
★Cocktail Glass	Brandy 1oz Cointreau 1/3oz Lemon Juice 1/2oz	★Shake

칵테일 글라스에 얼음을 넣고 쉐이커에도 얼음을 넣고, 브랜디 1oz, 쿠앵트로 1/3oz, 레몬 주스 1/2oz를 넣고, 쉐이크한 후에 칵테일 글라스에 얼음을 제거한 후에 제공한다.

39. Gin Fizz			
★Tumbler Glass	Dry Gin	1oz	★Shake
	Lemon Juice	1/3oz	
	Sugar(P)	1ts	★(Lemon)
	Soda Water	Fill	

하이볼 글라스에 얼음을 넣고 쉐이커에도 얼음을 넣고, 드라이 진 1oz, 레몬 주스 1/3oz, 설탕 1ts를 넣고, 쉐이커 후에 하이볼 글라스에 얼음을 제거한 후에 소다수를 8부 정도 채우고, 빌드 후에 레몬을 장식해서 제공한다.

40. Apricot Cocktail			
★Cocktail Glass	Apricot Brandy	1oz	★Shake
	Lemon Juice	1/3oz	
	Orange Juice	1/3oz	
	Dry Gin	1ds	

칵테일 글라스에 얼음을 넣고 쉐이커에도 얼음을 넣고, 애프리코트 브랜디 1oz, 레몬 주스 1/3oz, 오렌지 주스 1/3oz, 드라이 진 1ds을 넣고, 쉐이크한 후에 칵테일 글라스에 얼음을 제거한 후에 따르고 제공한다.

41. Between the Sheets

Glass	Ingredients	Amount	Method
★Cocktail Glass	Brandy	1/2oz	★Shake
	Rum	1/2oz	
	Triple Sec	1/2oz	
	Lemon Juice	1ts	

칵테일 글라스에 얼음을 넣고 쉐이커에 얼음 넣고, 브랜디 1/2oz, 럼 1/2oz, 트리플 섹 1/2oz, 레몬 주스 1ts를 넣고, 쉐이크한 후에 칵테일 글라스에 얼음을 제거한 후에 따르고 제공한다.

42. Moscow Mule

Glass	Ingredients	Amount	Method
★Tumbler Glass	Vodka	1oz	★Build
	Lime Juice	1/3oz	
	Ginger Ale	Fill	

하이볼 글라스에 얼음을 넣고, 보드카 1oz, 라임 주스 1/3oz, 진저 에일을 8부 정도 채우고, 빌드 후에 제공한다.

43. Spritzer

Glass	Ingredients	Amount	Method
★Goblet Glass	White Wine	1 1/2oz	★Build
	Soda Water	Fill	★(Lime)

고블릿 글라스에 얼음을 넣고, 화이트 와인 1 1/2oz를 넣고 소다수를 8부 정도 채우고, 빌드 후에 라임 장식 후에 제공한다.

44. Olympic			
★Cocktail Glass	Brandy	1/2oz	★Shake
	Cointreau	1/2oz	
	Orange Juice	1/2oz	

칵테일 글라스에 얼음을 넣고 쉐이커에도 얼음을 넣고, 브랜디 1/2oz, 쿠앵트로 1/2oz, 오렌지 주스 1/2oz를 넣고, 쉐이크 후에 칵테일 글라스에 얼음을 제거한 후에 따르고 제공한다.

45. Honeymoon Cocktail			
★Cocktail Glass	Apple Brandy	1/2oz	★Shake
	Benedictine	1/2oz	
	Lemon Juice	1/2oz	
	Orange Curacao	3ds	

칵테일 글라스에 얼음을 넣고 쉐이커에도 얼음을 넣고, 애플 브랜디 1/2oz, 베네딕트 1/2oz, 레몬 주스 1/2oz, 오렌지 큐라소 3ds를 넣고, 쉐이크한 후에 칵테일 글라스에 얼음을 제거한 후에 따르고 제공한다.

46. Harvey Wallbanger			
★Tumbler Glass	Vodka	1oz	★Build Float
	Orange Juice	4oz	
	Galliano	1/2oz	

콜린스 글라스에 얼음을 넣고, 보드카 1oz, 오렌지 주스 4oz를 넣고, 빌드한 후에 갈리아노 1/2oz를 Float한 후 제공한다.

47. Paradise Cocktail			
★Cocktail Glass	Dry Gin	1oz	★Shake
	Apricot Brandy	1/3oz	
	Orange Juice	1/3oz	

칵테일 글라스에 얼음을 넣고 쉐이커에도 얼음을 넣고, 드라이진 1oz, 애프리코트 브랜디 1/3oz, 오렌지 주스 1/3oz를 넣고, 쉐이크한 후에 칵테일 글라스에 얼음을 제거한 후에 따르고 제공한다.

48. Million Dollar			
★Champagne Glass	Dry Gin	1oz	★Shake
	Sweet Vermouth	1/2oz	
	Pineapple Juice	2ts	
	Grenadine Syrup	1tsp	
	Egg White	1ea	

계란 흰자를 분리해놓고 샴페인 글라스에 얼음을 넣고 쉐이커에도 얼음을 넣고, 계란, 드라이 진 1oz, 스위트 베르무스 1/2oz, 파인애플 주스 2tsp, 그레나딘 시럽 1tsp를 넣고, 쉐이크한 후에 샴페인 글라스에 얼음을 제거한 후에 따르고 제공한다.

49. Chi-Chi			
★Goblet Glass	Vodka	1oz	★Shake
	Pineapple Juice	4oz	★Pineapple, Red Cherry
	Coconut Cream	2/3oz	

고블릿 글라스에 얼음을 넣고 쉐이커에도 얼음을 넣고, 보드카 1oz, 파인애플 주스 4oz, 코코넛 크림 2/3oz를 넣고, 쉐이크한 후에 고블릿 글라스에 얼음을 제거한 후에 따르고 파인애플과 레드 체리로 장식한 후에 제공한다.

50. Tequila Sunrise			
★Tumbler Glass	Tequila Orange Juice Grenadine Syrup	1oz 4oz 1/4oz	★Build(Float)

하이볼 글라스에 얼음을 넣고 테킬라 1oz, 오렌지 주스 4oz를 넣고, 빌드 후에 그레나딘 시럽 1/4oz를 Float한 후에 제공한다.

5 술을 맛있게 마시는 법

① 10년 전 친구로부터 여행선물을 위스키를 받았는데 지금 마셔도 맛에는 이상이 없을까요?

고온이나 직사광선에 닿지 않는 곳에 장기간 보관하고, 뚜껑을 개봉하지 않는 위스키는 10년 정도라면 괜찮습니다.

② 병 뚜껑을 개봉하지 않는 위스키는 병 속에서 숙성이 된다고 들었는데 어떻습니까?

그것은 잘못된 생각입니다. 한번 병에 담겨진 위스키는 숙성에 필요한 공기중의 산소가 완전히 차단되어 있기 때문에 숙성될 수가 없습니다. 역으로 보관장소나 상태에 따라서는 품질이 저하될 수도 있습니다. 기본적으로 사거나 선물을 받았으면 가능한 한 빨리 마시는 것이 좋습니다.

③ 스카치 위스키에 가장 맛있는 온도라는 것은 있습니까?

언더락이나 술과 물을 각 1/2씩 섞는 것이 일반적이지만 통상 실온에서 스트레이트로 즐겨 마십니다.

④ 맛과 함께 향기도 위스키를 즐기는 하나의 방법입니다만 차게 하는 것보다 따뜻하게 해서 마시는 편이 향기가 증가하지 않을까요?

따뜻하게 해도 향기가 증가하지는 않습니다. 반대로 따뜻하게 하면 할수록 알코올의 증발속도가 빨라지기 때문에 오히려 향이 소멸되기 쉽습니다.

⑤ 위스키를 마시는 방법을 가르쳐주십시오.

스트레이트 언더락, 술과 물을 각각 1/2씩 칵테일 등 한마디로 위스키라고 하더라도 다양하게 마시는 법이 있습니다. 그리고 그 위스키가 가지고 있는 맛과 향을 즐기고 싶다면 우선 스트레이트로 마시고 다음에 위스키와 같은 양의 물을 타서 마시는 것이 좋겠지요. 스트레이트로 맛을 즐기고, 술과 물을 반씩 혼합해서 향기를 즐기지요. 단지 술과 물을 혼합할 경우 알코올 도수가 20도 이하로 내려가지 않도록 합니다(20도 이하로 내려가면 향기가 손상되어 버린다). 그러나 개인적인 기호나 마시는 상황에 따라서 위스키가 맛있다고 하는 것은 많은 차이가 있습니다. 그러한 의미에서는 자기자신이 가장 맛있게 마실 수 있는 방법이 무엇인가 생각해야 합니다. 예를 들면 맛있게 마시는 방법의 하나로서 다음과 같이 생각해보면 어떨까요? 12년산이라면 자기자신이 12년 전으로 되돌아가 즐기면서 마셔보십시오.

⑥ 프로 바텐더가 하는 시음 방법을 가르쳐 주십시오.

우선 향기가 달아나기 어려운 튤립형의 글라스를 준비하고 위스키 15㎖ 정도를 따릅니다. 이 단계에서 먼저 색·향기·맛의 순서로 천천히 음미합니다. 시각·후각·미각의 3가지 방향에서 위스키를 평가합니다. 다음은 위스키와 같은 양의 물(알코올 도수가 60도 이상의 것은 약 2배의 물)을 글라스에 붓습니다. 위스키는 이 상태(알코올 약 20도)가 가장 향기가 신선하게 나오며, 위스키 바텐더의 많은 사람들은 이 농도에서 시음하고 있습니다. 단지 이 경우 물은 미네럴 워터를 사용해야 합니다. 수돗물에서는 수돗물 속 성분에 의해 향기가 손상되기 때문입니다.

ⓐ 색은 뒤에 종이를 두고 호박색인지 체크합니다. 같은 호박색이라도 위스키에 따라서 다르기 때문에 그 차이를 즐기는 것도 첫발을 내딛는 것이라고 말할 수 있습니다.

ⓑ 코끝으로 향기를 맡습니다. 와인 등도 같은 방법으로 합니다. 글라스를 돌리듯이 크게 흔들고 나서 병 향기를 맡으면 보다 강한 향기를 느낄 수 있습니다. 가볍고 화려한 향기가 나는 것이 숙성이 잘된 양질의 위스키라고 할 수 있습니다. 단지 향기는 시간과 함께 변화되기 때문에 몇 번이나 반복하는 것을 잊지 말아야 합니다. 또 위스키를 마신 후의 글라스의 잔향(잔의 향기)도 시음의 하나입니다. 하지만 무심코 잊어버리기 쉽습니다. 그래도 위스키를 즐기기 위해서는 꼭 시도해봅시다.

ⓒ Testing(맛) 와인도 같이 합니다.

위스키를 입에 한 모금 머금고 혀끝으로 굴리듯이 해서 맛을 봅니다. 숙성된 위스키라면 둥글고 단맛을 느낄 것입니다. 다음은 입에 머금은 위스키를 한번 뱉어내고 입 속에 남은 작은 양의 위스키를 삼킵니다. 그리고 숨을 내쉽니다. 양질의 위스키라면 이 단계에서도 향기를 맛볼 수 있습니다. 이 방법으로 해서 여러 개의 상표를 바꾸어 맛을 보면 그 차이를 느낄 수 있습니다.

⑦ 장식장에 보관된 위스키를 보면 무엇인가 탁한 듯한 느낌이 드는데 괜찮을까요?

위스키를 저온에서 노출되거나 아주 차가운 장소에 저장이 되면 혼탁한 것이 생길 수가 있습니다. 그러나 상온에서 되돌아오면 이 탁한 것은 사라질 것입니다. 또 현 침전물(앙금) 같은 것이 보일 수도 있으나 이것은 원주의 성분과 뚜껑의 성분이 결합되어 생긴 것이기 때문에 맛이나 향에는 아무런 이상이 없습니다.

⑧ 위스키를 마실 때 어떤 재질의 글라스가 좋을까요?

크리스털 글라스는 중압감이 있는데다가 빛의 굴절률이 높아 위스키를 아름답게 비쳐줍니다. 단지 깨어지기 쉽고, 가격이 비싼 것이 흠이라고 할 수 있습니다.

⑨ 위스키를 마실 때의 얼음과 물에 대하여 자세한 설명을 부탁드릴까요?

ⓐ 얼음은 일반적으로 냉동·냉장고에서 만든 얼음으로 이것은 아무래도 얼음의 중심이 희고 흐리기 때문에 위스키 특징인 아름다운 호박색을 잘 볼 수가 없습니다. 게다가 냉장고 안에 다른 식품의 냄새가 얼음으로 옮겨져 위스키 본래의 향기를 즐길 수가 없습니다. 최근에는 편의점, 슈퍼마켓 등에서 블록 오브 아이스(Block of Ice)나 크러시드 아이스(Crushed Ice)를 팔고 있습니다. 냉장고에 비하면 다소 돈이 들지만 그것을 이용하는 것이 좋겠지요.

ⓑ 우리나라에서는 수돗물을 그대로 음용수로서 이용하는 사람들이 많기 때문에 수돗물로 체이서로 사용하는 경우도 있습니다. 수돗물 속에는 칼크(Kark : 석회) 냄새가 나기 때문에

위스키 본래의 맛이나 향기를 즐기기에는 적합하지 않습니다. 수돗물을 사용할 경우는 정수기를 사용하는 것이 좋습니다. 정수기가 없을 경우에는 수돗물을 침전시키든가 일광소독을 하는 것이 좋습니다. 최근에는 세계 각국의 미네랄 워터가 시판되고 있기 때문에 이것을 이용하면 됩니다. 또 위스키와 같은 원산국의 물과 조합해서 보거나 제각각의 위스키에 가장 적합한 물을 찾아보는 것은 재미가 있지 않을까요.

참고문헌

백재현, 『양주와 칵테일론』, 형설출판사, 1998
표학원 외, 『양주학 원론(총론편)』, 정기획, 1984
표학원 외, 『양주학 원론(각론편)』, 정기획, 1984
칵테일 연구회, 『칵테일 백과』, 도서출판 효성, 1993
오정환, 『양주와 주장관리론』, 기문사, 1998
안우규 외 『현대주장과 칵테일』, 광진문화사, 2001.
안우규, 『조주기능사 문제해설』, 신성, 2005.

Elin McCoy and John Frederick Walker, *Mr. Boston official barte-nder's guide*, Warner Books, 1988
Fred Powell, *Bartender's Standard Manual The,* Bonanza Books, 1979
John J. Poister, *Bartender's Guide*, Signet Book, 1989
Robert Cross, *The Classic 1000 Cocktails*, Foulsham, 1996
The Official IBA Cocktails, International Bartende Bartenders Association

おか じゅんいちろう, カクテル ベスト100, 西東社, 1989

찾아보기

저자약력

■ 안우규

- 육군 제3사관학교 졸업
- 계명대학교 경영대학원 관관경영전공 경영학석사
- 대구대학교 대학원 경영학과 관광경영전공 경영학박사
- 대구조주기능사 실기심사위원
- 대구산업정보대학 겸임교수
- 한국관광서비스학회 부회장
- 경주동국대학교 관광산업연구소 연구원
- 호텔2급지배인 자격취득
- Certified American Bartender
- Certified American Bar & Beverage Manger
- Certified American Hotel Administrator(CHA)
- 현) 동국대학교 관광대학 겸임교수

■ 조영대

- 대구대학교 대학원 경영학과 경영학박사
- 미국 Marshall Univ. 객원교수
- 호텔 · 외식산업&관광개발연구소장
- 현) 한국바&레스토랑마스터협회장
  대한관광경영학회부회장
  한국이벤트학회부회장
  포항조주기능사실기심사위원
- 현) 포항1대학 관광 · 호텔 · 마린비즈계열 교수

■ 손재근

- 호원대학교 관광통역학과 전공
- 경희대학교 경영대학원 관광경영학 전공
- 경기대학교 대학원 관광학박사
- 올림피아호텔 객실부
- 밀레니엄 서울힐튼호텔 식음료과장
- 경복대학 관광과 겸임교수
- 김포대학 호텔외식조리과 겸임교수
- 우송대학교 외식경영학과 강사
- 현)경주대학교 관광학부 호텔경영과 교수

■ **신형섭**

- 세종대학교 대학원 호텔관광경영학과 석·박사
- Germany Babaria Hotel Management School 연수 수료
- 인터컨티넨탈호텔 외 여행·관광산업체 12년 근무
- American Hotel Motel Association CHA 총지배인 자격취득
- 투어에스코트 자격취득
- 커피바리스타 자격수료
- 호텔등급 심사위원
- 조주기능사 심사위원
- 한국관광협회중앙회 호텔서비스사 및 국내관광안내사 면접위원
- 한국호텔리조트카지노산학학회 총무부회장
- 한국호텔관광학회 정책부회장
- 한국Hospitality환경정책회계연구회 총괄부회장
- 현) 원광보건대학 호텔경영과 교수

■ **박정준**

- 경희대학교 대학원 호텔경영전공 - 석사
- 대구대학교 대학원 관광경영전공 - 박사
- 서울 로얄호텔, 롯데호텔, 신라호텔, 라마다 르네상스호텔
- 호주 시드니 특급호텔 조리부
- 호주 시드니 이스트칼리지 레스토랑 관리과정 수료
- 호주 시드니 이스트칼리지 알콜음료과정 수료
- 호텔 · 외식산업&관광개발연구소 수석컨설턴트
- 한국조리사 대구지부 자문교수
- 한국산업인력공단 조리기능사시험 출제위원 및 실기 감독위원
- 호텔지배인과정 조리담당교수
- 대한관광경영학회 부회장
- 한국관광산업학회 상임이사
- 현) 남부대학교 호텔조리학과 교수

■ **이준재**

- 경희대학교 대학원 관광경영학과 호텔경영학 석사
- 경희대학교 대학원 호텔관광학과 호텔관광학박사
- 서울팔래스호텔 식음료팀
- 호텔총지배인 자격취득 - 미국 AHLA
- 조주기능사 자격취득 - 한국산업인력관리공단
- 국제와인마스터소믈리에 자격취득 - ASI
- 식음료경영기술사 - 미국 FDA 등
- 한국관광학회 이사, 한국외식경영학회 대구경북 총괄이사
- 한국와인소믈리에 감사, 한국호텔리조트산학회 편집이사 등
- 외식창업컨설팅 (주)J&J 고문
- 현) 가톨릭상지대학 호텔관광과 교수

최신 양주와 칵테일 실무

1판 1쇄 발행 2007년 3월 5일

저 자 안우규 · 조영대 · 손재근
신형섭 · 박정준 · 이준재
발행인 이 은 영

발행처 도서출판 갈채
서울시 동대문구 신설동 117-8 예일빌딩 201호
TEL : (02) 2236-3933
FAX : (02) 2236-3934
E-mail : galchai33@paran.com
home page : www.galchai.co.kr
신고 : 제6-770호 (2005. 11. 2)

정가 20,000 원

ISBN 978-89-92040-41-9 93980